Research on National Policy Narrative in the Changes of China's Rural Land Rights Policy

中国农地产权政策变迁中的
国家政策叙事研究

曹志立 ◎ 著

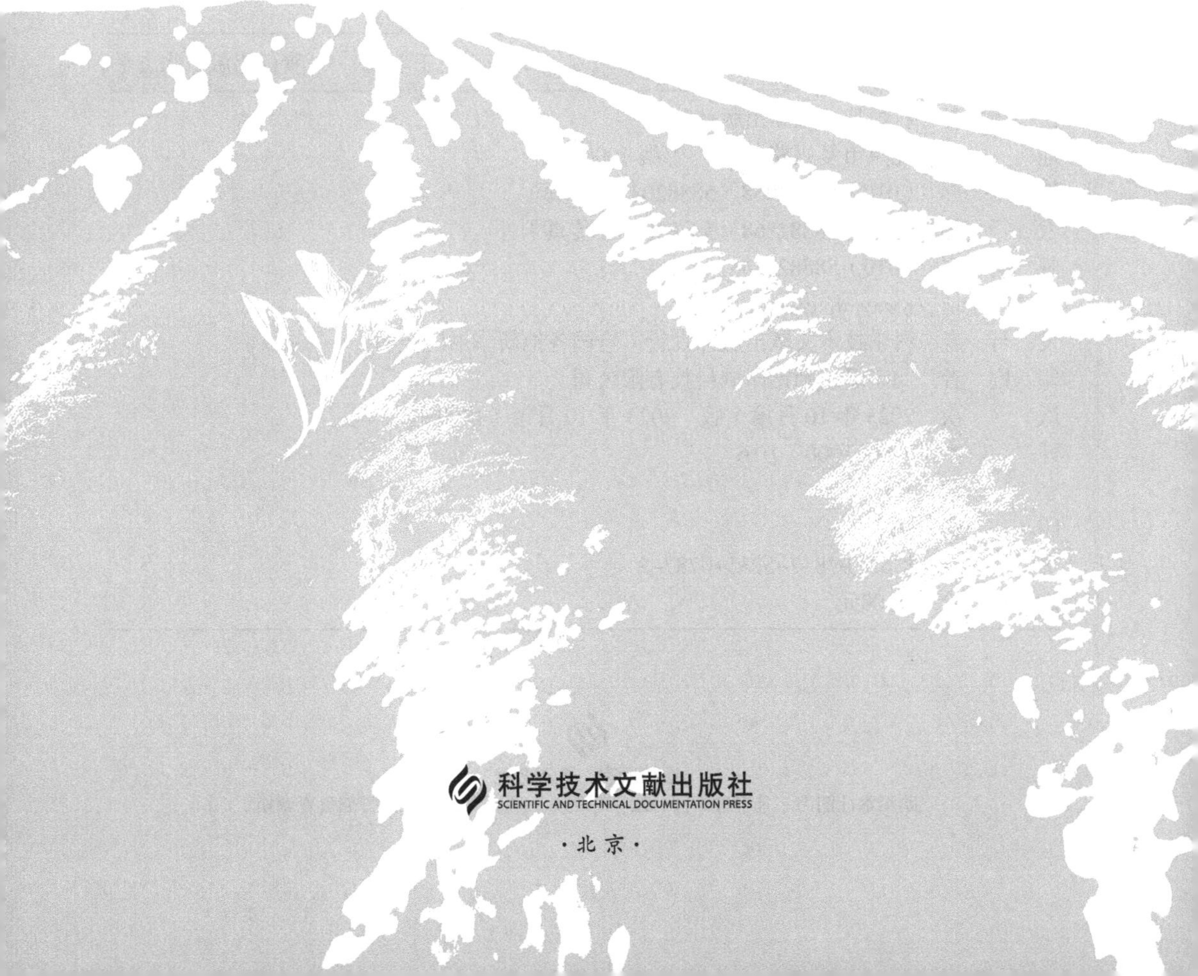

科学技术文献出版社
SCIENTIFIC AND TECHNICAL DOCUMENTATION PRESS

·北京·

图书在版编目（CIP）数据

中国农地产权政策变迁中的国家政策叙事研究 = Research on National Policy Narrative in the Changes of China's Rural Land Rights Policy / 曹志立著. —北京：科学技术文献出版社，2023.10
ISBN 978-7-5235-0787-2

Ⅰ.①中… Ⅱ.①曹… Ⅲ.①农地制度—土地产权—研究—中国 Ⅳ.①F321.1

中国国家版本馆 CIP 数据核字（2023）第 184675 号

中国农地产权政策变迁中的国家政策叙事研究

策划编辑：周国臻　　责任编辑：张瑶瑶　　责任校对：王瑞瑞　　责任出版：张志平

出　版　者	科学技术文献出版社
地　　　址	北京市复兴路15号　邮编 100038
编　务　部	（010）58882938，58882087（传真）
发　行　部	（010）58882868，58882870（传真）
邮　购　部	（010）58882873
官 方 网 址	www.stdp.com.cn
发　行　者	科学技术文献出版社发行　全国各地新华书店经销
印　刷　者	北京厚诚则铭印刷科技有限公司
版　　　次	2023年10月第1版　2023年10月第1次印刷
开　　　本	710×1000　1/16
字　　　数	210千
印　　　张	12.5
书　　　号	ISBN 978-7-5235-0787-2
定　　　价	42.00元

版权所有　违法必究

购买本社图书，凡字迹不清、缺页、倒页、脱页者，本社发行部负责调换

前 言

现代国家公共政策需要面对的重要问题之一，就是如何让国家政策能够被社会准确认知并有效接受。当政府的政策信念或政策背后所秉持的价值发生了变化，社会民众的认知水平和认知结构也需要同步提升。但现实中，政策变迁过程中的这种理想状态常常较难实现。在新的政策安排与政策对象充分认知和理解新政策之间，总是存在着难以弥合的"缝隙"，新旧政策转换总是给人们带来认知"断裂"的困境。那么，如何让政策主张被社会所认可并形成政策共识？对此，理性制度主义认为，制度存在并得以确立的基础是制度收益高于制度成本；政治学者则认为，需要有关国家政治制度的体系设计、基本价值和执政绩效等内容的认知和认同，以及平等投票、公开讨论和协商参与等基本过程。

本书尝试通过引入政策叙事的概念对上述问题予以回应和解答，也即政策相关主体通过政策叙事来突破认知分歧并形成共识。政策叙事是在充满了复杂性、不确定性的政策环境当中，为了确保和维持政策得以顺畅实施，政策相关主体讲述的一系列故事或阐述行为。国家政策叙事就是包含国家意图的特定叙事形式，国家通过对特定政策内容的挑选和组织来界定政策问题、提出政策方案，并在这一过程中传递意义和价值。国家政策叙事能够在政策变迁过程中起到弥合由变革带来的"裂痕"与"不适"的作用，化解政策认知分歧并促成政策共识。

一般地，政策叙事由故事背景（setting/context）、故事情节（plot）、故事角色（actor）、故事寓意（moral）和因果机制（causal mechanism）等要素构成，其中，故事角色和故事寓意是必不可少的。政策叙事具有意向性、语境性、隐蔽性、历史承接性、表意相对性。现实中，政策叙事有着多种形式，会通过多方面介入政策全过程当中。不同政策相关主体开展政策叙事的形式包括政策问题建构、社会媒体宣传、开展政策论证、影响政策执行和主导政策评估。现代国家的政策叙事具有建构集体记忆、助推社会动员、凝聚政策认同和提升政府合法性的多重功能。

政策变迁过程中的政策叙事其实是指向政策共识的一种过程，也即政策相关主体通过故事讲述的方式，在社会中促成关于政策信念的最大范围内共识。与传统有关政策共识实现路径的研究不同，政策叙事通过对事实认知、政策程序、价值意义和政策扩散的共识塑造，来促成行动共识、规则共识与价值共识3个层面的政策共识。政策共识下的政策叙事过程包含：政策叙事主体在核心信念的基础上建立联盟并对外展开话语宣称；政策叙事联盟围绕政策核心议题建构叙事体系并进行彼此之间的叙事竞争；主流政策叙事赢得竞争之后促成政策共识。就政策变迁而言，透过对政策叙事的变化研究，我们能够更好地把握政策变迁的基本内涵特征，如政策主体所倡导的价值意义和政策信念的变化，也能够帮助我们从更广阔的视角来观察政策变迁的外在表现形式，尤其是那些为政策相关主体所运用的叙事策略调整。政策变迁中，政策叙事结构包括话语对象的选择、政策议题的构建、政策信念的生产与叙事策略的运用4个方面，政策叙事能够在促成社会共识的基础之上推动政策发展与变迁。当然，这一政策叙事结构框架也适用于对国家政策叙事的分析。

本书通过对历史研究文献和重要党政报刊资料进行梳理，运用结构主义叙事分析和内容分析法，展现国家在政策变迁过程中的政策叙事调整。

改革开放前，我国农业集体化时期，国家建构起了农地产权"集体中心"的政策叙事体系。新中国成立后，国家农地产权结构在社会主义革命和建设时期进行了频繁调整，完成了由个人所有的"个体"农地产权格局向集体所有的"集体"农地产权格局转变。对此，从话语对象的选择、政策议题的构建、政策信念的生产与叙事策略的运用4个方面考察这一时期国家的政策叙事，可以看到，国家建构了农地产权"集体中心"政策叙事体系。其中，国家政策叙事选择了农民阶级和地主阶级作为话语对象，分别赋予他们"弱者"与"坏人"角色；政策议题集中在了农业合作社的优越性及其效益"释放"；政策信念方面则建立了关于农村土地的"集体产权"观念；叙事策略方面国家对农地产权的集体所有制和私有制进行了"成本－收益"计算与矛盾修饰。

改革开放后，我国农地三权分置改革时期，国家建构起了农地产权"市场中心"的政策叙事体系。20世纪70年代末，家庭联产承包责任制通过土地权利结构的重构，实现了土地所有权与使用权的分离，2014年国家提出要实现农地所有权、承包权、经营权的"三权"分置。对此，本书在政策变迁叙事结构框架的基础上，建立了 11 个二级操作化定义。采用内容分析法，借用 Nvivo11 分析工具，对 1979—2018 年《人民日报》的相关报道文本进行了等距抽样和内容分析，考察并呈现了"市场中心"的农地产权政策叙事体系的特征。结果显示，国家农地产权"市场中心"政策叙事中，话语对象聚焦于新兴农地经营主体；政策议题则呈现出农地产权权能多元化的特征；政策信念也开始更加注重"效率和权利"对于农地产权实践的重要意义；叙事策略也不再仅强调家庭生产，而是更加注重市场和民生取向。在不同农地产权改革的时期，国家政策叙事都为推动政策变迁、帮助并促进农民群体认知转变和稳定政策落实奠定了基础。

通过对改革开放前后国家农地产权政策叙事的分析可以得出，随着国家政策的变迁，国家政策叙事在不同层面的叙事结构和内容也与之保持同步。当发生重大制度变迁时，政策叙事就需要完成"系统性"转换，包括话语对象、政策议题、政策信念和叙事策略等；当不涉及核心价值观或政策信念的根本变化时，政策叙事一般会进行温和式或渐进性调试。而且，不同体制下国家农地产权政策叙事的叙事风格、叙事内容等特征也有所差别。此外，政策叙事转换中的政策信念层次、前后政策叙事关系及与当前法律制度的关系也会给政策变迁带来或正面或负面的影响。在不同农地产权政策叙事下，人们基本形成了与政策叙事特征相关的政策认知和行为选择。当前，我国正在推进农地三权分置改革，但是其制度设计存在着许多模糊之处，导致人们出现认知上的分歧和实践方面的偏差。对此，国家需要进一步强化"市场中心"政策叙事，以此来纠正各类偏差和误区。本书创新之处体现在，拓宽我国公共政策领域的研究视阈、深化对宏观层面国家政策叙事的认识与研究、为国家新一轮农地三权分置改革的顺利推进提供叙事建议。

目 录

第一章 绪论 ··· 1

  一、研究缘起及意义 ·· 2
    （一）研究缘起 ··· 2
    （二）研究意义 ··· 8

  二、已有文献述评 ·· 12
    （一）公共政策叙事研究 ·· 12
    （二）我国农地产权政策变迁研究 ····································· 29

  三、研究资料与方法 ·· 35
    （一）研究资料 ··· 35
    （二）结构主义叙事分析法 ·· 37
    （三）基于QSR Nvivo11工具的内容分析法 ························ 38

  四、研究思路与主要内容 ·· 39
    （一）研究思路 ··· 39
    （二）主要内容 ··· 40

  五、本书创新之处 ·· 42

第二章 认识政策叙事：理论基础、内涵体系与现实功能 ············· 44

  一、政策叙事的理论基础 ·· 44
    （一）叙事的构成：传统结构主义视角 ······························· 44

（二）叙事的建构：一种新的认知方式 …………………… 48

二、政策叙事的内涵体系 ……………………………………………… 52
　　（一）政策叙事的内涵 ………………………………………… 53
　　（二）政策叙事的特征 ………………………………………… 57
　　（三）政策叙事的形式 ………………………………………… 62

三、政策叙事的现实功能 ……………………………………………… 66
　　（一）建构集体记忆 …………………………………………… 67
　　（二）助推社会动员 …………………………………………… 69
　　（三）凝聚政策认同 …………………………………………… 71
　　（四）提升政府合法性 ………………………………………… 73

第三章　政策变迁中政策叙事的分析框架 …………………… 76

一、构筑政策共识：政策叙事的内在意蕴 …………………………… 76
　　（一）传统的政策共识：议程控制与社会参与 ……………… 77
　　（二）政策叙事下的政策共识：意义生产与认知扩散 ……… 84

二、政策共识下的政策叙事过程 ……………………………………… 90
　　（一）政策叙事主体的联盟形成与话语宣称 ………………… 91
　　（二）政策核心议题的叙事建构与竞争 ……………………… 95
　　（三）主流政策叙事下的共识形成 …………………………… 100

三、政策变迁中的政策叙事结构：一个分析框架 …………………… 101
　　（一）话语对象的选择 ………………………………………… 103
　　（二）政策议题的构建 ………………………………………… 105
　　（三）政策信念的生产 ………………………………………… 108
　　（四）叙事策略的运用 ………………………………………… 110

第四章　从"个体"到"集体"：改革开放前国家农地产权的"集体中心"政策叙事 ········ 113

一、改革开放前新中国的农地产权改革 ········ 113
二、政策叙事中的话语对象选择：农民阶级与地主阶级 ········ 118
（一）"弱者"角色：农民阶级及其生存状态 ········ 118
（二）"坏人"角色：地主阶级及其"联盟" ········ 121

三、政策叙事中的议题构建：农业合作社的优越性及其效益"释放" ········ 124
（一）是否需要建设：农业合作社优越性的论证 ········ 124
（二）如何提高效益：加快迈进"高级社"和"人民公社" ········ 127

四、政策叙事中的信念生产：农村土地"集体产权"观念的建立 ········ 129
（一）对落后生产关系的摒弃 ········ 130
（二）"集体产权"信念的塑造 ········ 132

五、政策叙事中的策略运用："敌我"矛盾下的阶级斗争叙事 ········ 135
（一）土地集体产权与私有制的"成本－收益"再计算 ········ 135
（二）农业集体化中阶级斗争矛盾的再修饰 ········ 138

第五章　从"家庭"到"市场"：改革开放后国家农地产权的"市场中心"政策叙事 ········ 141

一、改革开放以来中国的农地产权改革 ········ 141
（一）基本历程：从"两权"分离到"三权"分置 ········ 141
（二）本章研究设计 ········ 144

二、政策叙事中的话语对象选择：新型农地经营主体的兴起 ········ 149
（一）新型家庭经营主体 ········ 150
（二）新型农民合作社 ········ 152

三、政策叙事中的议题构建：聚焦农地产权的多元权能 ……… 153
　（一）农地使用权方面 …………………………………… 155
　（二）农地处分权和求偿权方面 ………………………… 156

四、政策叙事中的信念生产：农地经营规模效率与权利平等保护 …… 158
　（一）注重农地经营的规模效率 ………………………… 159
　（二）强调权利的平等保护 ……………………………… 160

五、政策叙事中的策略运用："民生"取向的市场叙事 ……… 162
　（一）逐渐弱化的家庭生产叙事 ………………………… 163
　（二）适度强化的脱贫和城镇化叙事 …………………… 165

第六章　中国农地产权政策变迁与国家政策叙事转换 ……… 168

一、我国农地产权政策变迁：国家政策叙事的同步与衔接 …… 168
　（一）政策变迁下国家政策叙事表达的同步性 ………… 168
　（二）国家不同政策叙事的相互衔接 …………………… 170

二、国家农地产权多重叙事下的政策共识与行为选择 ……… 173
　（一）不同农地产权政策叙事下的政策认知和共识 …… 173
　（二）不同农地产权政策叙事下的行为选择 …………… 175

三、我国农地三权分置改革的现实困境与政策叙事建议 …… 177
　（一）我国农地三权分置改革面临的现实困境 ………… 177
　（二）推动农地三权分置改革的政策叙事建议 ………… 180

结　论 ……………………………………………………………… 183

参考文献 …………………………………………………………… 187

后　记 ……………………………………………………………… 189

第一章 绪论

当前,农村集体土地的所有权、承包权、经营权的"三权"分置(简称"农地三权分置")改革是我国农村改革的"又一重大制度创新",也是乡村振兴战略推进过程中的基础性工程。党和国家在多个中央文件中都强调做好农地三权分置工作的必要性和重要性,指出农地三权分置是维护农民集体、承包农户、经营主体的权益和实现农业现代化的必由之路。但实际中,农地三权分置改革推行过程中出现了很多争论与分歧,不少地方实践也出现了偏离中央要求和目标的现象。那么,如何让国家改革政策为社会所认可并形成政策共识?换言之,如何弥合新旧政策转换给人们带来的认知的"缝隙"?其实,这一困境往往伴随着国家政策的变迁过程,而且,这类问题及答案,也适用于一般的政策调整与国家改革。

对此,本书尝试通过引入政策叙事的概念来予以回应和解答,指出国家在推动改革的过程中,通过政策宣介和阐述等方式来影响并塑造民众的政策认知和态度的行动,其实是一种"叙事经验"。一般而言,每个社会个体在更新已有认知、接受新的信息和理念方面本身就存在着困难[1],尤其当涉及一些基本的社会经济制度变迁时。保罗·康纳顿曾指出,"过去的形象一般会使现在的社会秩序合法化",我们对现在的体验和理解是在一个与过去的事件和因果联系的脉络中展开的。[2] 因此,当新政策出现并介入人们生活时,人们总会产生一种不适感。阿伦特曾说道,"任何哲学、分析、格言无论多么深刻,在意蕴的丰富和强度上都不能跟一个恰当讲述的故事相比"[3],这一概括对于公共政策而言同样适用。国家需要运用政策叙事的方式将政策阐释或讲述给人们,而不是采用强制性命令的办法;而且,如果当一个政策故事成为主流,那么这个

---

[1] VESELKOVÁ M. Narrative Policy Framework:Narratives as Heuristics in the Policy Process [J]. Human Affairs,2017(2):178-191.
[2] 康纳顿.社会如何记忆[M].纳日碧力戈,译.上海:上海人民出版社,2000:2.
[3] BROWNING G,HALCLI A,WEBSTER F. Understanding Contemporary Society:Theories of the Present [M]. London:Sage Publications,2000:112.

故事将驱动政策变迁。① 我们正是基于这一立场,从政策叙事视角重新考察了我国农地产权政策变迁过程,并具体呈现在不同政策信念下国家政策叙事结构及其变迁特征。

一、研究缘起及意义

(一) 研究缘起

1. 发现改革开放以来国家农地产权改革中的"叙事经验"

党的十九大报告提出,深化农村土地制度改革,完善承包地"三权"分置制度。从20世纪70年代末家庭联产承包责任制的基层萌芽,到将家庭承包地"三权"分置写入党的十九大报告,改革开放40年来,我国农地产权经历了从"两权"分离向"三权"分置的转变,在这一农地产权改革的政策变迁过程当中,国家介入并发挥着重要作用,也取得了诸多经验。

首先,农村土地改革被认为是权能细化、边界清晰化和权利稳定化的产权现代化过程。从合作化、家庭联产承包到规模流转的转型中,我国农地产权完成了从"权能合一"到"所有权、承包权和经营权"的细分。② 伴随着权能细化,农地产权边界也愈加清晰。农地确权登记破解了"边界模糊"问题,实现了农村承包地"四至"清晰和可界分。与此同时,国家不断延长承包期限、严格限制随意调整、颁发承包经营权证书,大大提升了农地产权的稳定性和安全性[③④]。农地产权的现代化和规范化产生了激励作用,对农民产权预期、农业生产投资形成了正向影响[⑤⑥],成为我国现代农业转型和持续增长的制度之源[⑦]。

---

① HAJER M. Discourse Coalitions and the Institutionalization of Practice:The Case of Acid Rain in Britain [M]//FISCHER F,FORESTER J. The Argumentative Turn in Policy Analysis and Planning. Durham and London:Duke University Press,1993:43-76.
② 张曙光,程炼. 复杂产权论和有效产权论:中国地权变迁的一个分析框架 [J]. 经济学(季刊),2012(4):1219-1238.
③ 黄季焜,冀县卿. 农地使用权确权与农户对农地的长期投资 [J]. 管理世界,2012(9):76-81.
④ 叶剑平,丰雷,蒋妍,等. 2008年中国农村土地使用权调查研究:17省份调查结果及政策建议 [J]. 管理世界,2010(1):64-73.
⑤ 邵亮亮,冀县卿,黄季焜. 中国农户农地使用权预期对农地长期投资的影响分析 [J]. 中国农村经济,2013(11):24-33.
⑥ 应瑞瑶,何在中,周南,等. 农地确权、产权状态与农业长期投资:基于新一轮确权改革的再检验 [J]. 中国农村观察,2018(3):110-127.
⑦ 冀县卿,钱忠好. 改革30年中国农地产权结构变迁:产权视角的分析 [J]. 南京社会科学,2010(10):73-79.

其次，农地产权改革也是国家对农民赋权的过程。作为一种对农地使用、收益和处置等权利内容的界定，农地产权是"连接国家与农民社会关系的核心"①。近代中国发展滞后的重要原因，就在于农地产权无法独立于国家政权，缺乏"纵向"排他性，难以免于来自政权的侵犯。②改革开放以来，农村发展得益于国家赋予了农民一系列产权权利，包括使用、经营、收益等权能③，以农地三权分置为标志的第二次农地产权改革，实现了农民土地权利的财产化，强化了对农地的承包和经营主体合法权利平等的法律保护。④随着农地产权的经济属性增强、社会属性弱化，农地产权的完善也为乡村社会提供了大量的公共物品，发挥了在国家基层治理当中的作用。⑤

但实际上，国家完成上述产权现代化的转型过程并非"一帆风顺"。一方面，农地产权本身具有一定的制度稳定性。产权改革的难题之一，就是如何在短时间内实现平稳过渡并与现有法律制度有效衔接。目前，国家提出的农村承包地"三权"分置，是对物权领域的法律以及法理的突破，尚无明确的法律制度对"三权"的内涵进行完整规定与说明。⑥⑦因此，农地产权改革的渐进性过程由于有着特定的社会内在需求，无法在既有法律制度下一蹴而就地完成。⑧另一方面，农地产权具有较强的社会建构性。产权制度是社会成员在长期互动过程中基于彼此一致且稳定的行为预期而逐渐产生的⑨，因此，农地产权改革常常面临着"更优的目标产权结构和产权变革的社会认可之间常常存在张力"的问题⑩。那些依据广泛认同的公平原则而建构起来、具有隐性与非正

---

① 徐勇，项继权.主持人语：土地产权——国家与农民关系的核心[J].华中师范大学学报（人文社会科学版），2005（6）：10.
② 邓大才.通向权利的阶梯：产权过程与国家治理——中西方比较视角下的中国经验[J].中国社会科学，2018（4）：42–66.
③ 李成贵，孙大光.国家与农民的关系：历史视野下的综合考察[J].中国农村观察，2009（6）：54–61.
④ 蔡立东，姜楠.农地三权分置的法实现[J].中国社会科学，2017（5）：102-122.
⑤ 邓大才.中国农村产权变迁与经验：来自国家治理视角下的启示[J].中国社会科学，2017（1）：4–24.
⑥ 高圣平.新型农业经营体系下农地产权结构的法律逻辑[J].法学研究，2014（4）：76–91.
⑦ 孙宪忠.推进农地三权分置经营模式的立法研究[J].中国社会科学，2016（7）：145-163.
⑧ 刘守英，高圣平，王瑞民.农地三权分置下的土地权利体系重构[J].北京大学学报（哲学社会科学版），2017（5）：134–145.
⑨ 曹正汉.产权的社会建构逻辑：从博弈论的观点评中国社会学家的产权研究[J].社会学研究，2008（1）：200–216.
⑩ 刘世定.产权保护与社会认可：对产权结构进一步完善的探讨[J].社会（社会学丛刊），2008（3）：41–45.

式特征的农地产权，与国家正式法律制度之间存在着一定的鸿沟。① 例如，在国家农地确权过程中，农民对土地权属的认定及其理由与法定产权存在差异，并对确权文本和相关法规进行了有利于自身的解释。②

因此，如何克服产权制度变革在实践层面上引起的社会"不适应"以及让民众从认知层面更加容易接受新的农地产权制度安排，就成为国家每次农地产权改革中不得不考虑的重要问题。戴伊曾指出，只研究政府行为而不研究政府言辞是政策研究的误区。③ 农地产权改革的成功，不仅需要稳定的制度设计、有效的政策执行，更需要不断突破产权改革中的各类争论，让社会广为理解并接受新的产权制度，这是国家制度转型另一维度的改革经验——"叙事经验"，也即国家在推动改革过程中通过政策宣介和阐述等方式方法来影响并塑造社会的政策认知和态度的经验。其实，我国的改革实践在这一方面已经进行了不断的努力和尝试。例如，改革开放初期，"小岗村"的故事塑造和宣传，既让农村基层认识到国家对家庭联产承包责任制的支持态度，也激发了农民勇于创新的精神，突破其旧有思想束缚。但目前，已有研究对于此方面的关注仍显不足。农地产权改革过程中，国家是如何通过有意识地建构政策的话语对象与核心议题等，来推进农地产权改革进程、让政策内容为社会大众所理解与接受的，被或多或少地忽略了。国家改革中的这些叙事元素，既是改革事业中需要总结的重要经验，也是本书关切和讨论的核心议题。

2. 再思制度变迁的社会适应性问题

新中国成立以来的农地产权制度改革能够取得成功，被认为是诱致性制度变迁与强制性制度变迁相结合的结果，也即由潜在获利机会"诱发"制度变迁以及政府"强制"提供制度安排共同完成。④ 在这一过程中，诱致性制度变迁是由部分人"响应获利机会时自发倡导、组织和实行"，其产生的原因

---

① 申静，王汉生. 集体产权在中国乡村生活中的实践逻辑：社会学视角下的产权建构过程［J］. 社会学研究，2005（1）：113-148.
② 王毅杰，刘海健. 农地产权的地方化实践逻辑：基于Q村土地确权风波的考察［J］. 中国农业大学学报（社会科学版），2015（3）：52-58.
③ DYE T R. Policy Analysis: What Governments Do, Why They Do It, and What Difference It Makes［M］. Tuscaloosa: University of Alabama Press, 1976: 21.
④ 丰雷. 新制度经济学视角下的中国农地制度变迁：回顾与展望［J］. 中国土地科学，2018（4）：8-15.

和动力都很简单，就是现行制度安排从生产和交易成本方面来看不再是最优的，新的制度安排比现有制度安排和其他制度安排都更加有效。①在此背景下，新的制度安排被一部分人所响应并逐渐被社会认可。可以看到，诱致性制度变迁由于是对高成本制度安排的摒弃，因此，本身具备了社会认同的合法性基础，更容易被人们接受和贯彻施行。当然，诱致性制度变迁在具备了良好条件后可能依然无法得以施行，往往会由于社会传统伦理规范的约束、制度变迁收益的外部性带来的理性"搭便车"行为等而变迁"失败"。此时，强制性制度变迁下的国家干预就成为重要的补充形式，由政府主导并强制推行某种制度安排。例如，土地改革时期的"打土豪、分田地"、农业合作化时期对农业的社会主义改造以及人民公社时期的"集体土地、集体劳动"，其中，强制性制度变迁的特征体现得十分明显。可见，政府主导的强制性制度变迁，有时还需要通过设定完善的经济激励和成本控制来保障制度安排的有效性。

在上述这些理性制度主义者或制度分析的经济学观点看来，包括诱致性制度变迁和强制性制度变迁在内的所有制度变迁，其前提都是新制度安排的成本要低于收益，他们将制度的变迁看作人们在博弈过程中利益最大化的结果。在此背景下，制度变迁的社会适应性问题或者说制度变迁能否被社会民众所理解和接受，在成本低于收益的情况下就会自然而然地得到解决，因为理性的民众总是会认可收益更高的制度安排。

但实际上，制度变迁对人们认知的影响过程常存在时滞，由于人们的认识往往具有"路径依赖"的特征，个体"在更新已有认知、接受新的信息和理念方面总是存在困难的"②。因此，制度变迁仍然面临着如何让新的制度很快适应社会的问题。即使制度分析的经济学者也认为，国家让民众相信并认可政治系统治理需要支付"费用"，为了维护国家合法权威不仅需要制度安排，还需要"在意识形态方面进行投资"。③因此，制度变迁并非能够简单地"自然发生"，如果民众不理解或不接受国家主导的制度安排，那么制度变迁将难以推进。这就涉及制度变迁的社会"适应性"问题，也即制度变迁为民众所认可与

---

① 科斯.财产权利与制度变迁：产权学派与新制度学派译文集[M].上海：格致出版社，上海三联书店，上海人民出版社，2014：269-270.
② VESELKOVÁ M. Narrative Policy Framework: Narratives as Heuristics in the Policy Process [J]. Human Affairs, 2017（2）: 178-191.
③ 科斯.财产权利与制度变迁：产权学派与新制度学派译文集[M].上海：格致出版社，上海三联书店，上海人民出版社，2014：277.

接纳，或者说民众认知如何与制度变迁之间保持同步和一致。对此，制度的认知主义研究已经就有关民众认知与制度变迁之间的关系问题进行了探讨。钱忠好指出，制度变迁与主体认知彼此间的关系具有辩证性，一方面，制度具有塑造主体认知与偏好的作用，制度变迁中制度环境的改变会让不同主体在互动和适应环境过程中的认知趋于一致。另一方面，农民群体的认知其实也影响了国家农地产权制度改革的进程。① 为此，国家的制度变迁就需要考虑民众对制度接受与否的问题。社会学的新制度主义也给予了回答，他们认为任何制度都是意义的沉淀与集合、是结晶化或客观化了的意义，制度提供了社会当中人们的行动模板和行为脚本，也成了"以社会为中介的共同意义框架"。② 正因如此，当这些凝结在制度中的意义真正能够让人们从内心认可并形成共同信念时，制度才能发挥出行为建构的目的。

政策叙事作为人们认知与理解社会的重要方式，认可了制度作为意义集合所具有的认知塑造的功能，但更进一步地讲，叙事在认知与制度之间架构起"桥梁"并能起到"催化"的作用。政策叙事研究认为，我们每个人都是通过叙事来接受信息、沟通交流以及理解周围的世界。③ 鉴于社会中个体思想的意向性和行动的情境性，④ 一方面，我们的主观意识或经验认知其实都是携带着特定态度、目的和信念的，缺少对于这种目的和意向的认识就无法理解现实世界；另一方面，我们对特定行动的认识依赖于事件背景及其周围的环境。人们的对话交流需要语境，离开了特定语境或场景，主体行动的意图将难以被理解。⑤ 因此，叙事在人们日常生活中扮演着核心角色。政策叙事在人们的认知与政策变迁之间搭建起了一座"桥梁"，它能够通过一种故事讲述的方式，更好地让人们接受制度变迁中的核心信念。所谓政策叙事，就是政策相关主体为了确保政策得以落实执行而讲述的一系列故事或阐述行为。政策故事包括了故事背景、故事角色、故事情节和故事寓意等。例如，一个关于"坏人"（可以是某个人、某类人、某种现象）的故事其实就内含了这个"坏人"之所以坏的

---

① 钱忠好.中国农村土地制度变迁和创新研究（4）[M].北京：中国农业出版社，2014：34-37.
② 斯科特.制度与组织：思想观念与物质利益[M].3版.北京：中国人民大学出版社，2010：66.
③ JONES M D, SHANAHAN E A, MCBETH M K. The Science of Stories: Applications of the Narrative Policy Framework in Public Policy Analysis [M]. New York: Palgrave Macmillan, 2014: 10.
④ 查尔尼娅维斯卡.社会科学研究中的叙事[M].鞠玉翠，等译.北京：北京师范大学出版社，2010：4-5.
⑤ 麦金太尔.追寻美德：道德理论研究[M].宋继杰，译.南京：译林出版社，2008：237.

原因、我们应该如何对待"坏人"及其背后的立场、在哪些情况下需要怎么做才能成为"好人"等。政策故事很好地契合了人们认知的意向性和情境性,并将制度背后的意义和信念融合在了每个人对日常生活的理解当中。

3. 关于政策共识形成过程的思考

共识(consensus),字面意思是共同享有或一致性的认识。政策共识是指人们关于政府政策的共同享有或一致性的认识。这种对"某一事物与其他事物相区别的认可"并形成的同一性和统一性认知,其实也就是心理学中认同[①]。因此,政策共识是指人们对于作为政府行为之一的公共政策的认可或认同,并共享着一致性的认识,政策共识也就涉及政治认同或国家认同。

以往关于如何实现政策共识问题的回答,包含了两个方面:人们认同的内容和实现共识的过程。第一,关于认同的内容方面。国家认同或政治认同首先取决于人们对国家的具体特征的认知和认同,而国家的具体特征包含了很多因素,非常重要的就是国家制度体系及其决定的公民权利,如民主的政治制度、"国家结构体系的现实合理性"以及"国家制度所带来的自由、发展与幸福",这3个方面是国家认同的核心内容,也是国家认同的基础。[②]除了国家政治制度体系、基本价值和执政绩效之外,边界清晰且稳定的领土也建构起了现代国家主权概念和范围,因此,对领土的认同也被认为是公民国家认同的标志和基础。[③]据此,政策共识在这里就意味着,民众对政策制定和执行效果及其背后的制度等内容的认同。第二,关于共识的过程方面。政治学对如何在共同体或国家内达成共识的探讨可谓历史悠久。古希腊时期,亚里士多德就指出只有那些照顾公共利益的政体才是正当政体,由多数人掌握最高权力并且能够容纳较多要素的共和政体就是最好的政体,而且,公民应轮流执政以平衡各方利益。[④]进入现代社会,国家普遍采用民主的方式来实现社会共识,如平等投票、公开发表意见和协商对话等。对此,有学者指出,参与的过程和参与者对于寻求政策共识而言非常重要,如技术专家、社会组织和普通民众等;[⑤]也有学者认

---

① 周晓虹. 认同理论:社会学与心理学的分析路径[J]. 社会科学,2008(4):46-53.
② 林尚立. 现代国家认同建构的政治逻辑[J]. 中国社会科学,2013(8):22-46.
③ 周光辉,李虎. 领土认同:国家认同的基础——构建一种更完备的国家认同理论[J]. 中国社会科学,2016(7):46-64.
④ 徐大同. 西方政治思想史[M]. 天津:天津人民出版社,1985:48-52.
⑤ BOOHER D E, INNES J E. Consensus Building as Role Playing and Bricolage: Toward a Theory of Collaborative Planning [J]. Journal of the American Planning Association, 1999(1): 9-26.

为决策之前讨论问题的过程更为重要,"而不是简单地进行投票或利用……投票规则"①。

但是,现代国家的公共政策总是面对一些复杂的棘手问题,人们可能对于政策内容及其背后的价值根本不认可,在此背景下,沟通、对话和协商等方式其实也难以奏效。此时,人们关于政策问题怎样界定和政策方案效果如何等问题无法形成共识,公共政策的制定、执行和变迁就陷入了困境。

对于这类困境,政策叙事研究指出,政治问题其实是社会构建的,某一社会境况能否成为社会问题往往取决于人们以何种叙事来讨论问题。例如,一大片枯死的树林只是一个事实,但这个事实也能成为一个问题,关键在于人们怎么看待这片枯死的树林,有人认为这是自然淘汰的结果,有人却认为这是人为污染破坏造成的。②由于持有不同价值观,每个人看到的都是不同的现实境况,也因此可能对政策问题形成不同的看法并彼此争论。国家可以通过讲述故事的方式来巩固和强化公共政策背后的基本假设和政策信念,对政策问题进行重新界定并提出相应的政策解决方案。这就是国家政策叙事,也即国家为了确保政策得以落实执行而讲述的一系列故事或阐述行为。国家政策叙事通过故事讲述的方式,告诉社会当前我们面临何种难题、处于何种困境、存在何种"坏人"伤害着哪些"弱者",为了摆脱现有窘况、保护"弱者",也为了更好地实现公平、效率或安全等价值目标,社会就需要接受国家提出的政策方案,而且,该方案能够在最大程度上减少成本、让更多人受益。通过这种故事讲述的方式,人们能更好地理解公共政策的目的、意义和实际成效,更好地接纳并支持公共政策并最终形成政策共识。

(二)研究意义

1. 理论意义

第一,有助于探究政策过程背后的叙事因素。目前,有关政策变迁过程的研究,主要聚焦于政策变迁中的各类行动要素,大部分关注利益博弈、政策知识、政策企业家等要素的作用。例如,利益团体在利益驱动下为了维护既得

---

① 费伦. 作为讨论的协商 [M]//陈家刚. 协商民主. 上海:上海三联书店,2004:1.
② HAJER M. Discourse Coalitions and the Institutionalization of Practice: The Case of Acid Rain in Britain [M]//FISCHER F, FORESTER J. The Argumentative Turn in Policy Analysis and Planning. Durham and London: Duke University Press, 1993: 44.

利益往往不支持政策变革、由政策知识的匮乏带来的不确定性推动了政策变迁、政策企业家则为了未来潜在的回报而积极拥护政策改革[①]，此外，还包括关键事件、外部冲击和环境变化等。在这些影响因素或变量中，价值观和信念的作用往往被忽略了。[②] 虽然政策倡议联盟框架提出，政策变迁往往是由于政策子系统的核心信念遇到了威胁、发生根本性变化，但该理论并没有深入探讨政策相关主体如何维护核心信念、运用了哪些策略来抵制或推动核心信念的转变。[③]

相比之下，政策叙事分析充分考虑了政策变迁过程中的信念或认知因素及其作用机制。政策叙事研究认为，现代社会价值的多元化和意义的相对性使得政策问题极其复杂，面对相同的客观事实，人们的认知和态度迥异，甚至这些事实是否相同、是否客观都成了值得商榷的问题。在此背景下，传统的利益驱动、投入-回报因素和权力对冲突的有效控制等分析路径都会"失灵"。当政策环境充满了复杂性、不确定性，为了确保和维持政策得以顺畅实施，国家就需要一系列故事或阐述行为，这些故事或阐述行为就被称为政策叙事。[④] 政策叙事是国家与民众之间交往的重要方式，更是一种意义生成和传递过程，在影响公众的社会认知方面发挥着重要作用。一方面，政策叙事的作用机制十分含蓄，往往通过列举人们日常生活中的实例和再现故事现场等方式，来达到让政策意义和内容通俗易懂的目的。政策叙事不像意识形态或命令那样具有劝告和规范意味，而是通过把"讲道理"的意图嵌入"讲故事"过程的方式，将意义蕴含于具体的政策内容之中。另一方面，政策叙事生产和传达出的意义易于理解。政策叙事传递信念的过程由多个环节构成，常包括故事的背景、人物、行动和结果等，而且，这些故事常常放置在特定的历史背景下，如传统文化、社会道德规范之中。政策叙事确保了政策或制度内容向社会传递以及沟通或协商过程的有效性，对于人们理解政策和制度变迁也具有重要意义。

第二，有助于进一步深化关于长时间段内宏观层面的政策叙事研究。政策叙事可以在3个层次上发挥作用：微观层面，政策叙事对社会个体认知的影响；中观层面，不同政策叙事之间的互动机制；宏观层面，制度和文化叙

---

① 朱亚鹏.公共政策过程研究：理论与实践[M].北京：中央编译出版社，2013：38-41.
② 赵德余.主流观念与政策变迁的政治经济学[M].上海：复旦大学出版社，2008：2.
③ MCBETH M K, SHANAHAN E A, ARNELL R, et al. The Intersection of Narrative Policy Analysis and Policy Change Theory [J]. Policy Studies Journal, 2007（1）：87-108.
④ ROE E. Narrative Policy Analysis Theory and Practice [M]. Durham：Duke University Press, 1994：34.

事如何影响具体的制度规范。①但就目前的研究现状来看，相较于微观与中观层面，宏观层面的相关研究仍然十分匮乏。Mcbeth 等较早地构建起"政策营销"的解释框架理论，并揭示了嵌入社会中的"营销"文化在塑造政策解决方案的作用。在此之外，宏观层面的研究较少。本书对改革开放前后不同体制下近 70 年的国家政策叙事变迁研究，是在宏观层面的积极尝试。通过对农业集体化时期和农地三权分置时期的政策叙事比较分析之后，论文指出不同阶段的体制下，国家政策叙事的风格与内容有所不同：改革开放前在中国的"权能主义"体制下，叙事风格具有"统一命令"和"快速落实"的特点，叙事内容也是整齐划一、高度一致；改革开放后，国家政策叙事风格呈现出"谨慎探索"和"反复讨论"的特点，叙事内容也表现出对地方实践的包容。

2. 现实意义

第一，有助于认识国家改革过程中的叙事经验。国家改革的叙事经验在以往学术研究中较少提及，也未能够进行深入探索。本研究指出，"叙事经验"是国家在推动改革过程中通过政策宣介和阐述等方式方法来影响并塑造政策认知和态度的经验。国家改革成功与否，不仅依赖稳定的制度设计、有效的政策执行，更需要不断突破改革中的各类争论，让社会广为理解并接受新的制度安排。政策叙事作为一种隐蔽的意义生产与传递过程，在现代国家建设、国家制度改革和政策落实过程当中发挥了重要作用，对理解政策过程、社会治理和国家发展中的叙事要素及其功能而言具有重要意义。其一，政策叙事中的故事，通过重温集体历史、塑造集体身份和嵌入集体规范价值等方式，能够唤起人们的集体记忆，以强化人们对自我、对国家集体和对社会价值的认知。其二，有助于强化社会动员，政策相关主体会采用类似于市场营销的叙事策略，通过积极迎合民众需求来争取社会对政策的接纳和支持政策，促成沟通、协商与合作以及政策解决方案出台。其三，有助于凝聚政策认同。通过提出我们现在面临何种危机、哪些群体需要救助、我们该如何应对危机等问题和方案，政策叙事能够让人们切身体会之后对政策理性上更加理解、情感上易于接受，进而形成认同与共识。其四，有助于提升政府合法性。政策叙事不仅可以帮助人们理解政策的本质意图和内涵，完成意义和价值的传递过程，而且还能够建构起合法

---

① SHANAHAN E A, JONES M D, MCBETH M K. Policy Narratives and Policy Processes [J]. Policy Studies Journal, 2011（3）: 535-561.

性所需要的价值规范。

从现实层面来看,基于政策叙事视角的国家农地产权政策分析,有助于我们重新审视并理解国家改革中各类举措。例如,国家为什么要在改革初期塑造"小岗村"的故事,"小岗村"故事的意义是什么。通过分析,我们可以了解到"小岗村"的故事在政策叙事方面其实是成功的,因为这一故事的塑造和宣传,既让农村基层认识到国家对家庭联产承包责任制的支持态度,也激发了农民勇于创新的精神,突破了农民旧有思想束缚。尽管农业集体化时期的改革在经济学家看来基本是失败的,[①]但政策叙事的视角有助于我们重新认识和理解国家行动,如对单干之风的批判、对农业合作优越性的强调、确立起农民的"集体产权"观念,也都为农业合作社建设排除了诸多阻碍、赢得了发展空间。

第二,有助于为国家农地三权分置改革提供对策建议。理论虽然源于现实也高于现实,但"哲学家只是用不同的方式解释世界,而问题在于改造世界"[②],因此,理论只有回到现实中才有意义。当学术研究对现实能够提供改进建议时,其意义才能得以部分彰显。当前,我国农地三权分置还存在着许多分歧之处,虽然国家政策文件对"三权"中的若干权能进行了说明,但现实中仍然存在着农户承包权与土地经营权的性质、内涵和权能界定不清等问题;地方三权分置实践也出现了偏差,农户承包权常会受到来自集体所有权和土地经营权方面的侵犯,人们对农地三权分置也出现了认知和理解偏差,以及农地非粮化和非农化等各类问题。本研究从政策叙事研究视角提出,对农地三权分置过程中的分歧和偏差问题,需要国家进一步强化"市场中心"政策叙事的路径来予以纠正。首先,国家可以塑造农民群体的"弱势"角色并刻画其生活现状,以引发人们的关注和同情以及社会对农民土地权益的平等保护和公平诉求。其次,构建广受关注的焦点性政策议题。政策叙事中的焦点事件与核心矛盾能够成功引起社会注意,并且能够持续性地抓住民众注意力。例如,对农地流转和规模经营发家致富的故事、农地抵押解决了生产资金短缺问题进行报道,给农民群体提供有关农地三权分置的正面信息,这也将有助于提升民众信心。最后,确立以市场为中心的政策信念,国家可以侧重于强调农地三权分置在推动规模经营和抵押贷款的地方实践与经验,而不是承包权"继承"等问题。

---

① 张红宇.中国农村的土地制度变迁[M].北京:中国农业出版社,2002:40.
② 马克思,恩格斯.马克思恩格斯选集(第一卷)[M].北京:人民出版社,1995:61.

二、已有文献述评

（一）公共政策叙事研究

叙事（narrative），是一个在文学、新闻学、传播学和历史学等研究领域广为使用的概念。学术界对叙事的研究探讨源远流长，最早可追溯至古希腊时期先哲们对会话和叙事结构的研究，其中，亚里士多德在《诗学》中就已经提出，一个整体的戏剧应"包括戏景、性格、情节、语言、唱段和思想"①6个成分。自此以降，叙事研究就绵延在了西方文学、语言学研究之中，后经中世纪诠释学发展，叙事研究在20世纪实现了在社会科学领域的急剧发展与交叉融合。从现实层面来看，我们每个人身边，无时无刻不发生着叙事活动，如寓言故事、小说书籍、话剧电影，以及日常生活中人们彼此间的交流、会话等。正如Barbara Hardy写到的"我们每个人都在叙事当中做梦、回忆、期望……在现实生活当中，我们需要建构起有关自己和他人、有关个人与社会的过去和未来的故事"②。因此，可以明确地说，我们每个人都生活在叙事当中，也是以"故事"为生的。③

由于受到社会科学领域"叙事转向"的影响，公共管理学中围绕"叙事"要素展开的研究在20世纪70年代之后也逐渐兴起。拉斯韦尔早在1970年就已经关注到了政策过程当中的说服策略。④虽然学术研究和日常生活对"叙事"一词的使用越来越多，但是，有关"叙事"以及"叙事研究"的概念和内涵界定，又是复杂且充满了不确定性的。加拿大著名教育学家克兰迪宁曾敏锐地指出，一些以"叙事分析"名义而进行的研究，往往和叙事相关却指涉了不同的研究路径，如将叙事或故事作为研究数据、表达形式、内容分析和结构方式等⑤。因此，对于叙事研究尤其是公共政策领域相关研究发展脉络的考察和梳理十分必要。

1. 国外相关研究

从理论渊源来看，政策叙事研究有着两个方面的理论研究支柱。一方面，

---

① 亚里士多德．诗学［M］．陈中梅，译注．北京：商务印书馆，1996：64.
② HARDY B. Towards a Poetics of Fiction: An Approach through Narrative［J］. NOVEL: A Forum on Fiction, 1968（2）: 5-14.
③ OKRI B. A Way of Being Free［M］. London: Phoenix House, 1997: 46.
④ LASSWELL H D. The Emerging Conception of Policy Science［J］. Policy Sciences, 1970（1）: 3-14.
⑤ 克兰迪宁．进行叙事探究［M］．徐泉，李易，译．重庆：重庆大学出版社，2015：4.

文学理论中的叙事研究，从经典叙事研究向后经典叙事研究发展，并不断拓展研究范围，叙事研究逐渐向社会科学领域延伸，公共政策研究领域中的叙事研究便得以萌生（本书第一章将予以详述）。另一方面，则是公共政策研究范式的转型，在后现代主义研究浪潮下，涌现出了"叙事转向"。

20世纪70年代，公共行政研究中后现代主义开始兴起。后现代主义对传统经验实证主义提出了全面批评，从认识论基础到实践问题解决，"理论假设－数据收集和分析－结论验证"的分析模式在解释社会科学领域的现象和对政府治理问题进行建议时失效了。对于这种研究困境，印第安纳大学的考德威尔（Caldwell）在1975年知识管理会议上指出，当前社会已经开始了由从现代主义向后现代主义的转型过渡。在这一过程中，社会中人们的理念、认知和信念都发生了变化，而且，相比于在制度、法律甚至组织理论层面的适应性变化要更快。当由民众代表所组成的政府中的人们，其观念不再与制度理念相一致时，张力由此便产生了。[①] 从实践层面来看，社会科学领域的政策研究在解决社会难题、提供政策建议方面的功能被认为已经失效了，面临着"要么沦为政治游戏运作的工具、要么服务于政府部门改良自身组织效率而非解决社会问题"的困境。[②] 从理论研究层面看，Fisher在对传统经验主义研究固持"科学"理念的批判中指出，实证主义研究的理论假设，已经难以对社会运行做出合理的解释与应对方案。科学研究的知识作为一种社会技术建构，是建立在关于推断及反驳不断持续进行的特定历史和语言背景下，而科学解释要能够为具体地点和时间中的调查群体所证实。解决传统研究认识论问题的主要办法，就是将实证主义对科学证据和论证的强调转向一种话语（discourse）、语境（contexture）理解的研究取向。[③] 此后，后实证主义的政策研究在研究取向和方法方面，开始不断创新探索。主流的政策研究当中开始出现了"话语分析"或"论辩转向""诠释路径"以及"叙事转向"。这些研究都强调"语言、沟通、论证与文字材料"等，在理解与解释公共政策的本质与过程中的关键作用。[④]

政策研究的"话语转向"，是在福柯意义上来认识和使用话语的，后者认

[①] CALDWELL L K. Managing the Transition to Post-modern Society [J]. Public Administration Review, 1975（6）：568-569.
[②] DRYZEK J. Policy Analysis as a Hermeneutic Activity [J]. Policy Sciences, 1982（4）：310.
[③] FISCHER F. Beyond Empiricism: Policy Inquiry in Post Positivist Perspective [J]. Policy Studies Journal, 1998（1）：130-132.
[④] 林子伦.台湾气候变迁政策之论述分析 [J].公共行政学报，2008（28）：156.

为话语的形成和使用背后是一种权力关系的体现①，而不仅仅是对现实世界的简单描述。透过话语，某些利益得以彰显、其他利益受到限制。政策话语包括了共识性政策话语和对抗性政策话语，政策话语的分析就是要探讨建构政策话语的方式方法②，找到社会主体如何通过话语来进行建构话语对象及行为、如何进行意义的赋予。在政策语言和话语的基础上，政策研究开始呈现出"论辩转向"，对科学实证主义下过于限定的推理方式、单一的论证规则程序及其所得因果进行反思和批判，并努力扭转客观主义和工具理性下的判断和行动观念。③政策研究的"论辩转向"认为，政策制定和分析就是论辩或论证的实践过程，后者包括了论辩分析和论辩表达。政策论证存在于政策的议程设置、描述、预测、评估等诸多环节并发挥作用，其目的就在于将政策置于社会关注的焦点当中，吸引人注意或供其批评。④

政策研究的"诠释路径"，从现象学当中汲取大量理论支撑，也十分重视语境在政策分析中的作用。现象学在对实证主义的批判中指出，社会科学的解释力，依赖于特定情境下个人对于其行为逻辑的理解而非实验和数据所得出的公式。因此，政策研究的"诠释路径"更聚焦于政策中的不同"意义"，主张政策研究需要厘清政策的"意义"是什么（what）、对于哪些主体（whom）而言是有意义的、意义是如何影响政策执行的（how）等，也即理清在特定情况下政策中意义的生产和传递过程，比如，如何通过特定符号来彰显、共享以及解构"意义"⑤。这种政策研究的"诠释路径"，作为一种诠释活动的政策分析（hermeneutic policy analysis），强调依据对更好社会条件的理解而得出的标准，通过政策分析者和实际行动者（actors）的参考框架间互动，实现对已有条件的评估和对它们替代性方案的探索。⑥

---

① 福柯. 知识考古学[M]. 谢强，马月，译. 北京：生活·读书·新知三联书店，1998：63.
② MACRAE D J. Guidelines for Policy Discourse: Consensual versus Adversarial [M]//FISCHER F, FORESTER J. The Argumentative Turn in Policy Analysis and Planning. Durham and London: Duke University Press, 1993: 295.
③ DRYZEK J S. Policy Analysis and Planning: From Science to Argument [M]//FISCHER F, FORESTER J. The Argumentative Turn in Policy Analysis and Planning. Durham and London: Duke University Press, 1993: 213-214.
④ FISCHER F, FORESTER J. Editors' Introduction [M]//FISCHER F, FORESTER J. The Argumentative Turn in Policy Analysis and Planning. Durham and London: Duke University Press, 1993: 2-4.
⑤ YANOW D. The Communication of Policy Meanings: Implementation as Interpretation and Text [J]. Policy Sciences, 1993（1）：41.
⑥ DRYZEK J. Policy Analysis as a Hermeneutic Activity [J]. Policy Sciences, 1982（4）：310.

政策研究的"叙事转向",在早期其实也秉持着后现代主义的基本假设,认为社会科学的研究内容是"相对性"而非绝对客观性的,由于特定社会背景下的人们有着各自不同的经历、认知,因此认识对象也具有"不稳定性"。这一点和叙事过程非常相似,也即故事讲述的目的或者说故事寓意,离不开故事当中背景、人物、情节的配合穿插;人们阅读故事的过程,同样会受到读者自身经历的影响,最终对故事产生不同的解读。政策研究的"叙事转向"认为,故事本身作为一种力量,充斥于各类政策议题的描述和分析当中①,包括各类的官方评论、议题讨论等,政策过程和政策现实是叙事式建构的。由于叙事中的"故事",要求具备特定的故事背景、情节等基本要素,因此,政策叙事需要放到特定场景下予以考虑,不存在固定和统一性的叙事模式,也因此具有了"相对性"。

政策研究的"叙事转向",或者说政策叙事研究,是在政策研究的后现代主义背景下逐渐发展并衍生壮大的,与话语分析或论辩转向、政策诠释分析相较而言,在关于语境、客观现实相对性等方面有着相似的基本假定,但在具体依托的理论基础和分析框架上又有所不同,以下将围绕政策叙事研究的理论基础、核心主题和政策领域,对国外相关研究展开综述。

(1)政策叙事研究的理论基础

20世纪80年代,社会科学研究的"叙事转向"潮流逐渐兴盛起来,政策叙事研究也由此得以萌芽,并继承了叙事理论的哲学基础。与实证研究所秉持的"客观主义"(objectivism)本体论不同,政策叙事研究和一般叙事理论研究一样,并不认为存在着外在于个体的绝对客观世界,虽然政策叙事研究在发展过程中关于认识论和方法论出现分歧,但在本体论方面始终坚持"建构主义"(constructivism)。进入20世纪90年代,在主流政策研究范式之外,一批后实证主义学者开始对所谓政策研究的事实(facts)进行反思。例如,Dryzek就深刻指出,语言"不再是一种中立的媒介,而是构成并渗透到它所建构的世界当中"②。因此,人们眼里的社会事实,是可以被话语所塑造的。除语言本身之外,语言被使用的方式——语言修辞,也被认为具有社会建构性。美国政策研究学者斯通强调,修辞手法之一的象征,其再现或设计能够"给人造

---

① ROE E. Narrative Policy Analysis Theory and Practice [M]. Durham: Duke University Press, 1994: 2.
② DRYZEK J. Review of Frank Fischer's Reframing Public Policy: Discursive Politics and Deliberative Practices [J]. Policy Sciences, 2004 (1): 89-93.

成印象，塑造我们的知觉"①，因而，也成为界定政策问题的本质。在此基础之上，政策叙事研究认为，叙事建构着社会现实，并且为公共政策提供了结构和意义②，他们更加赞同法国著名哲学思想家科利（Paul Ricoeur）对世界的描述：现实就是叙事活动的杰作③。总之，对于公共政策而言，叙事在塑造具有说服政策现实（policy reality）方面发挥着关键性作用。④

在方法论方面，政策叙事研究在不同时期经历过一个演变。早期政策叙事研究由于坚持建构主义的本体论，故在研究方法上也采取了诠释的方法。Feldman 等就指出，叙事研究所采用的方法，应该基于对经典修辞学和符号学概念的把握和理解⑤。他对叙事核心部分的故事，采取"修辞分析"（rhetorical analysis）的研究方法。作为一种典型的诠释性分析，修辞分析更为关注语篇当中不同话语之间的对立，在话语对立当中发掘意义生产过程。⑥通过对故事中与主流话语相对立（opposition）且潜在性内容的挖掘，以及对各种被忽略前提（enthymemes）的明晰，从而发现叙事过程中意义的塑造过程。⑦但是，近年来，Jones 等学者提出的以实证主义方法论作为研究基础的叙事式政策框架（narrative policy framework，NPF），则主张采用定量分析方法。他们认为，虽然社会事实取决于特殊的语境、具有个体主观性，但也能够通过客观方法加以分析。⑧更准确地说，政策叙事研究采用了定性与定量相结合的混合研究方法，也即一方面他们强调政策本身具有主观建构性，是在特定语境下、由特定社会行动者（social actors）所共同形塑的；另一方面，这种被叙事所社会化建构的世界，也能够用科学的方法加以客观地认识

---

① 斯通. 政策悖论: 政治决策中的艺术 [M]. 顾建光, 译. 北京: 中国人民大学出版社, 2006: 143.
② JONES M D, RADAELLI C M. The Narrative Policy Framework: Child or Monster? [J]. Critical Policy Studies, 2015 (3): 339-355.
③ RICOEUR P. Time and Narrative Vol.3 [M]. Chicago: University of Chicago Press, 1988: 248.
④ SHANAHAN E A, JONES M D, MCBETH M K, et al. An Angel on the Wind: How Heroic Policy Narratives Shape Policy Realities [J]. Policy Studies Journal, 2013 (3): 453-483.
⑤ FELDMAN M S, SKÖLDBERG K, BROWN R N, et al. Making Sense of Stories: A Rhetorical Approach to Narrative Analysis [J]. Journal of Public Administration Research and Theory, 2004 (2): 147.
⑥ FELDMAN M S. Strategies for Interpreting Qualitative Data [M]. Thousand Oaks: Sage, 1995: 21-39.
⑦ FELDMAN M S, SKÖLDBERG K, BROWN R N, et al. Making Sense of Stories: A Rhetorical Approach to Narrative Analysis [J]. Journal of Public Administration Research and Theory, 2004 (2): 151-152.
⑧ JONES M D, MCBETH M K. A Narrative Policy Framework: Clear Enough to Be Wrong? [J]. Policy Studies Journal, 2010 (2): 329-353.

和理解。①

政策叙事研究，除在哲学基础（本体论、认识论和方法论等）方面，受到在此之前的后实证主义理论和叙事理论的影响外，其理论基础还深深扎根于后现代理论、诠释学等理论当中。深厚的理论资源积淀，丰富了政策叙事对社会现实的解释，也拓宽了后实证政策分析的视野。

与现代性"推崇理性，把理性作为真理的基础、视作是获取知识和社会进步的源泉的理念不同"不同，后现代主义（postmodernism）理论对现实的确定再现和因果理论进行了反思和批判。在后现代主义理论那里，人们对于世界的认知和再现，除能够提供关于现实的局部性观点的因果理论外，还会被历史和语言所影响。②在现代社会，由理性而产生的知识以及知识为自身合法性进行的论证成了整个社会的"元叙事"。利奥塔（Jean-Francois Lyotard）在《后现代状态：关于知识的报告》中对这种现代社会的"元叙事"或"支配性叙事"的揭示，指出其为现代科技、政治进步等事业进行辩护，也即对"元叙事"的不信任，开启了人们对后现代社会的反思。③在此背景下，后现代理论下的如"话语""批判""解构""相对主义"等概念也融入政策研究当中，构成了政策叙事分析的重要理论基础之一。美国政治学家夏皮罗（Shapiro）指出，人们所理解的意义，并不是纯粹且虚空的无意识，而是在历史进程中被不同表述风格所塑造起来的，包括了语法、修辞和叙事结构。④Majone 较早地关注到了公共政策过程中的"说服"行为及其意义，认为政策内在地具有修辞意蕴。⑤Throgmorton 则在此基础上，以一个实际案例分析了公共事件（故事）的不同解读带来的冲突，并揭示出了后现代政策分析中使用修辞的不同主体之间说服性话语的重要作用。⑥Danziger 也探讨了后现代背景下，政策叙事作为一种修辞方式在政策问题的提出、政策实施的描述和政策方案的形成等方面具有的建构

---

① RADAELLI C M, DUNLOP C A, FRITSCH O. Narrating Impact Assessment in the European Union [J]. European Political Science, 2013 (12): 502-503.
② 凯尔纳, 贝斯特. 后现代理论: 批判性的质疑 [M]. 张志斌, 译. 北京: 中央编译出版社, 2011: 3-5.
③ 利奥塔尔. 后现代状态: 关于知识的报告 [M]. 车槿山, 译. 南京: 南京大学出版社, 2011: 4.
④ SHAPIRO M J. The Politics of Representation: Writing Practices in Biography, Photography, and Policy Analysis [M]. Madison: University of Wisconsin Press, 1988: 7.
⑤ MAJONE G. Evidence, Argument and Persuasion in the Policy Process [M]. New Haven: Yale University Press, 1989: xii.
⑥ THROGMORTON J A. The Rhetorics of Policy Analysis [J]. Policy Sciences, 1991 (2): 153-179.

作用，以及作为"说服"力量对政策制定者和民众关系的影响。① 这些研究都对后现代社会中公共政策的角色进行了反思，在后现代背景下，当前的政策研究不能再固守以往科学与理性主义的假设，应当重新审视话语在政策实践扮演的重要角色，政府与民众之间的关系越来越朝向叙事互动的方向迈进。

政策叙事另一个重要理论来源是诠释学（hermeneutics）。诠释学是对一些显性内容如文本、话语、符号等及其意义进行研究，从而发掘"潜在或隐含的意义"的解读过程。② 因此，诠释的过程总是不断地寻求对于我们身边的特定事件、现实社会生活体验及其意义的更好理解。在帮助人们对事件进行理解的过程中，诠释具有多种"建构性"的功能，既能够还原或恢复某些符号或文本背后的隐藏意义，也可以消解或摧毁那些具有虚假外表的现实。③ 在公共行政和公共政策领域，诠释性或者解释性研究能够帮助或塑造人们对公共政策意义的理解。美国内布拉斯加大学公共行政学者怀特（Jay D. White）认为，社会境况中的行动具有文本意蕴，本身也具有故事的性质，也即是可以被人们书写、谈论、讲述和争论。④ 因此，政策制定与执行中的叙事，十分重要的就是，政府部门、政策制定者和社会媒体等相关主体对政策蕴含的意义所进行的诠释，通过解读政策的实际目的、未来目标和现实影响，帮助社会民众理解和接受政策。对政策进行的诠释分析，需要分析者理解政策中的行动者与政策制定者面临的实际问题和意义，也就是主体所处的语境。⑤ 这意味着政策分析需要理解不同主体自身的故事。Yanow 指出，政策的诠释分析虽然也在致力于揭示一个所谓的"现实"，但政策诠释的过程是一种叙事的艺术，不同的研究会给出不同的现实及其意义，而非只有一种理解。⑥ 可以看到，政策叙事需要有效的诠释，也离不开特定的语境。但实际中，政策叙事又被不同的主体理解和阐释，而诠释的分歧将引发争论，也会对叙事效果产生影响。

（2）政策叙事研究的核心主题

从20世纪90年代公共政策叙事研究出现伊始，学者就逐渐在政策领域

---

① DANZIGER M. Policy Analysis Postmodernized: Some Political and Pedagogical Ramifications [J]. Policy Studies Journal, 1995（3）: 435-450.
② 帕尔默. 诠释学 [M]. 潘德荣, 译. 北京: 商务印书馆, 2012: 63.
③ 帕尔默. 诠释学 [M]. 潘德荣, 译. 北京: 商务印书馆, 2012: 64.
④ 怀特. 公共行政研究的叙事基础 [M]. 胡辉华, 译. 北京: 中央编译出版社, 2011: 112-113.
⑤ DRYZEK J. Policy Analysis as a Hermeneutic Activity [J]. Policy Sciences, 1982（4）: 323.
⑥ YANOW D. Practices of Policy Interpretation [J]. Policy Sciences, 1995（2）: 119.

内展开研究，借用相关理论框架不断进行探索和尝试，涌现了不少优秀成果作品。在期刊方面，早期政策叙事研究更多是在后实证主义政策研究潮流下逐渐发展起来，论文也更多是理论探讨和构建性质。因此，期刊范围和数量有限。早期，绝大多数的政策叙事研究论文，发表在由荷兰出版发行的 *Policy Sciences*，这也被认为是欧洲政策研究的传统①，此外，还有如 *Journal of Policy Analysis and Management*、*Policy Studies Journal* 等。近年来，随着政策叙事研究兴起，政策叙事研究的主阵地不断扩展，研究成果逐渐在主流刊物上发表，如 *Critical Policy Studies*、*Politics and Policy*、*Journal of European Public Policy* 等。在研究领域方面，政策叙事研究由最开始的对实证主义的理论批判，到几乎涵盖了主要公共政策问题，研究领域包括了环境保护、能源政策、城市建设、贫困治理等主题。国外的相关研究既对政策叙事在国家治理和公共政策过程中的作用进行了深入探讨，也对影响政策叙事的因素和原因等进行了剖析，形成了丰富的研究核心主题。

第一，政策叙事对社会群体认知的影响研究。与经济学假设社会当中的个体是"经济人"类似，Jones 等学者在《故事的科学：叙事式政策框架在公共政策分析中的应用》一书中提出，政策叙事研究假设处于叙事当中的个体属于"叙事人"（Homo Narrans），叙事在"叙事人"接受信息、沟通交流和理解阐释当中扮演着核心角色②。因此，政策叙事研究的重要功能之一，就是揭示出叙事塑造叙事对象认知、建构政策意义的过程。政策叙事对于社会群体认知影响的研究，与其"建构主义"的本体论相一致，也是其将叙事作为政治修辞功能的体现。

首先，人们通过叙事获得的认知具有易于理解和接受的特征。叙事认知学者 Buner 指出，叙事认知与科学认知彼此不同也无法相互还原③，前者带有个体感情、经验等因素，镶嵌在特定脉络或语境当中，也即与人们认知背景有关系，不同个体之间无法进行简单通约。一项对于贫困问题治理的研究认为，社会科学中有关社会贫困问题的科学研究和知识的增加，不仅没有增进社会共识，反而加剧了政策论辩中的人们对社会知识滥用越来越多的怀疑和失望。④

---

① AQUINA H J. The Narrative Tradition in European policy Studies [J]. The European Legacy, 1997 (2): 246.
② JONES M D, SHANAHAN E A, MCBETH M K. The Science of Stories: Applications of the Narrative Policy Framework in Public Policy Analysis [M]. New York: Palgrave Macmillan, 2014: 10.
③ BRUNNER J S. Actual Minds, Possible Worlds [M]. Cambridge: Harvard University Press, 1986: 11.
④ VANDERSTAAY S L. Stories of (Social) Distress: Applied Narrative Analysis and Public Policy for the Homeless [J]. Journal of Social Distress and the Homeless, 1994 (4): 299.

其次，政策叙事主要是通过讲述故事的方式来影响社会认知。面对同样的不确定和复杂政策问题，政策决策者采取什么样的叙事方式，左右着社会民众对于政策的理解。此时，决策者阐述政策问题时使用的故事观点确定、让人易懂，将有效减少政策带来的争议。① 政策叙事的讲述方式具有多重性，可以是简单的告知和描述，也可以是通过联合发展元叙事来实现。例如，通过强调"民主行政"或吸纳公众参与政策分析和规划，而将公共价值观和偏好植入决策当中，就凭借了这种政策的元叙事。② 最后，政策叙事对社会群体认知的影响因素，也即什么样的政策故事讲述在一定范围内是有效的。学者对影响群体认知的因素进行了研究，并对政策叙事影响群体认知的效果进行了检验。例如，叙述者和叙述对象的文化相近情况下，叙事更容易产生相类似的认知效果；而家庭教育的风格影响了人们对于肥胖的理解和观点。③④

第二，政策叙事竞争中的策略选择研究。政策叙事不仅对社会群体的认知产生影响，也在政策过程或政策系统中发挥作用。政策叙事研究将政策过程界定为在"叙事场域"（narrative agona）中的各个政策子系统，为实现各自目标，利用叙事的方式而进行彼此间的联合或竞争。⑤ 因此，政策制定过程中的利益相关主体，如利益集团、不同政府部门等，都会围绕政策议题展开叙事竞争。不同故事、情节、寓意等这些叙事要素，不仅成了政策竞争的工具，也让政策相关群体形成了不同的叙事联盟（coalition）。

已有研究首先对政策叙事中的多种叙事策略进行了全面探究。有关叙事的类型方面，Roe作为较早地系统阐述和应用政策叙事的学者，就不同叙事的基本性质进行了探讨。他在《叙事政策分析的理论和实践》提出，一般竞争性的政策叙事策略包括了无叙事（nonstory）、反叙事（counternarrative）和元叙事（metanarrative）等。竞争性叙事可以通过修正和完善自身叙事内容或者重

---

① ROE E M. Narrative Analysis for the Policy Analyst: A Case Study of the 1980—1982 Medfly Controversy in California [J]. Journal of Policy Analysis and Management, 1989（2）: 251-273.
② HAMPTON G. Narrative Policy Analysis and the Integration of Public Involvement in Decision making [J]. Policy Sciences, 2009（3）: 227-242.
③ JONES M D, SONG G. Making Sense of Climate Change: How Story Frames Shape Cognition [J]. Political Psychology, 2014（4）: 447-476.
④ CLEMONS R S, MCBETH M K, KUSKO E. Understanding the Role of Policy Narratives and the Public Policy Arena: Obesity as a Lesson in Public Policy Development [J]. World Medical & Health Policy, 2012（2）: 1-26.
⑤ JONES M D, SHANAHAN E A, MCBETH M K. The Science of Stories: Applications of the Narrative Policy Framework in Public Policy Analysis [M]. New York: Palgrave Macmillan, 2014: 15.

新构造相反的主流故事抵制已有叙事等方式,来加强自身或削弱对手,也即构造反叙事的方式;或者就某一现象循环往复地进行讨论而不终止,也拒绝按照故事的逻辑阐述,也即无叙事;元叙事则是构成和影响决策制定的基本假设、化解政策叙事内在冲突矛盾的叙事。① 实践当中,政策叙事发展出了多种具体的叙事策略经验。例如,根据自身需要而扩大或缩小故事当中冲突矛盾的范围,重新计算政策的"成本-收益",采取与主流不同的科学知识运用方式,采用隐喻、有"颜色"的语言或凝练的符号来完成社会动员或激化冲突等。② 斯通所指出的关于"每况愈下"的故事和关于"无助和控制"的故事等,也属于此类叙事策略。③

不同的政策叙事,虽然表面上看有着不同的故事情节、人物和环境等,但根本而言,区别在于核心理念和利益诉求。这意味着,不同利益群体的政策叙事由于有着不同目的和表达,包含了不同的政策信念,由此形成不同的政策联盟④,最终也会将叙事主体及其所持的叙事立场区分开来。因此,彼此竞争的政策联盟,在叙事的政策信念上一定会出现差异甚至对立,政策过程中不同政策利益相关主体的竞争,就直接表现为政策叙事的分化。已有研究已经指出,同一政策联盟内的叙事元素、叙事策略和叙事信念保持着一致性,而且叙事会强化联盟内部凝聚力;不同政策联盟的政策叙事,则使用不同的故事类型、因果逻辑甚至是网站视频媒体。⑤⑥ 此外,政策叙事不仅在政策制定阶段发挥作用,如议题的选择、政策问题的辩论和政策产出等,而且,在政策执行和政策变迁过程当中,能够帮助政策学习和落实。⑦

第三,国家政策叙事研究。国家的政策叙事研究集中于叙事功能方面,

---

① ROE E. Narrative Policy Analysis Theory and Practice [M]. Durham: Duke University Press, 1994: 3-6.
② JONES M D, SHANAHAN E A, MCBETH M K. The Science of Stories: Applications of the Narrative Policy Framework in Public Policy Analysis [M]. New York: Palgrave Macmillan, 2014: 91-93.
③ 斯通. 政策悖论: 政治决策中的艺术 [M]. 顾建光, 译. 北京: 中国人民大学出版社, 2006: 145-149.
④ JONES M D, SHANAHAN E A, MCBETH M K. The Science of Storytelling: Measuring policy Beliefs in Greater Yellowstone [J]. Society and Natural Resources, 2005 (5): 413-429.
⑤ SHANAHAN E A, JONES M D, MCBETH M K, et al. An Angel on the Wind: How Heroic Policy Narratives Shape Policy Realities [J]. Policy Studies Journal, 2013 (3): 453-483.
⑥ MCBETH M K, SHANAHAN E A, Anderson M A, et al. Policy Story or Gory Story? Narrative Policy Framework Analysis of Buffalo Field Campaign's YouTube Videos[J]. Policy & Internet, 2012(3-4): 159-183.
⑦ JONES M D, SHANAHAN E A, MCBETH M K. Policy Narratives and Policy Processes [J]. Policy Studies Journal, 2011 (3): 535-561.

也即叙事在国家发展和治理过程中的作用。近代民族国家的出现并非自然形成,而是国家政治发展的产物,而现代公民的国家概念或意识形成的重要影响因素就是叙事,也即国家对自身特定概念及意义的阐述和界定。

国家在很多领域不断地开展政策叙事,在多方面发挥其作用。其一,国家政策叙事有助于确立国家身份和国家认同。国家的历史叙事在建构国家观念方面具有重要作用,它能够透过自己所塑造的宏大叙事为整个社会"建立起来一个总体解释镜头和解读、分析体系"①,在这一背景下,人们有关自我、社会及国家的认知和理解才得以形成。政策叙事通过多方面影响个体的身份和认同,教科书或教学等教育政策能够塑造学生群体的国家观念、敌我认知。国家的历史叙事尤其是不同的宗教、宗派政策,对于国家边界、民族认同和国家之外"他者"观念的形成具有重要作用。②③其二,国家政策叙事有助于进行社会或政治动员。动员的对象包括特定的社会群体及利益集团。对于前者而言,政策叙事需要有效告知,它通过对以往历史记忆的重塑来构建特定的集体身份,为议题动员提供一种共同的"语言"④,不断巩固和扩散社会对于特定议题的认同。对于不同利益集团,国家则需要通过有效的政策叙事来努力争取。例如,Stewart 有关美国移民政策叙事研究,分析了政府主流叙事是如何抵制对无证移民的包容性政策叙事并取得了成功的,指出基于逻辑和事实论证的政策叙事由于缺乏让民众信服的理由而被政府启示性政策叙事吸纳的现象。⑤因此,国家通过有效的政策叙事动员民众对于政策的支持认可。当然,这种政策叙事动员,有时也会产生相反的作用,对潜在的叙事盟友产生负面影响。⑥其三,国家政策叙事有助于提升政策的合法性。在民主政策的要求下,政策议题到政策制定的全过程,都需要有公民和专家充

---

① ADEBANWI W. Nation as Grand Narrative: The Nigerian Press and the Politics of Meaning [M]. Rochester: University of Rochester Press, 2016: 5.
② KOROSTELINA K. Constructing Nation: National Narratives of History Teachers in Ukraine [J]. National Identities, 2013 (4): 401-416.
③ NAGLE S. Confessional Identity as National Boundary in National Historical Narratives: Ireland and Germany Compared [J]. Studies in Ethnicity and Nationalism, 2013 (1): 38-56.
④ HART J. Cracking the Code: Narrative and Political Mobilization in the Greek Resistance [J]. Social Science History, 1992 (4): 633-634.
⑤ STEWART J. Fiction Over Facts: How Competing Narrative Forms Explain Policy in a New Immigration Destination[C]//Sociological Forum. Oxford, UK: Blackwell Publishing Ltd, 2012 (3): 591-616.
⑥ LAUBY F. Leaving the 'Perfect DREAMer' Behind? Narratives and Mobilization in Immigration Reform [J]. Social Movement Studies, 2016 (4): 374-387.

分讨论的环节。政策叙事的出现，为政策制定过程中不同群体间的意见表达和彼此论辩提供了另一种或许有效的方式。根据审议民主理论的研究，在民主政治或公共论辩过程中，叙事是人们谈论和思考复杂和有争议问题的关键手段，能够以重要方式对审议过程产生强化理想效果的影响。[①] 此外，民主政策的协商辩论过程中，政治家们为了维护作为公共服务者的权威，需要具备建构伪装叙事（masquerade story）的能力，也即揭示出那些"为人乐道"的故事中出现的虚假英雄及情节，借此，国家立法议程的说服力及其影响力将增强。[②]

第四，政策叙事与政策变迁研究。政策叙事并非一成不变，也会随着特定背景下的社会需求而演进。这种政策叙事或是由于政策环境发生变化，或是服务于新的政策目标而进行自我调整，政策叙事与政策变迁之间的关系具有互动辩证性。一方面，政策叙事会随着政策变化而进行适应性的自我调整。特定利益团体所采取的政策叙事，从其内在的政策信念方面来看，由于其主要追问"谁应该拥有决策权、谁是现有政策的受害者、政策的制定基于何种原则"等一些根本问题，影响着同一叙事立场下人们的基本性认知，因此随着时间变化而具有相对的连续性和稳定性。然而，利益团体的叙事策略则会不断变化。McBeth等在一项关于美国野牛保护组织的政策叙事历时性变迁研究中就指出，当部分利益团体逐渐成熟并进入政府决策过程中之后，他们的政策信念依然稳定，而采用的叙事策略也不再过度强调作为"失败者"和煽动性的叙事故事。[③] 另一方面，政策叙事策略的改变也会成为推动政策变迁的工具。政策叙事在政策变迁过程中的作用，主要通过对不同政策子系统的价值冲突的呈现来实现。政策叙事能够在构建冲突时帮助我们理解不同政策子系统的价值分歧，以及其维护核心价值的方式。[④] Crow等以气候变化政策为例，深入地探讨了政策叙事对政策变化的影响。他们指出政策叙事对政策变化的干预方式，包括了界定政策问题、媒体推广、政策评估和专家论证等，以此可以用来捕捉公众注意力、帮助公众理解复杂事实，进而影响政策论辩。此外，他们也更进一步

---

① BOSWELL J. Why and How Narrative Matters in Deliberative Systems[J]. Political Studies，2013(3)：620-636.
② JACOBS R N, SOBIERAJ S. Narrative and Legitimacy：US Congressional Debates about the Nonprofit Sector[J]. Sociological Theory，2007(1)：1-25.
③ MCBETH M K, SHANAHAN E A, HATHAWAY P, et al. Buffalo Tales：Interest Group Policy Stories in Greater Yellowstone[J]. Policy Sciences，2010(4)：405-407.
④ MCBETH M K, SHANAHAN E A, ARNELL R, et al. The Intersection of Narrative Policy Analysis and Policy Change Theory[J]. Policy Studies Journal，2007(1)：87-108.

指出了政策过程中的叙事也容易产生知识谬误和移情谬误等负面效果。①

(3) 政策叙事分析的研究方法

与目前主流的实证主义分析范式不同，叙事分析坚持"建构主义"的本体论，他们认为现实并不是绝对独立和客观的，而是社会和个体建构起来的。然而，叙事研究在本体论上的同源性却无法保证在回答"我们如何认识以及为何能够认识"问题上的一致性，并分离为结构主义的叙事研究和后结构主义的叙事研究。前者认为，所有的叙事都可以分解为特定的组成部分，叙事有着特定的结构及附着在结构下不同部分上的功能，因此，结构主义叙事研究试图寻求将人物、情节、语言等所有的叙事要素及其意义适用于不同语境的一般模式。后结构主义叙事研究则强调个体阐释在叙事过程中意的传递方面具有的作用，而且这种个体阐释或理解是唯一的，因此他们通过结构叙事来揭示隐藏在叙事背后的权力关系和意识形态控制。

叙事研究的结构主义和后结构主义分化，认识论层面的差异使得政策叙事研究的方法也囊括了实证主义和后实证主义研究的方法和分析工具。早期政策叙事学者多采取后现代的分析方法，这种后实证主义研究方法认为，叙事的个体化与相对性，使得政策叙事分析无法严格地在差异化个体、情境下进行有效的归纳或者演绎。Fischer对实证主义研究认识论存在问题进行了批判，并提出用在具体语境当中所适用的实践理性或诠释分析来替代证据。②这种诠释方法，倾向于将有关特定政策问题的多种解释进行综合，并经由论辩来展现现实情境下对政策问题的不同理性认知。Roe 在将叙事政策分析（narrative policy analysis, NPA）应用到实际的过程中倡导一种案例研究的方法，同时，Hukkinen 等通过网络分析法展现了政策现实是如何被个体叙事所建构起来的。③此外，后实证主义的叙事分析，也逐渐运用诸如话语分析④、批判分析⑤、民族志研究、扎根理论等

---

① CROW D, JONES M D. Narratives as Tools for Influencing Policy Change [J]. Policy & Politics, 2018 (2): 217-234.

② FISCHER F. Beyond Empiricism: Policy Inquiry in Post Positivist Perspective [J]. Policy Studies Journal, 1998 (1): 135-138.

③ HUKKINEN J, ROE E, ROCHLIN G I. A Salt on the Land: A Narrative Analysis of the Controversy over Irrigation - Related Salinity and Toxicity in California's San Joaquin Valley [J]. Policy Sciences, 1990 (4): 307-329.

④ 法默尔.公共行政的语言：官僚制、现代性和后现代性 [M].吴琼，译.北京：中国人民大学出版社，2005.

⑤ 博克斯.公共行政中的批判社会理论 [M].戴黍，译.北京：中央编译出版社，2015.

方法。此外，叙事也逐渐成为一种叙事探究（narrative inquiry）的研究方法，它通过关系嵌入和参与的方式关注人们生活经验的产生，以反思和审视我们在日常生活及讲述活动当中故事化了的经验。[①]

结构主义叙事研究遵循实证主义的方法论，多采用量化和假设验证式的研究设计，而且，不论采用定量分析方法还是定性分析方法，其方法论都要求实证研究具有透明性（transparency）、重复验证性（replication）和可证伪性（falsification）[②]。目前，较为主流的是由 Jones 等提出的叙事式政策框架。在上述的要求下，结构主义叙事研究一般有着严格的分析步骤和操作方法，如数据的收集和整理、资料编码等。在实际研究中，有些实证的叙事研究采用准实验的方法，对交流互动过程中的政策叙事方式和其他方式对人们认知接受度的影响对比，验证了通过叙事来进行交流方面的有效性。例如，Ricketts 通过准实验的方法，测试了相比于那些没有采用故事化的表达形式的传统抽象安全警告，那些接受叙述安全警告的人遵守安全指示的可能性要高 20%，从而证明了叙事的有效性。[③]Golding 等也指出叙事式交流方式比纯技术化描述方式更能吸引人们的注意力。[④] 除了定量分析方法，结构主义叙事研究也会运用定性方法，虽然研究数量不多。他们会从结构和内容方面对政策叙事进行分析。例如，Knox 将批判理论应用于佛罗里达湿地恢复计划研究，探讨了恢复政策和计划中发现的宏观层面系统性矛盾[⑤]，他采用内容分析法对搜集到的档案资料、访谈和二手数据进行了分析。与后实证主义者将内容分析法主要用于区分政策论辩中不同群体的认知建构方式、解析叙事认知背后的权力运作逻辑有所不同[⑥⑦]，结构主义的质性分析同样具有清晰的

---

① 克兰迪宁. 进行叙事探究［M］. 徐泉，李易，译. 重庆：重庆大学出版社，2015：5-9.
② JONES M D, SHANAHAN E A, MCBETH M K. The Science of Stories: Applications of the Narrative Policy Framework in Public Policy Analysis［M］. New York: Palgrave Macmillan, 2014: 255.
③ RICKETTS M S. The Use of Narratives in Safety and Health Communication［D］. Lawrence: The University of Kansas, 2007.
④ GOLDING D, KRIMSKY S, PLOUGH A. Evaluating Risk Communication: Narrative vs. Technical Presentations of Information about Radon［J］. Risk Analysis, 1992（1）: 27–35.
⑤ KNOX C C. Distorted Communication in the Florida Everglades: A Critical Theory Analysis of 'Everglades Restoration'［J］. Journal of Environmental Policy & Planning, 2013（2）: 269–284.
⑥ GARVIN T. Analytical Paradigms: The Epistemological Distances between Scientists, Policy Makers, and the Public［J］. Risk Analysis, 2001（3）: 443–456.
⑦ JACOBS R N, SOBIERAJ S. Narrative and Legitimacy: US Congressional Debates about the Nonprofit Sector［J］. Sociological Theory, 2007（1）: 1–25.

理论假设和可证伪性①。

2. 国内相关研究

与西方叙事理论的发展相比，中国的叙事研究主要集中在文学和语言学领域。叙事研究在西方经历了从传统叙事学向后经典叙事学演进的过程，经过"三次浪潮"并逐渐扩展到文学以外的多个领域，即便是在西方叙事研究欣欣向荣的背景下，国内叙事学界依然"采取了想当然或漠视的态度"②。在国内社会科学中，政治学、社会学、教育学领域对叙事的关注较多，相关研究不断涌现、初现规模，对于个体叙事、集体叙事及叙事当中"意义"的传递和塑造等展开了深入探讨。与西方政策叙事研究相比，国内政策叙事研究起步较晚，仍处于发展初期阶段。公共管理学界对叙事的关注度较低而且积累不足，叙事研究较为零散，也缺少专门的杂志。整体而言，缺少体系性和连贯性。以下将对国内社会科学领域叙事研究主题及其发展进行梳理。

第一，有关政治叙事方面的研究。近代中国经历了革命战争、国家统一和全面发展的多个阶段，需要对不同阶段国家来源和目标活动进行合法性阐释，也即进行必要的叙事。例如，随着从初立时期进入建设和增长转型时期，国家和政府需要将自身由革命者转变为建设者，通过叙述来建构自身合法性。在这个过程中，国家产生了革命叙事、民族叙事、现代化叙事等。例如，在早期革命历程中，中国共产党为了动员全社会革命力量，对传统观念中污名化的"土匪"进行重新叙事并赋予话语内涵，实现了革命的理想和"土匪"反叛性的结合③。而我国作为一个多民族国家，也需要对中华民族内涵及其绵延历史进行阐述以防止国家领土分离，例如，强调建立在多民族统一的国家理念之上的"中华民族"叙事、以"多元""平等"为核心的民族叙事，以及实现边疆现代化的"边疆叙事"等。④⑤现代化叙事则是政治、经济全方位发展时期，国家对自身权威、政权合法化的来源与构成的重要论述，现代政治叙事的基础包括了宪政

---

① JONES M D, MCBETH M K. A Narrative Policy Framework: Clear Enough to be Wrong? [J]. Policy Studies Journal, 2010（2）: 329-353.
② 尚必武. 叙事转向: 内涵与意义 [J]. 英美文学研究论丛, 2016（2）: 352-371.
③ 袁文伟. 革命动员: 中共土匪叙事的政治表达（1921—1945）[J]. 甘肃社会科学, 2016（2）: 110-115.
④ 冯建勇. 二十世纪三四十年代的中国民族叙事: 基于民族学与历史学视野 [J]. 民族研究, 2018（4）: 25-41.
⑤ 冯建勇. "现代化"叙事中的边疆认知与边疆实践: 国民政府时期边疆开发运动的多重图景 [J]. 人文杂志, 2017（4）: 87-97.

主义、法治主义、民主主义①和共和主义②等。同时,政治叙事的载体是多样化的,包括图像叙事、文字叙事和数字叙事等。例如,国家抗战叙事就利用这些叙事载体,来反映抗战期间给国家和社会所留下的暴力记忆、苦难记忆、反抗记忆和宽恕记忆。③这种多载体的政治叙事,能够反复唤起和强化公民集体记忆,使国家与公民之间建立起制度化的联系,在思想政治教育领域,图像叙事具有立体、生动的优势。④国家或政治叙事作为一种宏大叙事,虽然在特定阶段内具有稳定性,但也会随着国家建设的不同阶段而变迁。例如,我国近代以来的民族问题,在不同阶段会被界定为民族解放问题、阶级问题或者发展问题,在不同的叙事下,民族问题进而就需要通过革命、阶级斗争或民族地区的发展来解决。⑤

虽然国家内部叙事在确立自身合法地位方面有着更为根本性的作用,但在全球化时代,国家间叙事博弈在国际竞争当中也越发激烈。全球秩序建构和国际事务参与的必要环节之一就是,国家通过话语表达、故事讲述方式来实现自我认同和利益诉求。西方国家以其自由民主作为叙事的核心理念,确立了自身政治合法性,并不断向发展中国家进行价值输出,主导着国际秩序格局。⑥因此,建构国家形象和地区秩序的叙事能力,也成为现代国家竞争力的重要表现。随着中国国家综合实力增强、逐渐走到世界舞台中央,通过媒体宣传、故事讲述等形式构建起来的中国国家叙事体系,以新型国际关系和人类命运共同体为核心理念,也成为中国外交博弈的重要基石。⑦⑧

第二,政策叙事研究。与政治学、社会学和教育学研究相比,公共行政领域对叙事的研究较为有限,多集中于对后现代公共行政研究范式的理论探

---

① 高全喜.何种政治?谁之现代性?现代性政治叙事的左右版本及中国语境[M].北京:新星出版社,2007:112-114.
② 张凤阳.共和传统的历史叙事[J].中国社会科学,2008(4):79-95.
③ 殷冬水.记忆与权力:民族自省的政治逻辑——东北沦陷史陈列馆抗战国家叙事的个案研究[J].社会科学战线,2015(7):174-184.
④ 温小平.图像叙事与叙事图像:思想政治教育图像的历史与未来[J].思想政治教育研究,2018(5):106-111.
⑤ 牛玲玲.国家建构叙事中民族问题的时代内涵和解决进路:以1946年至今的《人民日报》为中心[J].中央民族大学学报(哲学社会科学版),2017(2):126-133.
⑥ 曾毅,杨光斌.西方如何建构民主话语权:自由主义民主的理论逻辑解析[J].国际政治研究,2016(2):64-81.
⑦ 刘德斌.中国叙事、公共外交与时代博弈[J].探索与争鸣,2017(12):125-132.
⑧ 李琦.中国国家形象的媒介呈现与建构:基于《人民日报》(海外版)十九大报道的考察[J].湖南师范大学社会科学学报,2018(3):141-147.

讨中。西方现代公共行政的宏大叙事，是以"去魅化"和技术理性等现代性要素为核心，倾向于主客二分、元叙事、理性主义的叙事理念。实践中，公共行政崇尚去政治化、科学化、专业化、实证化和效率化。但是，现代性当中意识形态化的技术理性却给公共行政带来巨大张力，包括理性与民主、效率与公平、普世原则与现实境况等诸多公共行政自身难以突破的矛盾。[①] 在此背景下，强调主体间能动性和多元性、知识差异性和地方性及公共行政非理性的后现代公共行政叙事开始兴起，倡导主体性叙事、反元叙事、非理性主义叙事等。[②] 就中国而言，公共行政的叙事受国家行政改革实践支配形成了"改革叙事"，这种表层性、具体问题导向的叙事是被动性和适应性的，尚未完成向理性和规范的现代性叙事转换，而且，自主的本土叙事存在缺位。就目前来看，中国公共行政学仍然缺乏反思性、整体性叙事。[③] 国家治理面临的社会问题高度复杂，因此，中国公共行政的经验叙事不可避免地存在碎片化的问题。[④] 当然，也有学者并不赞同所谓普世性和趋同化的公共行政学叙事，对盛行的"管理主义"进行了批判，进而提出了多元叙事的主张。[⑤] 在此背景下，中国公共行政的本土叙事也成为可能，朱正威、吴佳指出可以党性、人民性与"新时代中国特色社会主义思想"为基础，强化对中国经验叙事的刻画和塑造。[⑥] 在政策叙事领域，李文钊对西方叙事式公共政策框架（NPF）的引介，强调叙事式公共政策框架能够深化人们对政策中叙事逻辑的认知和比较，帮助人们重新理解政策变迁[⑦]，相关介绍和思考也弥补了国内政策叙事研究的理论空白。在经验研究方面，张海柱对"网约车"监管政策制定过程的分析，指出了政策场域中不同话语联盟在权力资源、关系网络背景下采用不同的政策叙事，以及叙事话语的竞争对政策制定结果的影响。[⑧]

除上述学者有关公共行政叙事研究之外，值得关注的是，台湾学者对政策

---

① 颜昌武.公共行政的现代性叙事：反思与批判［J］.学术研究，2009（6）：54-58.
② 颜佳华，王敬宇.论公共行政学的叙事模式［J］.河南师范大学学报（哲学社会科学版），2012（4）：32-38.
③ 孔繁斌.中国公共行政学：叙事转换中的发展［J］.公共行政评论，2013（3）：1-8.
④ 刘晶.面向复杂治理场域的两种公共行政叙事及其整合［J］.行政论坛，2015（5）：23-29.
⑤ 徐扬，赵有声.公共行政的多元叙事：克里斯托弗·胡德团体文化理论述评［J］.公共行政评论，2017（6）：174-190.
⑥ 朱正威，吴佳.新时代公共行政学的中国话语：基于"场景—问题"的经验叙事［J］.学海，2018（1）：107-112.
⑦ 李文钊.叙事式政策框架：探究政策过程中的叙事效应［J］.公共行政评论，2017（3）：141-163.
⑧ 张海柱.话语联盟、意义竞争与政策制定：以互联网"专车"论争与监管政策为例［J］.公共行政评论，2016（5）：3-23.

叙事进行了不少尝试，而且更多地将理论建构运用于实践研究中去，采用叙事分析方法。国立彰化师范大学王千幸较早地运用叙事分析法，对台湾"资讯科技融入教学"政策推广情况进行了研究，他在研究中透过政策实际参与人对政策推广的经历、理解和叙说，完整呈现叙述者与环境的语境脉络、互动关系和实际意义，从而诠释了政策落实在缺乏对具体复杂境况的考察而遭遇的挫折。[1] 石之瑜对湘西扶贫政策实践的研究指出，贫困地区的农民，作为外在于市场经济的群体，是在既有社会伦理脉络的背景下学习市场经济理性的逻辑，主流叙事缺乏对这种脉络重视，使得贫困群体不被理解。[2] 李清潭同样采用了叙事分析法，通过对台湾官方机构人员在叙述过程中运用的具有典型意义的行文手法和故事风格，也即叙述模式的对比和剖析，揭示了台湾媒体在呈现和塑造内地形象和企业环境方面的意识形态色彩，并将台湾官方塑造为社会利益的代表人和拯救者。[3] 简赫琳则应用叙事式政策框架（NPF），研究了日本福岛核泄漏事件对主要国家政策变迁，尤其是在叙事策略和政策信念方面产生的影响。[4]

国内外政策叙事领域的相关研究，有助于充实本书研究框架，但仍然存在尚待弥补之处。一方面，国内在政策过程的理论和研究中，政策叙事研究仍然十分欠缺，不论是理论探讨还是实践运用等，都缺少引荐和讨论。而且，国外相关研究也没有在中国特有情境下展开讨论。另一方面，有关宏观层面的国家政策叙事有何特点、现代国家的政策叙事有何意义、宏观层面的制度和文化等因素对国家政策叙事产生的影响机理等问题，还没有得到很好的回答。这些问题都有待进一步深入探讨。

（二）我国农地产权政策变迁研究

我国农地产权随着国家建设历程而不断变迁，多种产权安排形式及其功能得以形成，实践中也产生了多种经验探索和经营模式。农地产权政策变迁，属于国家基本产权制度的调整，既影响了国民经济结构和发展，也催生了不同的农业生产形态。在这一过程中，国家与农民之间的关系也随之变化。因此，

---

[1] 王千幸. "资讯科技融入教学"推广政策之叙说研究[J]. 教育实践与研究，2010（1）：31-56.
[2] 石之瑜. 学习成为理性：湘西贫农对扶贫政策的回应[J]. 远景基金会季刊，2006（1）：53-73.
[3] 李清潭. 台湾政体大陆社会形象建构之分析：《海基会》台商经贸纠纷个案之常规政策为例[J]. 中山管理评论，2009（1）：159-194.
[4] CHIEN H. Policy Change Or Policy Intractability in Post-Crisis Landscape? The Fukushima Explosion and Comparative Nuclear Energy Policy[J]. Public Administration and Policy，2013（1）：117-146.

相关学者围绕农地产权制度安排内容与效益、政策变迁中的经济与政治意蕴等方面展开了研究。

第一，不同农地产权安排内涵探讨。自新中国成立以来，我国农地产权结构经历了多次变革，从建国初期承认土地私有，到社会主义改造之后的初级社、高级社和人民公社的集体所有阶段，再到改革开放的家庭承包制，以及近年来的农地三权分置。不同时期的产权安排内容大相径庭，我国农地产权结构与内容变迁，成了众多学者的研究对象。綦好东考察了建国以来我国的4种农地产权结构安排：个体农户制、初级社、高级社和人民公社、土地承包制，他从产权的功能角度分别探讨了农地产权结构特征和功能，从结构单一、边界清晰的私有产权结构向所有权与使用权、收益权和处置权分离，再到所有权和使用收益权高度集中统一的集体产权，在改革开放之后再度分离。[①] 根本而言，产权结构是所有权及其派生权利的不同组合和彼此关系。

分阶段来看，改革开放之前，国家通过农业集体化，不断加强农业合作社或人民公社对土地所有权和使用权的控制，努力构建集体所有、统一经营的土地集体所有制度。[②] 集体化的产权安排将产权权能统一并收归政府，努力寻求集体经营效益。改革开放后农地承包制得以确立。张红宇认为，改革开放以来的农地产权是在逐渐摸索中形成的，经历了从人民公社时期的集体所有和经营转为联产，进而包产到组、户和包干到户，最后才得以确立家庭承包，使用权的放活在实践当中也催生了多种农地经营形式，如两田制、股份合作等。[③] Brandt等学者指出，家庭承包制虽然以一种十分公平的方式扩展了农民的土地使用权，但是在基层实践中，土地分配的权力仍然被地方干部牢牢掌控。[④] 近年来，国家着力推进的农地三权分置，实现分离农村土地的所有权、承包权和经营权，是沿着我国农村土地产权改革方向进行的增量改革，也被认为具有了深刻的理论内涵：扩展农民群体承包地物权体系，巩固了其财产权利；细分了农地产权结构，降低市场交易成本；重构现代化背景下乡村治理的基础。[⑤]

第二，探讨农地制度改革的实际效益。农地产权制度改革的目的就在于

---

① 綦好东.新中国农地产权结构的历史变迁[J].经济学家，1998（1）：74-82.
② 孔祥智.中国农村土地制度：形成、演变与完善[J].中国特色社会主义研究，2016（4）：16-22.
③ 张红宇，刘玫，王晖.农村土地使用制度变迁：阶段性、多样性与政策调整[J].农业经济问题，2002（2）：12-20.
④ BRANDT L, HUANG J, LI G, et al. Land Rights in Rural China: Facts, Fictions and Issues[J]. The China Journal, 2002（47）：67-97.
⑤ 孙德超，曹志立.农地三权分置改革的理论内涵与价值意蕴[J].经济问题，2018（1）：1-7.

促进土地要素流动、提高资源配置效率。因此,能否产生预期经济效益,就成为检验农地产权安排有效性的标准。产权制度安排的效益,既能够从理论上予以剖析,也可以进行实证检验。陈剑波在关于人民公社的土地产权制度的经济学分析中指出,在农村土地完全的集体所有下农地产权丧失了排他性,政府拥有对集体合约之外剩余所得的强制控制权和分享,在一定程度上降低了产权效率。[1] 完全集体所有的农地产权安排给国家农业生产造成极大破坏,恶化了经济关系。从农地集体化时期的国家实际经济数据来看,农业劳动力人均创造国民收入、劳均耕地面积和有效灌溉面积、粮油和棉花征购均呈逐年递减趋势。[2] 大部分学者对我国改革开放后的农地产权改革持正面看法,认为农地家庭承包制释放了农业生产力。林毅夫从1978—1984年中国农业产出的研究中发现,农地产权制度从人民公社制向家庭承包责任制的转变,是农业生产得以增长的根源[3]。冀县卿、钱忠好通过对改革开放30年间产权结构安排与农业增长关系的研究,利用全国经济社会面板数据分析得出结论,农地产权改革产生了积极制度绩效,对农业增长具有显著贡献,赋予农民以农地使用权和收益权等提高了农民积极性和生产效率。[4] 因此,不论短期观察还是长期研究都表明,改革开放实行农地承包制是一次成功的农地产权调整。部分研究对农地三权分置基础之一的农地确权政策效果进行了评估,结果表明确权有效促进了农地流转、提升了资源价值[5]、提高了农地粮食产出效率[6],而且,农地三权分置下的农地抵押贷款对农民收入的增加具有正向作用[7]。

当然,我国的农地产权改革,也并非只产生了正面的效益。一项有关中国耕地市场进展情况的实证跟踪研究指出,在2000—2008年,虽然中国耕地租赁合同的性质变得更加正式,但农村土地整体的有机肥投资率下降,而且,

---

[1] 陈剑波. 人民公社的产权制度:对排它性受到严格限制的产权体系所进行的制度分析[J]. 经济研究,1994(7):47-53.
[2] 孔祥智,程漱兰. 中国农村经济体制变迁及其绩效的经济分析[J]. 教学与研究,1997(10):23-28.
[3] 林毅夫. 制度、技术与中国农业发展[M]. 上海:格致出版社·上海三联书店·上海人民出版社,2014:66.
[4] 冀县卿,钱忠好. 中国农业增长的源泉:基于农地产权结构视角的分析[J]. 管理世界,2010(11):68-75.
[5] 程令国,张晔,刘志彪. 农地确权促进了中国农村土地的流转吗?[J]. 管理世界,2016(1):88-98.
[6] ZHOU Y, SHI X, HEERINK N, et al. The Effect of Land Tenure Governance on Technical Efficiency: Evidence from Three Provinces in Eastern China [J]. Applied Economics, 2018 (22): 1-18.
[7] 张珩,罗剑朝,王磊玲. 农地经营权抵押贷款对农户收入的影响及模式差异:实证与解释[J]. 中国农村经济,2018(9):79-93.

并未发现耕地租赁产权的改善对投资有显著影响。① 实际中，农地产权改革还经常存在"意外"的负面影响。例如，在内蒙古自治区，草原地区开展的农地三权分置改革，给原来的草原生态带来了压力，可交易的土地使用权导致了租赁草地上的草原退化。②

第三，从制度变迁角度，考察农地改革中的产权制度完善与演进。我国的农地产权政策的演进被认为遵循着"制度安排满足制度目标"路径，从早期迎合制度供给主体，到后期满足制度需求主体的诉求。③ 同时，这种制度变迁的驱动力，也被看作从强制性制度变迁到诱致性制度变迁的转变，也即以往高度集体化的土地产权制度存在收益的高外部性、劳动激励缺乏、监督成本高昂，为制度向更有效率方向的革新创造了机会。④ 以需求和"成本－收益"为导向的诱致性制度变迁，致力于寻求完善农地产权结构安排的效率提升和物权保护。但实际过程中，我国农地承包的合约结构仍然不够完善，制度安排存在产权残缺问题，产权权能不完整、不独立使得其容易受到集体或政府的干扰，从而带来不稳定的土地投入预期、虚高的农地交易成本、土地流转不畅和发展缓慢的农地要素市场等。⑤⑥

尽管农村土地依然为集体所有、土地使用权受到集体约束⑦，而且，土地产权制度安排为了效率和公平往往牺牲了土地使用权的安全性（tenure security）⑧，农地产权结构是不完整的，但是，我国改革开放以来的农村土地产权制度改革，仍然被认为是权能细化、边界清晰化和权利稳定化的产权现代化过程，也即由产权残缺到产权完善⑨。张曙光等认为产权细分是正式产权演

---

① GAO L, HUANG J, ROZELLE S. Rental Markets for Cultivated Land and Agricultural Investments in China [J]. Agricultural Economics, 2012（4）：391-403.
② LI A, WU J, ZHANG X, et al. China's New Rural "Separating Three Property Rights" Land Reform Results in Grassland Degradation: Evidence from Inner Mongolia [J]. Land use policy, 2018（71）：170-182.
③ 罗必良.农村土地制度：变革历程与创新意义 [J].南方经济，2008（11）：3-12.
④ 王小映.土地制度变迁与土地承包权物权化 [J].中国农村经济，2000（1）：46-52.
⑤ 刘守英.中国农地制度的合约结构与产权残缺 [J].中国农村经济，1993（2）：31-36.
⑥ 钱忠好.农村土地承包经营权产权残缺与市场流转困境：理论与政策分析 [J].管理世界，2002（6）：35-45.
⑦ CHENG Y S, CHUNG K S. Designing Property Rights over Land in Rural China [J]. The Economic Journal, 2017（615）：2676-2710.
⑧ BRANDT L, ROZELLE S, TURNER M A. Local Government Behavior and Property Right Formation in Rural China [J]. Journal of Institutional and Theoretical Economics, 2004（4）：627-662.
⑨ 陈志刚，曲福田.农地产权制度的演变与耕地绩效：对转型期中国的实证分析 [J].财经研究，2003（6）：25-30.

化的重要方式，能够克服产权剩余收益权争夺及其带来的交易成本，从合作化、家庭联产承包到规模流转的转型中，我国农地产权完成了从"权能合一"到"所有权、承包权和经营权"的细分。[1] 伴随着权能的细化，农地产权的物理和法律层面边界也愈加清晰。农地确权登记破解了"边界模糊"问题，实现了农村承包地"四至"清晰、可界分。与此同时，国家不断延长承包期限、严格限制随意调整，通过颁发承包经营权证书，大大提升了农地产权稳定性和安全性。[2][3] 农地产权现代化和制度规范化产生了激励作用，对农民产权预期、农业生产投资形成了正向影响[4][5]，成为我国现代农业转型和持续增长的制度之源[6]。这种农地产权的现代化过程，还体现在农地产权权能和性质的物权化法律界定上。[7]《物权法》的出台平息了债权与物权争论，农地承包经营权实现了物权化；国家推行农地三权分置改革，实现了农地承包经营权之上设立物权化的经营权。[8][9] 在法律层面，农地产权的性质也逐渐趋于清晰。未来，家庭联产承包责任制下的小规模经营红利有限，农民的个人收入很难进一步提高，在这个时候，提高农民收入的唯一途径是扩大经营规模和机械化水平。农地三权分置能够在为农民提供基本社会保障的同时，有效释放土地要素的市场效益。[10] 国家可以通过更进一步的土地确权与登记管理来赋予农民更多的土地增值权利，进一步夯实集体土地制度安排。[11]

第四，从公民权利的角度，探讨农地产权制度沿革中的国家与农民关系调整。农地产权制度改革，也被认为是国家对农民赋权的过程。作为一种对农

---

[1] 张曙光，程炼.复杂产权论和有效产权论：中国地权变迁的一个分析框架[J].经济学（季刊），2012（4）：1219-1238.

[2] 黄季焜，冀县卿.农地使用权确权与农户对农地的长期投资[J].管理世界，2012（9）：76-81.

[3] 叶剑平，丰雷，蒋妍，等.2008年中国农村土地使用权调查研究：17省份调查结果及政策建议[J].管理世界，2010（1）：64-73.

[4] 邵亮亮，冀县卿，黄季焜.中国农户农地使用权预期对农地长期投资的影响分析[J].中国农村经济，2013（11）：24-33.

[5] 应瑞瑶，何在中，周南，等.农地确权、产权状态与农业长期投资：基于新一轮确权改革的再检验[J].中国农村观察，2018（3）：110-127.

[6] 冀县卿，钱忠好.改革30年中国农地产权结构变迁：产权视角的分析[J].南京社会科学，2010（10）：73-79.

[7] 王小映.土地制度变迁与土地承包制[J].中国土地科学，1999（4）：5-8.

[8] 钱忠好.农村土地承包经营权的法律属性探讨[J].南京社会科学，2001（11）：67-69.

[9] 高圣平.承包地三权分置的法律表达[J].中国法学，2018（4）：261-281.

[10] WANG Q, ZHANG X. Three Rights Separation: China's Proposed Rural Land Rights Reform and Four Types of Local Trials[J]. Land Use Policy, 2017（63）：111-121.

[11] WANG Q, ZHANG X, WU Y, et al. Collective land system in China: congenital flaw or acquired irrational weakness?[J]. Habitat international, 2015（50）：226-233.

地使用、收益和处置等权利内容的界定，农地产权是"连接国家与农民社会关系的核心"①。近代中国发展滞后的重要原因，就在于农地产权无法独立于国家政权，缺乏"纵向"排他性，难以免于来自政权的侵犯。②改革开放以来的农村发展，被认为是得益于国家赋予农民的一系列产权权利，包括使用、经营、收益等权能。③以农地三权分置为标志的第二次农地产权改革，实现了农民土地权利的财产化，强化了对农地的承包和经营主体合法权利平等的法律保护。④随着农地产权的经济属性增强、社会属性弱化，农地产权的完善也为乡村社会提供了大量的公共物品，发挥了在国家基层治理当中的作用。⑤

但是，由于向下赋权受到来自国家方面的影响，农地产权改革也并非完全是"线性"和"彻底"的过程。改革初期，从家庭承包的农地产权结构安排来看，对于当时国家的意识形态和既有利益支配格局都产生了冲击，那些自下至上进行的基层农地承包尝试，能够顺利上升到国家层面并合法化，主要由于它在一定程度上没有损害国家根本利益且得到国家认可，满足了国家意识形态和实际的利益需求。⑥因此，可以看到，农地产权安排在一定程度上受制于国家政治需求，包括巩固政权稳定、推动经济发展战略等。从新中国成立以来的农地产权调整历程来看，每次国家发展方向发生改变时，农地产权的内容和结构也都相应改变。⑦国家自主行为在农地产权调整方面的影响，还表现在农地产权政策的不确定性上，张静对土地纠纷当中土地使用规则情景化适用的研究指出，实践中农地产权规则的适用，遵循着利益优先、力量竞争和选择性采用的逻辑，导致大量利益政治进入法律程序。⑧吴毅、陈颀发现，农地制度改革具有"赋权-限权"的特征，中央通过对地方政府和农民两者的赋权与限权，实现促进经济发展和维护农民权益的平衡。⑨

---

① 徐勇，项继权.主持人语：土地产权——国家与农民关系的核心［J］.华中师范大学学报（人文社会科学版），2005（6）：10.
② 邓大才.通向权利的阶梯：产权过程与国家治理——中西方比较视角下的中国经验［J］.中国社会科学，2018（4）：42-66.
③ 李成贵，孙大光.国家与农民的关系：历史视野下的综合考察［J］.中国农村观察，2009（6）：54-61.
④ 蔡立东，姜楠.农地三权分置的法实现［J］.中国社会科学，2017（5）：102-122.
⑤ 邓大才.中国农村产权变迁与经验：来自国家治理视角下的启示［J］.中国社会科学，2017（1）：4-24.
⑥ 刘守英.土地制度与农民权利［J］.中国土地科学，2000（3）：1-9.
⑦ 谭明方.1949—2020：国家行为与农村土地所有权［M］.武汉：华中科技大学出版社，2016：287.
⑧ 张静.土地使用规则的不确定：一个解释框架［J］.中国社会科学，2003（1）：113-124.
⑨ 吴毅，陈颀.农地制度变革的路径、空间与界限："赋权—限权"下行动互构的视角［J］.社会学研究，2015（5）：36-62.

但目前来看，有关我国农地产权政策变迁的相关研究虽然指出农地产权制度安排具有正向效益、制度内容日益完善、农民权益得到保护等，但这些只是学者在改革之后所做的总结。仍然存在的问题是，在改革初期，农地产权政策变迁对农民而言是陌生的、难以被接受认可，在此条件下，关于国家农地产权改革政策是如何推进、如何实现共识等问题就显得尤为重要，已有研究在此方面研究不足。

三、研究资料与方法

（一）研究资料

针对国家农地产权政策的叙事分析，本书需要大量文献资料作为研究对象并进行文本挖掘，以展现国家政策叙事的结构特征、政策演进背后的政策信念及其变化。我们以国家政策叙事为研究对象，所涉及的文献资料包括国家领导人和政府官员的讲话、不同时期党和政府的重要文件、官方媒体的报道等。

首先，研究资料包括一些重要领导人的讲话。在改革开放前后的国家农地产权政策变迁和决策过程中，党和国家领导人都发挥了关键性作用，一些制度和政策都是在中央领导人批示下制定和出台的。例如，1955年，毛泽东在省市区委书记会议上的讲话《关于农业合作化问题》，严厉地批评了那些坚持"保守"观念、反对过快推进农业合作化的"小脚女人"，提出政府领导"不应当落在群众运动后头"、不能"用各种办法去拉他（农业合作化）向后退"[1]。由此，全国上下掀起了农业合作化和批判"包产到户"的高潮，农地产权政策也全面进入了"集体中心"叙事阶段。改革开放初期，邓小平等中央领导人对"包产到户"的肯定也促进了后续国家政策的出台和稳定。这些领导人的讲话集中体现在《毛泽东文稿》《毛泽东选集》《邓小平文选》等中。

其次，研究资料还包括了党和国家重要文献和历史典籍。既有党和国家发展历程中的文件汇编、选编，如《建党以来重要文献选编》《建国以来重要文献选编》《三中全会以来重要文献选编》等，以及一些专业性的文件汇总，如《中华人民共和国经济档案资料选编》《农业集体化重要文件汇编》等；还包括一些地方政府编纂的纪实，如《河南人民公社化运动》《湖南农业合作化纪实》《孝义县农村合作制发展史》《中国共产党荆门历史》等；还包括重要政

---

[1] 中共中央文献研究室.建国以来重要文献选编（第七册）[M].北京：中央文献出版社，2011：49.

府官员的回忆记录，如《若干重大决策与事件的回顾》《杜润生文集》等；此外，还包括一些民间口述史，如《口述大寨史》。

再次，研究资料另一个重要来源是改革开放以来的国家中央一号文件。中央一号文件作为中共中央委员会每年发布的第一份文件，是党和国家在特定领域的年度工作纲领与计划。虽然其他中共中央发文也具有同等地位和重要性，但中央一号文件的排位顺序及其释放的信号，能够透露出国家对于相关领域工作的重视程度。因此，本书的数据部分来源于1982—2019年涉农领域的中央一号文件，在1982—1986年和2004—2019年国家总共出台了21份中央一号文件。作为具有特殊意义的官方文件，每年中央一号文件关于乡村治理的相关表述，都会成为当年国家乡村治理领域的中心工作，指向农村治理改革的关键环节，而历年中央一号文件有关乡村治理表述的变化，意味着国家乡村治理重心的转移。① 本书将涉农中央一号文件中关于农地产权的表述作为分析内容，统计并考察其中政策内容的历时性变迁，并将其作为研究我国农地产权政策叙事变迁特征的重要依据。

最后，研究资料还包括国家官方媒体——《人民日报》的相关报道。本书第五章使用的数据，将系统地取自1979—2018年《人民日报》中关于农村土地产权的新闻报道。《人民日报》作为中国共产党的官方报刊，代表了国家权威机关和主流媒体的声音与立场，兼具了政治性和叙事性的特征。《人民日报》对于农村土地产权政策的相关报道，不仅仅是有关农村土地产权改革实践的一般客观性描述，更具有对官方观点宣介和主流价值引导的意味，能够凭借其自身权威性来影响社会认知。当然，本书也将对《人民日报》中关于农村土地产权的新闻报道进行筛选。在样本选择方面，笔者按照年份顺序采取等距抽样的办法。首先，以1979年为起点，每5年划分为一个样本单元，并在1979—1983年随机抽取一年作为随机起点；其次，按照每隔5年抽取一次的方式，共抽取1981年、1986年、1991年、1996年、2001年、2006年、2011年和2016年总共8年、共计284 198篇新闻报道内容。以此，确保所抽得的年份能够均匀分布在国家改革历程的各阶段当中，保证了样本的代表性和样本量的充足性。与此同时，以"土地""承包"为关键词，在"人民日报图文数据"中，对所抽取的年份进行报刊全文检索，关键词搜索产生了每年100~339条记录，8年共计1574篇报道。在此基础上，进一步对抽取

---

① 曹志立，孙德超.乡村振兴战略下的乡村治理转型与完善[J].商业研究，2018（12）：11-19.

的报纸内容进行筛选,剔除与农村土地产权不相关的新闻,最终得到519篇报道。

(二)结构主义叙事分析法

本书在认识论方面坚持结构主义主张,认为社会事实虽然取决于特殊的语境、具有个体主观性,但也能够通过客观方法加以分析。[1]因此,在方法论方面坚持了结构主义叙事分析法。

虽然关于何为"叙事分析"无法准确予以定义,一些以"叙事分析"为名的研究有着不同的研究路径,它们往往将故事或叙事作为研究数据、表达形式、内容分析和结构方式等[2]。但一般的叙事分析首要任务是透过叙事的表层结构,也即文本字面含义,来发现叙事的深层结构。[3]作为质性分析的叙事分析,至少包括对故事材料的分析,以及搜集、编码、整理、分类等过程,并且叙事分析还需要保持反身性的意识,也即在分析过程中具有清晰的问题意识和理论概念。[4]本书秉持了质性研究意义上的叙事分析路径,不仅要对研究资料进行分解、整理和挖掘,同时,在这一过程中还不断地以理论视角关照现实问题。在此基础之上,本书倾向于采用结构主义的分析范式。结构主义的叙事分析,源于普罗普对民间故事的研究,他区别了叙事人物及其行动功能,并探讨了叙事的不同部分如何组织并关联起来,也即叙事结构问题。[5]因此,叙事基本结构便由故事中的众多人物和功能等基本叙述要素构成,而且,人们还可以凭借这些基本要素组成的结构对所有其他叙事媒介展开研究。叙事结构分析不仅能够考察文本内容的内在结构特征,而且,还能够揭示出文本内容和结构建构,以及传达出的价值意义和信念体系。

本书采用结构主义叙事分析法,构建起了包含话语对象、政策议题、政策信念和叙事策略4个方面的政策叙事结构分析框架。这里的话语对象就是叙事中的各类角色,如弱者、坏人等故事人物;政策议题则主要指涉的是故事情

---

[1] JONES M D, MCBETH M K. A Narrative Policy Framework: Clear Enough to Be Wrong?[J]. Policy Studies Journal, 2010(2): 329-353.
[2] 克兰迪宁. 进行叙事探究[M]. 徐泉, 李易, 译. 重庆: 重庆大学出版社, 2015: 4.
[3] 曹青. 话语的叙事分析: 理论、方法与实例[J]. 话语研究论丛, 2016(1): 1-21.
[4] 萧阿勤. 叙事分析[A]. 瞿海源. 社会及行为科学研究法(第二册质性研究法)[C]. 北京: 社会科学文献出版社, 2013: 129-130.
[5] 伯格. 通俗文化、媒介和日常生活中的叙事[M]. 姚媛, 译. 南京: 南京大学出版社, 2006: 20-21.

节中包含的那些具有争议性或焦点性的事件或问题；政策信念就是叙事中的寓意，也即故事所要表达的核心观点或中心思想；叙事策略则是叙事所运用的叙事方式和修辞技巧，如暗喻、对比和夸张等手法。具体而言，国家农地产权变迁中，话语对象就包括了国家在政策叙事中主要指涉的群体，以及他们所扮演的角色；政策叙事的核心议题是指国家政策叙事主要对哪些议题进行讨论而没有对其他内容讨论；国家政策叙事还需要通过政策故事来阐述政策背后的价值意义（政策信念），并且需要通过多种方式来进行阐述（叙事策略）。

（三）基于 QSR Nvivo11 工具的内容分析法

本书在第五章将运用 QSR Nvivo11 自动文本分析工具，对《人民日报》展开内容分析。QSR Nvivo11 是集文本搜索、整理和统计分析为一体的综合性软件，能够针对特定文字进行词频准确或模糊搜索，对词汇所在句子或段落进行展示，并对特定词汇的出现频率和覆盖率进行历时性呈现，为研究者提供高效而可靠的内容分析手段。通过"对特定关键词进行编码及其频率的统计与比较"[①] 的方式，对公共政策变迁过程展开梳理和分析，进而获得研究结论。

具体而言，文章首先借助 QSR Nvivo11 软件，依据政策叙事结构的 4 个维度，建立文本分析一级"节点"，并对文本进行逐句、逐段地阅读，同时，依据所建立的"节点"对相应的文本内容进行编码，识别出集体、农户、其他经营主体、使用权、处分权、求偿权、配置效率、权利保护、家庭生产叙事、环保叙事、脱贫叙事、城镇化叙事共 11 个二级操作化定义，并梳理和汇总文本资料中出现的字词，作为三级关键词。通过上述编码过程，完成内容分析的基础步骤。其次，计算和统计每年《人民日报》三级关键词出现的频次，并汇总到 4 个分析维度中。最后，对 1574 份文件材料按照时间先后，展开不同年份的比较分析，对比关键词出现频次、覆盖率，从而直观地呈现我国农地产权政策叙事演进的特征。如果某一年农地产权政策叙事某一维度下关键词出现频次（参考点）和覆盖率高的情况，则表明国家在此方面的关注和支持度较高；某阶段相比于上一阶段，关键词出现频次和覆盖率发生了变化，预示着国家政策叙事的变迁。

---

① 刘伟.内容分析法在公共管理学研究中的应用[J].中国行政管理，2014（6）：93-98.

四、研究思路与主要内容

(一) 研究思路

本书综合文学叙事基本理论和国外政策叙事研究,构建起了政策变迁中的叙事分析框架,并尝试对我国农业集体化时期和农地三权分置时期的国家政策叙事进行解构和分析。本书在对文学叙事理论回顾的基础之上,构建起政策叙事的概念体系,以此考察了现代国家中政策叙事的内涵、形式和意义。通过对政策叙事内涵的全方位了解,指出叙事是人们认知与理解社会的重要方式,政策叙事更是人们接受信息、沟通交流及理解周围世界的重要方式。政策叙事在人们认知与制度变迁之间搭建起了一座"桥梁",它能够通过一种故事讲述的方式,让人们更好地接受政策变迁的核心信念。

鉴于政策叙事的功能,国家为了确立并推广新的农地产权制度安排,在农地产权改革过程中建立了不同的政策叙事体系:改革开放前的农业集体化时期,国家建立了"集体中心"政策叙事;改革开放后的农地三权分置改革时期,国家则建立了"市场中心"政策叙事。对不同时期的国家政策叙事结构的考察揭示出,不同政策叙事体系下的叙事结构特征表现有所不同,但都会随着政策变迁而同步演进与转型,并塑造了不同叙事下人们的农地产权认知与行为选择。整体研究思路如图1-1所示。

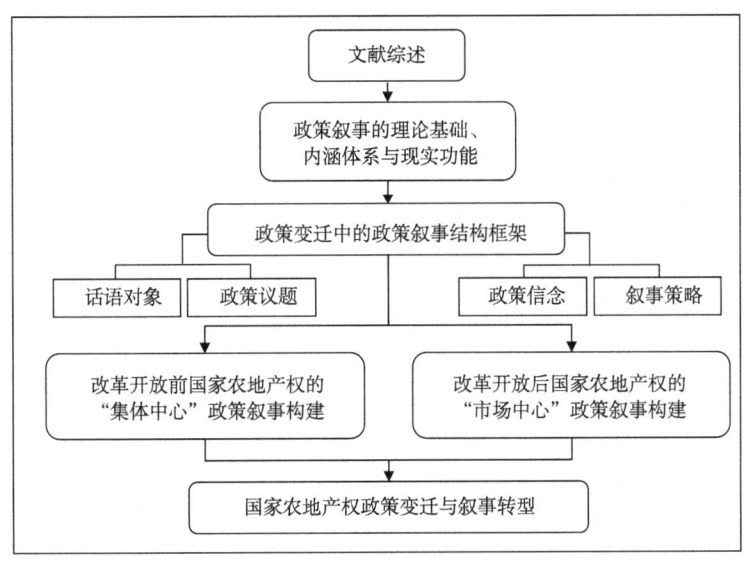

图1-1 研究思路

（二）主要内容

本书主要对我国农地产权政策叙事的变迁进行了考察，通过构建政策叙事结构的基本分析框架，重新审视改革开放前后我国农地产权政策变迁。主要研究内容和结构如下：

第二章，介绍了政策叙事的理论基础及政策叙事的内涵、形式与功能。本章首先简单梳理了从结构主义时期到后经典时期的主流叙事研究。早期的结构主义叙事理论源于对"叙事"的基本概念和结构的探讨，形成了一些基本的共识性认知，例如，叙事至少要包含两个事件、叙事从结构上包含了内容方面和形式方面等；后经典时期，叙事研究扩展至社会领域并且发生了后现代转向，这一时期的研究围绕世界的主观建构性、叙事在传递意义过程中的修辞意蕴及叙事阅读的相对性和语境性展开。其次，深入探讨了政策叙事的内涵、特征与形式，阐述了政策叙事的概念与基本构成，以及具有的意向性、语境性、隐蔽性、历史承接性和表意相对性的特征，并呈现了叙事介入政策过程中的基本形式，包括政策问题建构、社会媒体宣传、开展政策论证、影响政策执行和主导政策评估。最后，本章对政策叙事在现代国家中的建构功能进行了阐述，指出国家政策叙事有助于国家建构集体记忆、助推社会动员、凝聚政策认同和提升政府合法性。

第三章，构建了政策变迁中政策叙事结构的一个分析框架。本章提出政策叙事的建构整合叙事要素并进行意义的生产与传递，本质而言，是一个指向政策共识的过程。在简单回顾了关于政策共识的相关文献、揭示了传统政策共识的途径是议程控制与社会参与之后，指出政策叙事具有共识意蕴，且在意义生产与认知扩散的过程中就蕴含着政策共识。与传统实现共识的过程与方式不同，政策叙事是为人们构筑起看待政策问题的"透镜"，通过这个"透镜"能够更加清晰地看到人们关于政策事实的认知是如何汇聚成政策共识的，包括对事实认知的共识、政策程序的共识、价值意义的共识和政策扩散的共识塑造。在此基础之上，分析了政策共识下的政策叙事过程：政策叙事主体在核心信念的基础上建立联盟并对外展开话语宣称；政策叙事联盟围绕政策核心议题建构叙事体系并进行彼此之间的叙事竞争；主流政策叙事赢得竞争之后促成政策共识。最后，政策变迁中的政策叙事结构，包括了话语对象的选择、政策议题的构建、政策信念的生产与叙事策略的运用4个方面，国家政策叙事体系也将在促成社会共识的基础之上推动政策发展与变迁。

第四章与第五章，依据政策变迁中的叙事结构分析框架，分别对改革开放前的农业集体化时期和改革开放后的农地三权分置时期国家农地产权政策叙事体系进行了考察。第四章从话语对象的选择、政策议题的构建、政策信念的生产与叙事策略的运用4个方面，考察了在土地改革向农业合作化运动过渡阶段，国家农地产权"集体中心"政策叙事的建构过程。其中，国家政策叙事选择了农民阶级和地主阶级作为话语对象，分别赋予他们以"弱者"与"坏人"的角色；政策议题集中在了农业合作社的优越性及其效益"释放"；政策信念方面则建立了关于农村土地的"集体产权"观念；叙事策略方面国家对农地产权的集体所有制和私有制进行了"成本-收益"计算与矛盾修饰。第五章将政策变迁叙事结构框架操作化，建立了11个二级操作化定义。采用内容分析法，借用Nvivo11分析工具，对1979—2018年《人民日报》的相关报道文本进行了等距抽样和内容分析，考察并呈现了"市场中心"的农地产权政策叙事体系的特征。结果显示，国家农地三权分置改革过程中，话语对象开始聚焦于新兴农地经营主体；政策议题则呈现出农地产权权能多元化的特征；国家政策的信念也开始注重"效率和权利"对于农地产权的重要意义；国家政策叙事的策略更强调市场民生取向而不再仅仅局限于家庭农业生产活动。

第六章，探讨了不同国家政策叙事的过渡与衔接，以及国家政策叙事在促成政策共识和推动政策变迁中的作用，并提出了完善当前我国农地三权分置改革的政策叙事建议。随着国家政策不断演进和变迁，国家政策叙事也在不同层面的叙事结构和内容上与之保持同步，当发生重大政策变迁（如体制或制度改革）时，国家政策叙事就需要完成"系统性"转型，包括话语对象、政策议题、政策信念和叙事策略等；当不涉及核心价值观或政策信念的根本变化时，国家政策叙事则一般会进行温和式或渐进性的调试。而且，不同体制下国家农地产权政策叙事的叙事风格和叙事内容等特征也有所差别。此外，国家政策叙事转型中的政策信念层次、前后政策叙事间的关系，以及与现有法律制度的关系，也会给政策变迁带来或正面或负面的影响。在国家农地产权不同政策叙事下，人们基本也形成了与国家政策叙事特征相一致的政策认知和行为选择。当前，我国正在推进农地三权分置改革，但制度设计存在着不少模糊之处，导致了人们认知上的分歧和实践方面的偏差。对此，国家需要进一步强化农地产权的"市场中心"政策叙事，并以此来纠正各类偏差和误区。

五、本书创新之处

本书的创新之处,主要体现在政策叙事研究有助于拓展政策研究的视阈,以及基于不同时间段国家政策叙事的对比分析有助于深化宏观层面的政策叙事研究方面。

第一,学科层面,拓宽我国公共政策领域的研究视阈。后现代社会中,传统"神话"叙述和现代"科学"叙事获得的知识都被认为不再真实性[1],社会事实具有了社会建构性。这也给现代国家治理过程带来冲击。后现代社会中,传统政府科层组织在权威垄断下的行政活动常受到质疑,而且,以技术专业化和高度组织效率为基础的合法权威也发生动摇[2]。传统公共政策研究秉持的实证主义研究倾向面临着诸多问题,如强调独立于社会历史背景的客观规律、观察对象的静态化和价值中立的假定等[3],导致研究解释在面对具体地点、时间和调查对象时产生了不准确性。对此,就需要转向一种话语(discourse)、语境(contexture)理解的研究取向[4]。只有将公共政策放到每个不同的具体情境中进行解释,同时揭示政策过程的实际含义、目的和背后逻辑,公共政策才能获得真正的意义。因此,非常重要的途径就是对语言、沟通、论证与文本等材料进行系统性分析与阐释。[5]

作为一种公共政策与文学理论交叉的研究路径,政策叙事研究聚焦于政策话语内容及其叙事结构,是一种兼具情境性、理论建构和解释的研究取向,有助于拓展政策研究的视阈。政策叙事是包含了政策相关主体意图的叙事形式,为了确保政策得以顺利开展,它通过对特定政策内容的挑选和组织来界定政策问题、提出政策方案,并在这一过程中传递意义和价值。政策叙事研究借鉴了文学叙事的基本理论,主张政策分析像文学叙事分析一样要"把各种相关信息、情节组织成可读的、自洽的故事"[6],以便人们进行考察、理解和评价。

---

[1] 何艳玲,张雪帆.公共行政学说史的认识论传统及其辩论[J].中国行政管理,2014(6):73-82.
[2] 敬乂嘉.政府扁平化:通向后科层制的改革与挑战[J].中国行政管理,2010(10):105-111.
[3] 周超.当代西方政策科学方法论的范式转向[J].武汉大学学报(哲学社会科学版),2005(4):529-534.
[4] FISCHER F. Beyond Empiricism: Policy Inquiry in Post Positivist Perspective [J]. Policy Studies Journal, 1998(1): 130-132.
[5] 朱亚鹏.专栏导语:话语分析:理解政策过程的重要视角与方法[J].公共行政评论,2015(5):50-54.
[6] 何鉴孜,李亚.政策科学的"二次革命":后实证主义政策分析的兴起与发展[J].中国行政管理,2014(2):95-101.

通过对国家政策叙事分析，我们能够以故事的形式更好地了解国家政策的具体含义及其背后的现实目的，而且，更好地呈现国家政策制定和执行过程的内在逻辑。

第二，理论层面，深化对宏观层面的国家政策叙事认识与研究。前文已经指出，政策叙事在3个层次上发挥作用：微观层面、中观层面和宏观层面。目前，虽然政策叙事在国外已经得到充分发展，但宏观层面的制度和文化等因素对政策叙事产生的影响机理等问题还没有得到很好回答[①]，有关研究相较于微观与中观层面仍然显得十分匮乏。本书对我国改革开放前后不同体制下近70年的国家政策叙事变迁的研究，是在宏观层面的一次积极探索。本书不仅对政策变迁和国家政策叙事之间的关系进行了总结，也深入探讨了多重政策叙事下政策共识和社会行为选择的过程。一方面，从长时间段来看，在政策变迁的背景下，国家政策叙事表达具有同步性特征，也即国家政策叙事应随着国家发展需要而不断调整，这种同步调整既包括政策信念的根本变革也包括一些局部性的策略微调；而且，不同政策叙事之间能否实现良好的衔接，取决于政策信念的层次、前后政策叙事间的关系，以及与现有法律制度关系，这些也直接影响了政策变迁过程。国家政策叙事间的良好过渡，有助于形成更广泛的社会认同并推动政策变迁的顺畅进行；国家政策叙事间的衔接不恰，会导致在此之后的社会认知出现断裂进而扰乱政策变迁过程。另一方面，国家政策叙事依靠改变社会认知和促成社会共识的方式来推动政策变迁。在我国农地产权改革的多重叙事下，人们关于农业集体化时期的集体产权和农地三权分置下的多元权能的认知相应得到有效建立，政策信念也得到了强化。当然，除了推动认知转变，国家农地产权政策叙事在凝聚社会共识的基础上也促成了有效的社会行为选择。

第三，实践层面，为国家新一轮农地三权分置改革的顺利推进提供叙事建议。与以往关于国家农地产权政策的法律洞见、经济检验等方面的建议不同，本书从政策叙事的角度，提出优化国家政策叙事体系，帮助国家在推动改革过程中通过政策宣介和阐述来影响并塑造社会的政策认知和态度；帮助国家通过政策叙事来树立明晰的政策信念以减少各类无效争论，让社会广为理解并接受新的制度安排。

---

① 李文钊.叙事式政策框架：探究政策过程中的叙事效应［J］.公共行政评论，2017（3）：141-163.

第二章 认识政策叙事：理论基础、内涵体系与现实功能

社会科学中叙事研究的兴起和发展，很大程度上源于文学和语言学中叙事研究的深厚积淀。作为一门尚未成熟的学科，从被认可到确立，叙事研究经历了从传统结构主义经典叙事学向后经典叙事理论的转变。这一过程中，随着叙事研究向社会科学领域渗透，社会科学研究出现"叙事转向"。现代社会科学领域，尤其是公共政策领域中叙事理论的发展也渐成体系。本章将简单回顾文学领域中的叙事研究基本理论，尤其是从结构主义范式向后经典范式的发展历程。在此基础之上，重点对公共政策叙事的基本内涵、表现形式和现实功能进行梳理和阐释，以期对政策叙事形成更加深入且全面的认识。政策叙事作为一种隐蔽的意义生产与传递过程，在现代国家建设中发挥了重要作用，对理解政策过程、社会治理和国家发展具有重要意义。实际中，国家政策叙事能够起到建构集体记忆、助推社会动员、凝聚政策认同、提升政府合法性的作用。

一、政策叙事的理论基础

虽然学术研究和日常生活中对叙事一词的使用很多，但是，有关"叙事"的概念和内涵界定是十分复杂而不确定的。例如，一些以"叙事分析"为名义而进行的研究往往和叙事相关，却指涉了不同的研究路径，如将故事或叙事作为研究数据、表达形式、内容分析和结构方式等。[①] 在不同的发展阶段，不同流派的学者对于叙事概念的理解有差异。为此，本部分将梳理叙事理论的演化脉络，进一步明确叙事概念的内涵体系。

（一）叙事的构成：传统结构主义视角

文学领域的叙事研究，在发展初期，受到法国和俄罗斯文学的形式主义影响，主要秉持着结构主义理论取向。这场文学领域的叙事转型，也汲取了以

---

① 克兰迪宁.进行叙事探究[M].徐泉，李易，译.重庆：重庆大学出版社，2015：4.

索绪尔为代表的结构化语言学对"语言是符号系统中不同的元素和组合"的强调。法国结构主义文学理论家巴尔特（R. Barthes），就将文学叙事研究从根本上划归为语言或话语研究，他在《叙事作品结构分析导论》一书中指出"从结构的角度来看，叙事作品具有句子属性"[1]，他认为，作为多个句子所组成的叙事作品，其完整的结构也类似于一个句子或者话语的构成，具有主语、动词、"语法"和规则等组成部分。因此，早期的叙事研究者，将一般叙事的研究置于更优先的位置，并着重寻求文学叙事当中的基本要素、组合关系和原则。例如，法国另一位结构叙事学家热奈特（G. Genette）指出，"一切叙事……都是承担叙述一个或多个事件的语言生产"[2]，他将叙事视作对动词的"铺展"和"扩张"，从而将叙事分析归结为时间、语式和语态3个方面。那么，究竟什么是叙事？叙事研究包含了哪些必不可少的要素？这成了摆在理论研究者面前亟待回答的问题。早期的结构主义叙事研究，围绕着"叙事"的概念和基本结构，展开了大量而深入的探讨，为后续叙事理论研究视阈的扩大和方法的多样性打下了良好基础，以下将围绕这两个问题进行简要交代。

1. 叙事的内涵

由于早期的结构主义叙事研究，主要是在文学领域内展开，因此，这一时期的学者对于"叙事"的理解，并没有像后经典叙事研究者那样，将"叙事"这一概念的外延扩展、将内涵提升到哲学层面进行阐释。但是，即便是在文学理论研究内部，不同学者对于"叙事"的概念仍然给出了不同的界定。在这一过程中，叙事与叙述、故事和话语等概念之间的关系也得到了辨析。

从字面理解，叙事（narration）就是叙述事情或讲述故事，包括了作为动词的"叙述"和作为名词的"事情"，它是"通过语言或其他媒介来再现特定时间和空间里的事件"[3]。虽然西方文学理论对叙事的研究有悠久的传统，但正如学者所指出的，对叙事完整而确定的定义"仍然被认为是罕见的"[4]。由于叙事研究是从对史诗、诗歌和小说等文学作品的语言、行文和修辞的分析中不断发展而来，因此，早期叙事学家并没有直接对"叙事是什么"给予界定，而是

---

[1] 伍蠡甫，胡经之.西方文艺理论名著选编（下卷）[M].北京：北京大学出版社，1987：476.
[2] 热奈特.叙事话语 新叙事话语[M].王文融，译.北京：中国社会科学出版社，1990：10.
[3] 申丹，王丽亚.西方叙事学：经典与后经典[M].北京：北京大学出版社，2010：2.
[4] 利布里奇，玛莎奇，奇尔波.叙事研究：阅读、分析和诠释[M].王红艳，译.重庆：重庆大学出版社，2008：2.

通过对"什么是叙事作品"的探讨间接回答了这一问题。叙事作品是在叙述中形成的,并由此获得价值和意义。美国学者斯科尔斯(R. Scholes)等在梳理西方文学史上的叙事传统时就指出,文学作品要能成为叙事,需要同时满足两个条件——"一个说者和一个故事"①。相比之下,由于诗歌缺少故事、戏剧缺少讲述者,所以它们就都只能属于"非叙事"。但是,并非任何由一个讲述者和一大段话或句子构成的组合就是叙事,它也可能仅是纯粹的描述。因此,什么才能算得上一个合格的讲述故事?对此,美国杰出叙事理论学家普林斯(Gerald Prince)指出,最小的故事"总是由一个以上的事件构成的"②。因此,两个以上的事件,才能构成叙事。

在明晰了叙事的具体所指之后,叙事学家进一步辨析了叙事的含义。热奈特对叙事的内涵进行了进一步的剖析和解读,他在《叙事话语》中将"叙事"分为3个层面来理解,也即作为叙事内容的"故事"、作为口头或书面陈述话语的"叙事"、作为生产叙事行为的"叙述"③。因此,叙事就包括了叙事作品当中具体发生的事件,描述事件中人物关系、情节和经过的文本,以及作者、主人翁或其他人的陈述行为,三者共同构成了一个完整的叙事。没有叙述的叙事只能是史学文集汇编,没有事件的叙事则缺乏叙事性。至此,叙事与叙述、故事的关系就十分清晰了,而话语则是"故事"的组织形式,也即"故事"如何被组织和讲述。

2. 叙事的基本结构

经典叙事学研究的另一个贡献,就是对叙事结构进行了广泛而深入的探讨。对叙事或叙事作品的研究,其目的不是为了对作品内容进行欣赏和阐释,而是为了揭示文学效果产生所赖以存在的形式和条件④。为了实现这一功能,叙事就需要具备一定的内容结构。早在两千多年前,亚里士多德就已经指出,一部戏剧应该具备戏景、性格、情节、语言、唱段和思想这些基本要点⑤。到20世纪,著名文学理论家勒内·韦勒克(René Wellek),在《文学理论》一书中指出,不论是采用现实主义(小说)还是虚拟性的(传奇)模式,典型的叙

---

① 斯科尔斯,费伦,凯洛格. 叙事的本质 [M]. 于雷,译. 南京:南京大学出版社,2015:2.
② 普林斯. 故事的语法 [M]. 徐强,译. 北京:中国人民大学出版社,2015:14.
③ 热奈特. 叙事话语 新叙事话语 [M]. 王文融,译. 北京:中国社会科学出版社,1990:6.
④ 卡勒. 结构主义诗学 [M]. 盛宁,译. 北京:中国社会科学出版社,1991:374-375.
⑤ 亚里士多德. 诗学 [M]. 陈中梅,译注. 北京:商务印书馆,1996:64.

述性文学作品（而非诗歌）一般都包含了情节、人物背景、世界观等[1]。韦勒克的贡献并不是提出叙事的基本结构，而在于他开拓性的研究有助于将文学研究的核心任务置于对作品本身的解释和分析上，如文学叙事。随着文学理论研究发展，结构主义叙事理论的关注点，逐渐聚焦于文艺创作的文本内容，尤其是其中的人物角色、情节、环境等要素及其彼此间的关系。结构主义叙事理论，更加重视文学作品作为一种具有内在规律、自成一体的自足符号系统[2]。因此，哪些是构成叙事必不可少的要素就十分关键。

在结构主义叙事学家西摩·查特曼（Seymour Chatman）那里，叙事的必要且仅有的组成部分有两个：故事和话语。[3]首先，故事是有关叙事的内容方面，如情节、人物等。其一，情节是故事的基本框架，揭示了不同故事的共同结构特征。故事中的不同事件安排构成了情节。虽然故事和情节的关系一直被探讨，甚至，故事中的情节被认为是话语这一叙事手法安排下事件素材的合成[4]，也即，是叙事话语的差异导致了故事产生不同的情节。但大部分结构主义叙事仍然将情节作为故事的组成部分[5]。其二，人物塑造。虽然在亚里士多德那里，"人物"被看作情节的产物，也即存在着"无性格的故事"，但从普洛普开始，结构主义叙事理论就开始注意到人物在叙事中的事件和行动当中的重要意义。查特曼也指出，人物特性才是那个能吸引人、为人所欣赏的地方，故事因为人物性格的多样化和特殊性而更加丰富多彩[6]。但对于人物的描述和分类，应按照其参加行动的范围来予以说明而非具体的人是什么。[7]由此，华莱士·马丁（W. Martin）就认为行动者体系超出了简单的单个人物，是由"行动、信息、个人特征"[8]3个方面构建起来的。

其次，话语是有关叙事的形式方面，包括各类叙事技巧，如视角、话语和时间等。第一，叙事视角，是指叙述者或者故事角色站在什么位置、采取什

---

[1] 韦勒克，沃伦.文学理论［M］.刘象愚，等译.北京：文化艺术出版社，2010：242.
[2] 申丹，王丽亚.西方叙事学：经典与后经典［M］.北京：北京大学出版社，2010：3.
[3] 查特曼.故事与话语：小说和电影的叙事结构［M］.徐强，译.北京：中国人民大学出版社，2013：5.
[4] 查特曼.故事与话语：小说和电影的叙事结构［M］.徐强，译.北京：中国人民大学出版社，2013：28.
[5] 申丹.叙事学与小说文体学研究［M］.北京：北京大学出版社，1998：30-50.
[6] 查特曼.故事与话语：小说和电影的叙事结构［M］.徐强，译.北京：中国人民大学出版社，2013：97.
[7] 伍蠡甫，胡经之.西方文艺理论名著选编（下卷）［M］.北京：北京大学出版社，1987：491-492.
[8] 马丁.当代叙事学［M］.伍晓明，译.北京：北京大学出版社，2005：112.

么角度来进行叙述、观察。托多洛夫所称"反映故事中的人物和叙事者关系"的叙事体态[①]，和热奈特提出的"叙事者感知故事的方式"[②]的语态范畴，均是对叙事视角的变换用语。一般而言，叙事的视角包括了全知视角、限制视角和纯客观视角。由于视角本身就涉及叙事者的位置是在故事内还是故事外，因此，也就在一定程度上影响了叙述者和故事人物之间的关系，能够起到增加或者减少信息的功能。[③]第二，话语表达形式，是故事中人物所使用的话语和语言被呈现出来的方式。对人物言语常见的表达形式包括直接引语、间接引语、自由直接引语和自由间接引语4类，热奈特所指的"叙述化话语""转化话语""戏剧式转述话语"即为前3种[④]。不同话语的表达形式，在呈现故事人物形象和传递信息方面具有不同的效果，间接引语是叙述者转述人物角色的话语，有利于叙事者对人物话语进行凝练和再融合，能够重新赋予话语以风格；直接引语包括人物对话和独白等，尤其是自由直接引语，具有更强的独立性、真实性和模仿力。第三，叙事的时间维度。由于故事发生的时间具有立体性，而叙事时间却只能是单一线性推进，因此存在着故事时间和叙事时间的冲突。[⑤]叙事者在叙述的过程中，可以采用连贯、交替和穿插等手法来变换时间布局以达到特定文学效果，也可以通过改变故事中不同事件的持续时间和彼此时距来控制叙事节奏。

（二）叙事的建构：一种新的认知方式

虽然早期叙事分析都借用了语言学的分析方法和路径，但是，人们对不同语言或词语的理解所能达成共识的程度，往往高于人们对不同故事的理解。一些分析者提出，深层叙事结构并不是行动模式而是一种意义模式[⑥]，这意味着，对叙事结构背后意义的理解和阐释更为重要，而不是仅仅对行动者带动情节变化的关注。20世纪80年代以来，叙事领域发生了学术研究的转向。有别于此前的结构主义，目前，这一时期的叙事研究虽然秉承了传统经典叙事对叙

---

① 伍蠡甫，胡经之.西方文艺理论名著选编（下卷）[M].北京：北京大学出版社，1987：510.
② 热奈特.叙事话语 新叙事话语[M].王文融，译.北京：中国社会科学出版社，1990：9.
③ 胡亚敏.叙事学[M].武汉：华中师范大学出版社，2004：35.
④ 热奈特.叙事话语 新叙事话语[M].王文融，译.北京：中国社会科学出版社，1990：116.
⑤ 伍蠡甫，胡经之.西方文艺理论名著选编（下卷）[M].北京：北京大学出版社，1987：506.
⑥ 马丁.当代叙事学[M].伍晓明，译.北京：北京大学出版社，2005：95.

事结构的主张,但也进行了自我反思。例如,文本阅读的效果是否真如结构主义叙事分析所给出的那样?结构主义的叙事分析是否是对作品的唯一理解?由于秉持了后现代理论立场,后经典叙事研究及其阐释的范围也有了进一步拓展。

1. 作者与读者:"叙事世界"的建构

叙事世界是由文本"投射而成的文本真实世界"[①],叙事作品通过故事的描述和各种话语表达形式,向读者呈现或传达特定的意义。读者则通过事件获取各类信息,并带着各自不同的经验和期待,对叙事进行多样化的个人理解[②]。而且,叙事世界不同于真实世界,它是凭借语言来呈现并由叙述者转述而建构起来的。叙事世界虽然并不遵循"逼真、真实和可信"的要求、与实际的现实世界之间的关系可近可远[③],但它自身也不存在逻辑矛盾,是一种"可然世界"。在叙事世界当中,也存在着人性善恶、道德约束、信息不足等情境,当我们叙述世界中时,这些与现实世界十分相似的设定,有助于我们理解故事的逻辑;反之,从叙事世界出来时,叙事世界的真实性也会进一步启发和冲击人们的现实世界认知。

与此同时,叙事需要通过阅读来完成自身目的。叙事的过程,是通过作者和读者之间的对话来完成,它是一个交流的过程。读者亦会根据作者所建构起来的叙事世界,以及自身所在的现实世界经验,来认知和理解叙事作品传达出来的意义和价值,并再现一个叙事世界。但由于难以在结构、形式和主题等方面达到高度的一致性,后现代叙事理论家马克·柯里(Mark Currie)认为,叙事作品并非像传统学家所认为的那样"具有连贯而稳定的设计"[④]。正是由于叙事结构所包含的各类细节十分复杂,它才会在不同读者面前呈现出多样性和相对性。除了关注焦点存在差异之外,读者在阅读过程中也在不断地进行故事建构。他们往往带着自己的个人经历、社会文化等背景,对故事内容进行解读和提问,并对故事进行还原。也在这个意义上,当代叙事学家戴卫·赫尔

---

① RYAN M-L. Possible Worlds, Artificial Intelligence, and Narrative Theory [M]. Bloomington & Indianapolis: Indiana University Press, 1991: 23.
② 马丁. 当代叙事学 [M]. 伍晓明, 译. 北京: 北京大学出版社, 2005: 159.
③ DOLEZEL L. Herterocosmica: Fiction and Possible Worlds [M]. Baltimore and London: The Johns Hopkins University Press, 1998: 19.
④ 柯里. 后现代叙事理论 [M]. 宁一中, 译. 北京: 北京大学出版社, 2003: 5.

曼（David Herman）认为叙事是不稳定的，在阅读过程中不断得以扩展。① 叙事世界的构建，也就包含了作者对读者认知的塑造和读者认知对叙事世界的表征。

2. 叙事世界下的意义赋予——修辞转向

从叙事作品的目的来看，叙事是为了有效传递一定的价值或意义。正如学者所指出的那样，叙事只是一种工具，其功能和目的只是为了向读者传达"知识、情感、价值和信仰"②。一个故事，最终都会有若干个寓意或中心思想，故事中的情节、人物、表达形式甚至时间安排，都是为了更好地阐明其寓意。因此，叙事是具有修辞意味的，叙事中的某个词语，其含义往往取决于它被如何使用，而不是其原始的定义。正因如此，当代著名叙事理论家詹姆斯·费伦（James Phelan）认为，叙事可以被看作"某人在某个场合出于某种目的而讲述了一个故事"③，也即，这里的故事讲述仅仅是服务于特定人物需求和目的，作者可以通过不同的叙事方式来达到引导和塑造读者认知、判断的效果。从叙事结构方面来看，无论是故事内容设定还是话语表达形式，都具有这种修辞意蕴，能够进行不同层面的意义生产。

在故事内容方面，故事中人物的话语、行动及其情节的设定，会产生不同的叙事效果。与传统叙事学家将人物作为可有可无的"符号"、认为人物应当服务于情节或话语形式等观点相比，修辞叙事理论进一步强调了读者和作者交流中人物对读者所产生的修辞效果。叙事作品当中人物的形象和命运，会让读者产生惋惜、怜悯、痛恨、喜欢等情感，从而影响读者对于叙事及其主题的理解和阐释④。例如，人物的言语能够展示不同情境下的环境特征及不同说话者的性情。与此同时，叙述者通常所具有的"报道、阐释和评价"⑤3种功能，也能够凭借作者采取的不同策略，通过赋予叙事者以不同的作用，或直截了当地进行价值评判或十分含蓄地表达意见，对读者的判断产生影响。此

---

① 赫尔曼.新叙事学[M].马海良,译.北京：北京大学出版社,2002：31.
② 这是修辞理论学家肯尼斯·伯克和韦恩·C.布斯的观点,转引自华莱士·马丁《当代叙事学》。
③ 费伦.作为修辞的叙事：技巧、读者、伦理、意识形态[M].陈永国,译.北京：北京大学出版社,2002：14.
④ 申丹,王丽亚.西方叙事学：经典与后经典[M].北京：北京大学出版社,2010：185.
⑤ 费伦.叙事判断与修辞性叙事理论：以伊恩·麦克尤万的《赎罪》为例[M]//费伦,拉比诺维茨.当代叙事理论指南.申丹,等译.北京：北京大学出版社,2007：374.

外，叙事作品的情节（或进程），往往通过构建起人物、环境彼此间的不稳定性，以及作者与读者之间的认知分歧和张力，来呈现核心议题并吸引读者兴趣。[①]

在话语形式方面，叙事技巧则具有更强的目的性和修辞意味。叙事视角的选择本身就会影响读者的阅读过程，例如，第三人称的叙事者会有一种"实证权威"[②]。拓展开来看，作者、叙述者和文本当中的声音，也是一种叙事技巧，是叙事方式的重要组成部分。叙事中的声音融合了文体、语气和价值观，它通过采用某一种声音而排斥另一种声音、不同情境下声音的区别使用，影响了读者对特定事件、人物和价值的认知判断。[③] 此外，叙事过程中还经常会出现插叙手法或者情节断点情况，这也多是作者故意为之。这种情节断点的作用，就在于造成一种暂时的留白，能够给读者带来更丰富的想象空间并激发其兴趣。但情节断点常导致读者认知过程中接收信息的迟滞或延宕，也即读者暂时无法进一步获取更多信息，最终将影响读者对叙事意义的理解和阐释[④]。

3. 叙事世界中的认知过程——认知转向

作为作者和读者交流过程的叙事是一种双向运动，必然涉及读者对叙事内容的表征，也即对叙事作品及其建构世界的认知、阐释和再现。那么，叙事中读者对内容理解是如何产生的，其认知过程究竟是什么样的？从修辞叙事理论的研究当中，我们知道了叙事的话语表达和技巧，在影响读者感知、认识等方面起到了一定的作用。但是，不同的读者在阅读叙事作品的过程中，会基于自身阅历和知识背景而产生具有个性化的态度和看法，从而削弱修辞在叙事当中的作用。认知叙事理论指出，叙事作品中影响读者阅读和理解的因素有多种，除了词语的本来含义和如何被使用，更重要的在于"语境"，也即特定类型文学类别的叙事规约。这就从客观方面，提出了塑造阅读过程和价值认知的另一重要因素，也即意义或价值赖以产生的语境或规约

---

① 费伦.作为修辞的叙事：技巧、读者、伦理、意识形态［M］.陈永国，译.北京：北京大学出版社，2002：5.
② 马丁.当代叙事学［M］.伍晓明，译.北京：北京大学出版社，2005：189.
③ 费伦.作为修辞的叙事：技巧、读者、伦理、意识形态［M］.陈永国，译.北京：北京大学出版社，2002：20-22.
④ 赫尔曼.新叙事学［M］.马海良，译.北京：北京大学出版社，2002：27-31.

如何影响阅读过程[①]。

读者在阅读叙事作品过程中，会建构起自身对于叙事的理解，尤其是当面对那些被读者类型化了的叙事作品。一方面，人们在阅读过程中会逐渐积累和形成关于特定类型的作品或者故事情境的典型心理表征。基于已有的阅读经验，读者对于不同的故事和语境，会有不一样的心理期待，也即故事"图式"，比如，我们读小说的过程和读诗歌的过程，会有完全不同的期待，甚至不同的故事类型（如戏剧和悲剧）之间也有差别。一般而言，人们所形成的叙事图式包括了对不同事件、视角、文类，以及解读和阐释的图式。其中，对小说和诗歌所形成的图式属于不同的文类图式，有关情节中的人物行动、行动序列等属于事件图式，对不同讲述视角的期待则是视角图式，而解读图式则是依据自身经验对叙事当中的矛盾进行自我解读。[②]

另一方面，人们会利用已有的阅读文本所产生的认知规范，来阅读、理解和评价某些叙事文本，也即人们的认知图式会被激活。这意味着，人们对某些文类会形成固定化的阅读和认知策略，也即在阅读时将采取"叙事化"的方式进行理解和阐释。这种情况，也反映在人们阅读一些后现代作品的情境当中。例如，当读者阅读一篇看上去可能是叙事文的文本，虽然其内容不连贯和难以理解，但读者还是会依据自然讲述、体验或目击的方式来阅读，并将这些文本组合成一个完整的故事结构。[③] 因此，可以看出叙事阅读和认知其实也是一种意义赋予的过程，只不过是在读者依据"身体经验"和价值观而建立起的意义框架下看待故事情节的过程中产生的。而此时，叙事则是通过提供各类信息来参与建立和修正人们在阅读中的"语境框架"，也即我们对叙事语境中信息的表征，以及不断地在叙事中释放特定信息、语境来唤醒人们的语境认知。

二、政策叙事的内涵体系

文学理论进入后经典叙事阶段之后，随着研究视阈的不断扩展，研究焦点也逐渐转向社会领域，社会科学研究中出现叙事转向，包括法律叙事、女

[①] GAVINS J, STEEN G. Cognitive Poetics in Practice [M]. London and New York: Routledge, 2003: 8.
[②] 唐伟胜. 文本、语境、读者：当代美国叙事理论研究 [M]. 上海：世界图书上海出版公司，2013：161-162.
[③] FLUDERNIK M. Towards a 'Natural' Narratology [M]. London: Routledge, 1996: 34.

性主义叙事、殖民主义叙事等。①随着公共政策研究中后现代主义范式的兴起和深化,公共政策叙事研究也逐渐得以发展,他们关注政策过程中的叙事元素,包括政策中的叙事如何塑造认知、政策中的叙事受到哪些因素的影响等具体议题。本节将围绕现代国家中的政策叙事,对其丰富的内涵和多样的形式展开探讨,并对国家政策叙事在现代国家建设和发展过程中的作用进行深入阐述。

(一)政策叙事的内涵

1. 政策叙事的概念

类似于文学领域中作为讲故事行为的叙事,政策叙事从字面理解,就是政策过程中的故事讲述行为。文学理论中的叙事,之所以能够用来解释社会系统和个体行为,或者叙事在两者之间能够通约,主要是由于社会中的个体思想的意向性和行动的情境性。②我们的主观意识或者以往的经验,其实都是关于或指向被思考客体对象的,都是携带着特定态度、目的和信念的,缺少对于这种目的和意向的认识就无法理解现实世界。而同时,对个体行动的认识,需要在特定的周围环境和事件背景下展开,就如同我们对某句话的理解需要联系上下文一样,也即,言说活动或者对话交流都需要语境;离开了特定场景,主体行动的意图将难以被理解。③正是由于这种个体认知的意向性和行动的情境性,每个人的日常叙事生活与行动构成了现实社会。在这种社会背景下,人们

---

① 例如,法律叙事关注司法过程中审理、论辩和判决等各个环节出现的叙事结构及其影响。相关研究参见:刘燕.案件事实的人物建构:崔英杰案叙事分析[J].法制与社会发展,2009(2):152-160;左卫民,谢鸿飞.法院的案卷制作:以民事判决书为中心[J].比较法研究,2003(5):39-51;孙来清,毕可良.从语言模糊到裁判确定:一个有关司法过程的语言叙事[J].法学杂志,2010(10):127-129.
女性主义叙事关注有关女性叙事中的策略使用、意义阐释中的性别化差异,以及叙事过程中的身份构建。相关研究参见:申丹."话语"结构与性别政治:女性主义叙事学"话语"研究评价[J].国外文学,2004(2):3-12;唐伟胜.性别、身份与叙事话语:西方女性主义叙事学的主流研究方法[J].天津外国语学院学报,2007(3):73-80.
殖民叙事主要关注殖民经历对殖民地的制度和观念等方面的影响,以及这种历史和文化对文学叙事的影响。相关研究参见:卡坦涅克丝查,凌焕铭,什洛夫,等.去殖民性:(重新)塑造世界[J].国际社会科学杂志(中文版),2018(1):115-126;罗钢.关于殖民话语和后殖民理论的若干问题[J].文艺研究,1997(3):23-31;王丽亚.后殖民叙事学:从叙事学角度观察后殖民小说研究[J].外国文学,2014(4):96-105.
② 查尔尼娅维斯卡.社会科学研究中的叙事[M].鞠玉翠,等译.北京:北京师范大学出版社,2010:4-5.
③ 麦金太尔.追寻美德:道德理论研究[M].宋继杰,译.南京:译林出版社,2008:237.

的认知过程不仅包括了以规范的科学论证和严谨的逻辑推理为主要内容的科学认知,更包括了以认识行为意图、发现因果和理解意义为主要内容的叙事性认知。[1]因此,叙事成为人们认识并借此构建现实的重要形式。在一定程度上说,科学知识是在被叙事组织起来并促成人们对现实的认识,也即,现实是由客观数据及将它们组织起来的叙事构成的。[2]就日常生活而言,我们不仅把自己的经历诉说给他人,也即讲述自己;同时,我们理解他人的过程,也即通过"听故事"的方式进行。我们在交往过程中采取理解他人的方式,其基础就是我们将自己生活叙述化之后所形成的故事。

叙事除了被个体层面用来认识自我、感知外界和交流,个体叙事往往也与社会叙事和国家叙事相连,或者受到后者的影响。个体叙事一定程度上根源于社会和集体意义上的叙事实践。[3]个人永远是生活在特定历史背景和当下社会的,也即个人以叙事的方式认识和理解自我、他人与社会的活动是经过宏大叙事所塑造和淬炼的。从个体横向的自我叙事理解来看,我们在理解他人和社会生活时,会采取一种类似于理解自己生活故事的叙事形式,在他人讲述的故事中找到一个位置来帮助理解特定情境下行动的意义。在我们不断与他人交流过程中,不断调整自己所处定位,从而接受或者拒绝他人的叙事,并通过获得社会当中合理的故事集来实现对社会部分或整体的理解。[4]而从个体纵向的时间跨度来看,个体对于传统文化的内涵、表达、交流和风格,都受到在个体出生以前、很长时间段内历史积累的叙事或故事的影响,这种在他们出生以前就已经被故事讲述过的第三人称叙事状况,体现在了他们的自我表述当中,也早于他们第一人称的自我叙事。[3]

叙事不仅是人们交往或认知的方式,更是一种意义生成和传递过程。叙事的目的就是为了生产意义[5]。在社会认知过程中,人们对意图的理解或对意义的探寻,可能比组成这些意图的客观事实或数据更重要。这种关于事件发生

---

[1] BRUNER J. The Narrative Construction of Reality [J]. Critical Inquiry, 1991(1): 1-21.
[2] RAMOS-ZINCKE C. Social Science Data and Narrative Accounts as Components of the Production of Social Reality [J]. CONVERGENCIA-REVISTA DE CIENCIAS SOCIALES, 2014(66): 151-177.
[3] 拉波特,奥弗林.社会文化人类学的关键概念[M].鲍雯妍,张亚辉,译.2版.北京:华夏出版社,2009: 269.
[4] 查尔尼娅维斯卡.社会科学研究中的叙事[M].鞠玉翠,等译.北京:北京师范大学出版社,2010: 7-8.
[5] 赵毅衡.广义叙述学[M].成都:四川大学出版社,2013: 15.

第二章　认识政策叙事：理论基础、内涵体系与现实功能

或世界运行过程和原因的叙事活动，主要是以"制造意义"为目的；而且，叙事活动构成了人类实践的绝大部分。[①] 叙事能够成为价值塑造和意义传达的过程，就是因为叙事会将大量杂乱无章的故事细节，包括人物、事件、时间和情节等要素进行挑选和重组，由此来寻找特定的目的、因果和意义等。人们在讲述和探寻叙事所传达的秩序、意义和目的的过程中，也实现了"叙事化"。叙事透过故事当中所囊括的事件、排除的事件、强调的事件，也即为了阐释特定的目的而对事实重新进行裁剪、修饰和拼接，叙述者不仅阐明了自己对于特定行为的看法和观点，同时在主观上对行为进行了价值界定和意义阐释。[②]

人们包括孩童所拥有的生活经验，都是由社会叙事作为中介进行调解的[③]，所以，叙事能够无所不在地将外在叙事内化为每个个体的经验和现实世界。叙事具有多种形式的载体，如特定符号、小说、电影、图片等。除了特定的个人、社会文化规范、传统习俗等，政策的相关主体（如国家、地方政府、公司企业和非营利组织等）也可以充当叙事主体。它通过特定的表述方式和形式，如对政策相关问题进行负面曝光、正面宣介等，来影响社会对政策的认知和接纳程度，从而使政策主张和政策过程具有了叙事性特征。

在后现代公共政策研究者眼里，政策现实同样不单单是一种客观的存在，或者与我们眼中所观察到的现象保持一致。叙事也扮演了政策过程中的重要角色，在影响公众的社会认知方面发挥重要作用。美国公共政策学者 Roe 将政策叙事定义为，"在充满了复杂性、不确定性的政策环境当中，为了确保和维持政策得以顺畅实施的一系列故事或阐述行为"[④]。本书依据 Roe 的定义，将政策叙事的概念进行了进一步扩展。

所谓政策叙事，其实是包含了政策相关主体意图的特定叙事形式，它通过对特定政策内容的挑选和组织来界定政策问题、提出政策方案，在这一过程中，传递意义和价值并努力确保政策得以顺利开展的政策主体行为。对于政策对象或公众而言，政策叙事就是包含政策问题、成因及其解决方案等政策

[①] 拉波特，奥弗林. 社会文化人类学的关键概念[M]. 鲍雯妍，张亚辉，译. 2版. 北京：华夏出版社，2009：267.
[②] FELDMAN M S, SKÖLDBERG K, BROWN R N, et al. Making Sense of Stories: A Rhetorical Approach to Narrative Analysis [J]. Journal of Public Administration Research and Theory, 2004（2）：148.
[③] FIVUSH R. The Narrative Construction of Human Meaning [J]. Human Development, 2015（6）：367.
[④] ROE E. Narrative Policy Analysis Theory and Practice [M]. Durham: Duke University Press, 1994：34.

主张的集合；在政策叙事学者那里，政策叙事是政策相关主体为了确保政策得以落实执行而讲述的一系列故事或阐述行为。在所有的政策叙事主体当中，非常重要的一类就是国家，国家政策叙事就是包含国家意图的特定叙事形式。一般而言，政策叙事的载体包括了政府官员讲话、政策文件出台、主流媒体评论、政策问题披露、政策评估等。

2. 政策叙事的构成

正如上述分析所指出的，叙事的主要目的就是生产意义，这种意义生产的必要部分包括主角、行动、情节、背景等，其中故事中的行动和事件借助于情节得以展现，行动、事件和情节的紧密结合，构建起了特定的意义[①]。关于叙事的核心要素具体包括哪些、如何划分，学界一直存有分歧，上文已经进行了部分介绍。例如，在有关"最简叙事"的界定上，美国政策叙事学家斯科尔斯（R. Scholes）等指出，文学叙事需要同时满足两个要素，即"一个说者和一个故事"，而普林斯（Gerald Prince）则认为叙事要由两个以上的事件构成。完整的叙事，则包括了作为叙事内容的故事情节、人物等，以及有关叙事形式和技巧的视角、话语和时间等。

类似于文学叙事，政策叙事要完成意义生产，同样需要具备基本的叙事要素，形成完整的叙事结构。借鉴文学叙事的基本内容，一般性的政策文件转化为政策叙事，首先必须具备两个条件：对政策相关行为的立场或评价以及至少一个故事角色。[②] 由于已经假定政策主张和政策过程本身具有叙事性，因此，政策叙事在这里认为，政府及其他利益相关主体构成了叙事者。这就满足了斯科尔斯关于叙事必须应有"说者"的要求。相比而言，政策叙事更加强调了故事寓意在整个叙事当中的作用，要围绕政策寓意（包括意义、价值甚至意识形态）建构起不同政策主张，必须表达出"或好或坏""或支持或反对"的立场；故事角色作为行动主体也是牵引情节的核心因素。

除了上述必备条件，政策叙事的构成要素，还包括政策背景（setting/context）、故事情节（plot）、政策寓意或解决方案（moral/solution）、因果机制（causal

---

① 成伯清. 走出现代性：当代西方社会学理论的重新定向[M]. 北京：社会科学文献出版社, 2006：24.
② SHANAHAN E A, JONES M D, MCBETH M K, et al. An Angel on the Wind: How Heroic Policy Narratives Shape Policy Realities[J]. Policy Studies Journal, 2013（3）：457.

mechanism，CM）和证据（evidence）等。①②③ 政策叙事的上述要素，在政策问题的界定、政策方案的提出和政策意义的生成过程中发挥了重要作用。政策背景或环境，如传统文化、既有社会叙事，往往是政策问题或冲突产生的重要原因，也会成为构建政策叙事的策略方式之一。政策叙事中的故事情节与文学叙事情节一样构成了叙事的核心组成部分，是连接故事角色、政策问题和解决方案的重要纽带。政策叙事的情节建构起了基本的因果解释，能够帮助人们深化对于故事来龙去脉及其内在逻辑机理的理解，有着多种类型。例如，斯通所提出的情况变糟糕的故事（如"每况愈下""阻碍进步"等）和能够予以控制的故事（如"了不起的控制""责备牺牲者"等），此外，还有"关于原因"的故事（如"故意的或无意的""系统的或偶然的"等）④。政策寓意或解决方案作为故事的结尾，是故事最终想要说明什么或表达的中心思想，具有目的指向性。政策寓意的内容或提出倡议，或表达质疑，或者干脆"不出场"。

（二）政策叙事的特征

第一，政策叙事的意向性。政策叙事往往发生在那些社会科学研究尚无法达成共识的情况下，尤其是在政策初创和政策辩论过程中⑤。在这种缺乏共识、纷繁复杂的背景下，存在着多种关于如何维持或改进现状的主张，不同的政策叙事往往需要为了特定目的而维护自身的一些根本性主张及价值基础。⑥例如，政策叙事可能出于所提倡议的要求，坚持私人权利的保护、社会公平正义、集体利益最大化等中的某些基本价值观念，并通过讲故事的方式将基本价值嵌入其中并阐释出来。因此，可以说，任何政策叙事本身都具有较强的意思表示或意图指向性，也就是政策叙事的意向性。这种意向性只有落实到具体文本或政策时，才能被理解和解读。政策叙事的意向性为了实现自身意图和主

---

① JONES M D, SHANAHAN E A, MCBETH M K. The Science of Stories: Applications of the Narrative Policy Framework in Public Policy Analysis [M]. New York: Palgrave Macmillan, 2014: 5-7.
② JONES M D, SHANAHAN E A, MCBETH M K, et al. An Angel on the Wind: How Heroic Policy Narratives Shape Policy Realities [J]. Policy Studies Journal, 2013 (3): 453-483.
③ JONES M D, RADAELLI C M. The Narrative Policy Framework: Child or Monster? [J]. Critical Policy Studies, 2015 (3): 339-355.
④ 斯通. 政策悖论：政治决策中的艺术 [M]. 顾建光, 译. 北京：中国人民大学出版社, 2006: 144-151, 200.
⑤ KRIEGER M H. Big Decisions and a Culture of Decisionmaking [J]. Journal of Policy Analysis and Management, 1986 (4): 779-797.
⑥ ROE E. Narrative Policy Analysis Theory and Practice [M]. Durham: Duke University Press, 1994: 34.

张,往往会不断地重申和展示自己的内在价值及外在表现,也即通过"再现某物"的方式来塑造"某物是某种状态"。①

政策叙事的意向性,本质而言仍然是生产和传递意义的过程,但不同在于,前者不仅强调意义的建构,还强调生产和传递意义的方式。政策叙事往往会通过列举人们日常生活中实例和再现故事现场的方式,来达到让叙事通俗易懂的目的。例如,美国枪支控制协会通过细致描绘枪支暴力的实况与受害者,尤其是儿童受害者,来激发人们对于受害者的同情并深化对枪支暴力的认知。②此外,政策叙事还可以通过"举隅"的方式③,也即有意地挑选并呈现部分意外事件,作为代表整体或普遍的情况,以此抓住社会公众的注意力和认知。实际中,政策叙事的意向性更体现在萨巴蒂尔提出的倡议联盟内部共享的多层信念当中,包括一些规范性的信念、因果机制认知及具体适用规则等。④一方面表现为政策叙事者为了消除政策实施过程中的不确定性、复杂性等不利因素,而采取的政策倡议和动员;另一方面则表现在叙事的多元选择与彼此对立的背景下⑤,不同政策叙事者之间的竞争。在常态化的政策论辩中,政策叙事可以通过修辞方法,例如,利用特定事件的"歧义性",来为自身汇集支持力量。⑥

第二,政策叙事的语境性。语境性(contextuality)是政策叙事的核心特征。后现代叙事理论已经指出,文本体裁类别的叙事规约作为一种叙事的语境,在塑造阅读过程和价值认知方面具有重要作用,叙事中意义或价值赖以产生的语境或规约影响了阅读过程。⑦读者会在不同语境下产生的某种理解或解释也会不同。⑧当处于社会的叙事语境里时,个人和研究者都会受到某种社会"规约"的建构影响。个体行为的语境性表现为,行为总是处于特定背景或历

---

① 赵毅衡.广义叙述学[M].成都:四川大学出版社,2013:24.
② MERRY M K. Narrative Strategies in the Gun Policy Debate: Exploring Proximity and Social Construction[J]. Policy Studies Journal, 2018(4):747-770.
③ 斯通.政策悖论:政治决策中的艺术[M].顾建光,译.北京:中国人民大学出版社,2006:152-153.
④ 萨巴蒂尔.政策过程理论[M].彭宗超,钟开斌,等译.北京:生活·读书·新知三联书店,2004:157-159.
⑤ 费伦,王安.竞争中的叙事:叙事转向中的又一转向[J].江西社会科学,2008(8):49-56.
⑥ 斯通.政策悖论:政治决策中的艺术[M].顾建光,译.北京:中国人民大学出版社,2006:165.
⑦ GAVINS J, STEEN G. Cognitive Poetics in Practice[M]. London and New York: Routledge, 2003:8.
⑧ STOEKWELL P. Cognitive Poetics: An Introduction[M]. London and New York: Routledge, 2002:7.

第二章　认识政策叙事：理论基础、内涵体系与现实功能

史当中，无论人们的言说行为还是其背后的目的，都需要在具体语境下才能够被完全理解。人们无法理解的事情，不仅是由于事情所处的现实位置或背景出现了偏差，也是由于没有将事情置于历史脉络传统当中。[1] 研究或解释的语境性，同样表现为基于实践理性的解释研究，不会像实证主义为了一般性的理论解释而进行演绎或归纳；相反，他们对问题情境更加敏感，会根据不同性质的问题而采取更适合的论证。[2] 因此，无论是在提升日常生活中人们交流话语的可理解性上，还是在破解实证主义研究由于脱离社会历史脉络和驱逐"价值介入"而产生了无效解释上，叙事理论都因为对语境给予了足够的重视，而做出了有益的贡献，并据此成为后现代主义的理论基础之一。

语境在政策叙事中同样扮演着重要角色，Dryzek 指出政策分析一定要考虑到政策分析成果在政治环境中的应用，否则政策分析就将宣告失败。[3] 政策分析成果的这种应用，在他看来，主要受到参与者的价值取向、参与者受到的约束及他们的阐释结构的影响。因此，政策叙事的语境也被认为是政策相关主体行动的"舞台"[4]，"舞台"由一些无争议的事实、各种类型的证据、法律和地理特征等构成，它是不同利益相关主体开展政策叙事、寻求社会认同的重要基础。政策叙事讲述的内容，是在这些已经设定好的环境下进行的；这些政策环境下的语境特征，也会帮助人们更好地阅读和理解故事内容。如同不能将能源政策领域的故事置于养老政策背景下来进行讲述一样，政策叙事也需要考虑不同语境下人们的认知和理解行为存在的差异性。因此，基于恰当语境的叙事构建能够有效提升政策叙事的可理解性，反之则会导致政策难以被接受。除了不同政策领域，政策叙事还有着更宏大语境或背景，包括了社会叙事、国家叙事和历史叙事等。例如，不同文化类型背景下的竞争性观点，在有关气候变暖问题上会基于不同信念而讲述不同故事，因而也往往难以调和。[5] 政策叙事需要考虑不同文化叙事的基本信念，也要通过语境转化或"移情"的方式来帮助

---

[1] 麦金太尔. 追寻美德：道德理论研究[M]. 宋继杰，译. 南京：译林出版社，2008：233-238.
[2] FISCHER F. Beyond Empiricism：Policy Inquiry in Post Positivist Perspective [J]. Policy Studies Journal, 1998（1）：135-138.
[3] DRYZEK J. Policy Analysis as a Hermeneutic Activity [J]. Policy Sciences, 1982（4）：310.
[4] JONES M D, SHANAHAN E A, MCBETH M K. The Science of Stories：Applications of the Narrative Policy Framework in Public Policy Analysis [M]. New York：Palgrave Macmillan, 2014：6.
[5] VERWEIJ M, DOUGLAS M, ELLIS R, et al. Clumsy Solutions for a Complex World：the Case of Climate Change [J]. Public Administration, 2006（4）：817-843.

彼此感知沟通。

第三，政策叙事的隐蔽性。政策叙事的目的是生产意义，但是，与意识形态那种直接且坚定的"是非"界定和价值判断方式不同，其意义生产和传递过程具有隐蔽性，并不以说教的姿态告知人们"何为对与错、何为美与恶"。即使并非完全让人无法察觉，政策叙事的意义生产方式一定程度上也是隐蔽的。政策叙事的这一特征与叙事过程和叙事方式有关。Roe指出，政策叙事不像意识形态那样具有劝告和规范意味，相反，政策叙事常常通过故事讲述或描述来展现而非直接告诉。① 这种把"讲道理"的意图嵌入"讲故事"过程的方式，就是政策叙事的隐蔽性特征。在特定情况下，人们虽然能够理解叙事的故事内容和故事主旨，却难以辨别是否为政策叙事者有意为之。

政策叙事隐蔽性，非常"典型"地体现在作为叙事重要形式之一的政策隐喻上（metaphor）。隐喻或暗喻不同于明喻②，经常采用以其他事物的特征或关系来暗示本事物的方式，来帮助人们感知和理解该事物。隐喻隐含着的一种逻辑是，平等的解释和对待，也即如果人们把A看作B，那么A存在的问题也是B存在的问题，针对A的改革方案也适用于B的困境。隐喻内含的这个规定过程，其实就是一种叙事，其潜在之意就是存在某种问题、需要采取行动方案。③ 通过隐喻的办法进行叙事，意义的宣介过程就能够以一种悄无声息而且让人易于理解的方式完成。

通过隐喻，政策叙事能够以隐蔽的方式实现自身意图，包括政策议程的设置、政策方案的提出和实际落实执行。通过经常提及某一事物形象来呈现该事物的特点，隐喻成为政策议题得以建构的关键要素。④ Davidson通过对英国工党政府文件的语料库进行分析，指出英国社会政策制定中选择性地部署关键隐喻（key metaphors），从而在构建政治立场中所发挥的关键作用。⑤ 此外，国家政策叙事还会通过创设有关社会弊病及其解决方案的意识形态化隐喻，将

---

① ROE E. Narrative Policy Analysis Theory and Practice [M]. Durham: Duke University Press, 1994: 37.
② 明喻，英语simile，这种比喻修辞手法，经常采用"A像B""A似B""A如B"等形式，一般要求本体、喻体和比喻词同时出现，其比喻关系较为明显。
③ 斯通.政策悖论：政治决策中的艺术[M].顾建光，译.北京：中国人民大学出版社，2006：155-156.
④ CIENKI A, YANOW D. Why Metaphor and Other Tropes? Linguistic Approaches to Analysing Policies and the Political [J]. Journal of International Relations and Development, 2013 (2): 167-176.
⑤ DAVIDSON P. The Role of 'Social Exclusion' and Other Metaphors in Contemporary British Social Policy: a Cognitive Critical Approach [J]. Journal of International Relations and Development, 2013 (2): 206-226.

问题群体行为道德化并排斥在主流社会之外,同时指明其回归主流的路径。

第四,政策叙事的历史承接性。从叙事产生的角度来看,它本身就是在更加宏大叙事背景下展开的叙事活动,这种叙事背景包括既有的民族特征、传统文化和国家意识形态,甚至上一个历史时期的政策叙事等。正如个人自我表述和认知会受到纵向的时间跨度上来自出生以前、很长时间段内历史积累的叙事故事影响[1],政策叙事永远都是在一定历史脉络当中建构起来的,也即叙事所携带的历史语境性。从更为本质的角度来看,任何符号作为嵌入历史长河之中一个有限时期的存在,都会既限制那些先于它的符号,也会受到在它之后的符号限制,留有在此之前和之后的符号"痕迹"。[2] 政策叙事作为一种特殊形式的符号,也同样会表现出这种历史承接性,其当下的意义生产和传递过程一定程度上并不完整,或者说不完全依赖于其本身的内容和意涵,而取决于它与在此前后的叙事衔接、融洽程度。

政策叙事的历史承接性表现在两个方面。一方面,政策叙事在一定时期里可以保持连贯性和一致性。为了确保自身能够被既有叙事"熏陶"下的人们更好地理解和接受,政策叙事需要与这些已经形成的叙事内容保持融洽性。这种确保政策叙事连贯性的考虑,有时也会被利益群体用来维持联盟内部的凝聚力。例如,政策叙事需要在核心政策信念上保持一致性,以强化内部共识和巩固自身团结,包括对待社会、国家、科学以及人与自然关系等方面的基本价值观。[3] 另一方面,政策叙事也可以在原有基础上继续延伸和发展,对过去叙事要素重新阐释。当然,政策叙事的策略会根据自身需要而调整。

第五,政策叙事的表意相对性。对政策叙事主体而言,政策叙事有着明确的意图和目的,而且这种意图或目的是可以通过语言或文字来表述的,或者通过人物刻画、关系描绘和情节设定等以故事的形式来讲述,从而达到在听众那里澄清问题、明确方案的目的。但实际上,从政策叙事对象角度来看,政策叙事意义表达的应然功能,并不一定能够产生实际效果,这是因为不同群体对政策叙事意涵认知的再现过程是差异化的。文学叙事理论已经指出并讨论了这种叙事表达的相对性。读者通过文本所提供的描述、话语和表达而在认知当中

---

[1] 拉波特,奥弗林.社会文化人类学的关键概念[M].鲍雯妍,张亚辉,译.2版.北京:华夏出版社,2009:269.
[2] 柯里.后现代叙事理论[M].宁一中,译.北京:北京大学出版社,2003:86.
[3] MCBETH M K, SHANAHAN E A, HATHAWAY P, et al. Buffalo Tales: Interest Group Policy Stories in Greater Yellowstone [J]. Policy Sciences, 2010 (4): 391-409.

建构起"文本真实世界",但这个文本真实世界或者说叙事世界,是读者带着各自不同的经验和期待,对叙事进行多样化的个人理解①。因此,政策叙事的表意相对性,就是社会对于政策叙事解读结果的不确定性,也即叙事意义在叙事主体宣称与叙事对象理解之间出现的偏差。

政策叙事表意相对性,受到了主客观两方面因素的影响。客观方面,政策叙事中语言、符号的使用和理解具有不稳定性和模糊性,使得其内涵变化很难加以控制。②政策叙事所面临的环境往往错综复杂,在这一背景下,政策叙事中的文字用法和语言传统,由于能够传达出意义丰富的信息,被认为超出了人们所能理解和掌控的范围,常导致人们错误判断的出现。③由此,不仅语言自身特点给人们带来理解困境,由语言构成的政策文本、制度规范④等,也会存在由语言带来的一系列问题,包括缺乏清晰度,误解和变化的问题等。政策叙事意思表达的不确定性,也体现在斯通所说作为政治象征手法之一的"歧义性",这种特征会被政策联盟使用,将从某一视角的观察所得作为他们理解的"事实"进而为自身政策立场辩护,在事实缺乏或问题并不显著的时候重视情感的叙事模式更有效。⑤影响政策叙事表意相对性的主观因素,主要是每个政策叙事对象自身阅历和处境的差异,导致他们在认识和理解同一政策时秉持了不同的视角,从而得出不同甚至相反的态度或看法。这方面的例子,突出地表现在不同文化或孩童时期的家庭教育模式对于个体的政策认知影响当中。⑥影响政策叙事表意/意涵的主观和客观因素,一定程度上都加剧了政策叙事表达的不确定性。

(三) 政策叙事的形式

经过对政策叙事概念内涵的剖析和解读,政策叙事的结构和功能已经逐

---

① 马丁.当代叙事学[M].伍晓明,译.北京:北京大学出版社,2005:159.
② MILLER H. Postmodern Public Policy [M]. Albany: State University of New York Press, 2002: 30-31.
③ CAMERER C. Individual Decision Making [M]// KAGEL J. H, ROTH A E. The Handbook of Experimental Economics. Princeton: Princeton University Press, 1995: 600.
④ OSTROM E. Institutional Rational Choice: An Assessment of the Institutional Analysis and Development Framework [M]// SABATIER P A. Theories of the Policy Process. Boulder: Westview Press, 1999: 51.
⑤ STEWART J. Fiction Over Facts: How Competing Narrative Forms Explain Policy in a New Immigration Destination[C]. Sociological Forum. Oxford, UK: Blackwell Publishing Ltd, 2012 (3): 591-616.
⑥ CLEMONS R S, MCBETH M K, KUSKO E. Understanding the Role of Policy Narratives and the Public Policy Arena: Obesity as a Lesson in Public Policy Development [J]. World Medical & Health Policy, 2012 (2): 1-26.

第二章 认识政策叙事：理论基础、内涵体系与现实功能

渐明晰。但是，政策相关主体还需要借助于具体的叙事形式，也即各类叙事工具和手段，以此来进行有效的意义宣称、与其他叙事展开竞争并且实现叙事意图。公共政策虽然被认为蕴含了假象和欺骗等的艺术、是权力要素的"外在形式和表象"[①]，但这种夸张的界定并不否认其内部系统化的过程，包括了从问题界定、政策方案到方案实施、评估和修正等[②]。政策叙事也通过多个方面介入政策全过程当中。

第一，政策问题建构。政策问题是整个政策过程的起点和首要环节，决定着后续政策目标确定、政策方案制定和政策执行的总体方向。公共领域中的社会问题浩如烟海，而只有引发社会秩序失衡和社会关系紧张的社会问题才有可能成为政策问题。社会问题如果要上升为政策问题、进入政策议程，就需要其引发广泛共识和社会关注，以及权威机构的重视。[③] 在此背景下，那些能够最大限度地吸引社会注意力的问题总是会脱颖而出，政策叙事的功能就充分彰显出来了。例如，美国社会长期存在过度肥胖的民众健康问题，对此，美国第一夫人发起了"运动起来"的活动，并在其中引入了儿童健康理念，从而将肥胖问题成功建构成为政策问题。[④] 可以看到，政策叙事不仅可以让人们意识到某项社会问题的存在，也能让人们切实体会到这种问题对自己日常生活的潜在影响，从而引发更为广泛的社会共识。此外，政策叙事的政策问题建构能力，更蕴含于"问题"的定义和构造过程中，本身也包含了对该问题的"解决方案"。[⑤]

第二，社会媒体宣传。政策叙事通过媒体渠道宣传，能够将叙事效果强化至最大范围。虽然传统意义上的媒体宣传只是新闻消息的报告和传递中介，但随着互联网时代发展的日渐深化，社会中信息和知识的生产和占有趋于扁平化，媒体报道和宣传也扮演了公共政策讨论中的支持者或反对者角色。政策叙事推动媒体宣传，可以通过界定媒体宣传的内容、拓展媒体宣传的渠道、提升

---

① 黑尧. 现代国家的政策过程 [M]. 赵成根, 译. 北京：中国青年出版社, 2004：8.
② 萨巴蒂尔. 政策过程理论 [M]. 彭宗超, 钟开斌, 等译. 北京：生活·读书·新知三联书店, 2004：3.
③ 朱春奎. 公共政策学 [M]. 北京：清华大学出版社, 2016：39-40.
④ CLEMONS R S, MCBETH M K, KUSKO E. Understanding the Role of Policy Narratives and the Public Policy Arena: Obesity as a Lesson in Public Policy Development [J]. World Medical & Health Policy, 2012（2）：1-26.
⑤ ATKINSON R. Narratives of Policy: the Construction of Urban Problems and Urban Policy in the Official Discourse of British Government 1968—1998 [J]. Critical Social Policy, 2000（2）：211-232.

媒体宣传的感染力3个方面来实现。政策叙事可以通过规定报道或不报道、报道多或报道少、正面报道或负面报道等方式来影响媒体宣传的内容。在此之下，不同媒体通过对公共政策的成本/受害人、收益/受益人的界定和讨论[①]来表明对特定政策的立场。在渠道方面，媒体宣传的形式日渐丰富，除了传统新闻如媒体报纸、广播和电视等，还包括新型互联网自媒体如贴吧、论坛、微博、公众号等。近年来，网络视频由于其交互强、门槛低、传播快、影响范围广等特点，也日渐被很多政策叙事联盟当作政策叙事的主阵地[②]。叙事在提升媒体宣传的感染力方面，因为故事相较于枯燥无聊的科学事实更易于理解和接受，也具有天然的优势。即使社会事件的发展态势由一个媒体来主导和建构，情绪强大的故事也可以创造出焦点事件。[③]借助于政策叙事推动媒体宣传的强大功能，政策营销[④]等也成为政府政策管理的新兴工具。

第三，开展政策论证。政策论证也是政策议程过程中的必要环节，而政策论证的结果往往为政策方案出台和政策制定提供依据。但是，政策论证过程不是简单的科学推理，政策论证的结果也从来不是唯一确定的。即使相同的社会事实，在不同利害关系方那里的解释也往往截然不同。[⑤]政策论证，往往是多个政策相关团体彼此进行利益博弈和意义竞争的过程。政策叙事正是通过意义宣称与竞争来主导政策论证的。例如，政策叙事往往为政策论证提供相关的证据和事实，并将这些事实通过情节勾连整合成为因果清晰、逻辑顺畅的故事。一项有关美国特许学校（charter school）政策的研究表明，当处于政策争论的条件下，政策叙事提供怀疑或者会带来损害等负面信息时，更能够对人们的政策信念和立场产生影响。[⑥]这意味着，政策叙事可以通过更多地为人们提

---

① MCBETH M K, TOKLE R J, SCHAEFER S. Media Narratives Versus Evidence in Economic Policy Making: The 2008—2009 Financial Crisis [J]. Social Science Quarterly, 2018（2）: 791-806.
② MCBETH M K, SHANAHAN E A, ANDERSON M A, et al. Policy Story or Gory Story? Narrative Policy Framework Analysis of Buffalo Field Campaign's YouTube Videos[J]. Policy & Internet, 2012（3-4）: 159-183.
③ MCBETH M K, LYBECKER D L. The Narrative Policy Framework, Agendas, and Sanctuary Cities: The Construction of a Public Problem [J]. Policy Studies Journal, 2018（4）: 868-893.
④ 谭翀，严强.从"强制灌输"到"政策营销"：转型期中国政策动员模式变迁的趋势与逻辑[J].南京社会科学, 2014（5）: 62-69.
⑤ 邓恩.公共政策分析导论[M].谢明，等译.北京: 中国人民大学出版社, 2011: 50-52, 262.
⑥ ERTAS N. Policy Narratives and Public Opinion Concerning Charter Schools [J]. Politics & Policy, 2015（3）: 426-451.

供负面信息,来达到反对对方政策、宣扬己方主张的目的,从而主导整个政策辩论的方向。对美国持枪政策辩论的叙事分析也指出,面对相同的社会现象,也即桑迪胡克校园枪击惨案,禁枪组织和持枪协会在辩论中分别给出了不同的关于因果关系认知和归因的故事,以求来主导对社会问题的分析。[1]除了提供不同的信息之外,在政策论证过程中,政策叙事对故事核心问题和要素的建构,如谁应该对问题负责、受害群体的哪些权利被威胁、什么才是问题真正的解决方案等,将成为左右政策辩论的关键。

第四,影响政策执行。公共政策在论证和决策出台后,剩下的就是将政策文本或方案付诸实施。但是,这种把计划转为实践的执行活动,并非那么容易按部就班地进行贯彻,也并不能完全实现政策目标。政策执行活动,受到了政策问题特性、政策执行环境、政策执行主体、目标群体特征等因素的影响,使得政策执行偏离计划。[2]正是在这种缺陷的意义上,公共政策的执行活动,其实是一个不断贯彻、修正、再执行甚至否定的往复过程,公共政策被认为是"在执行中建构、在建构中执行"[3],政策执行就是在执行环境、政策受众和执行主体的建构中逐步推进。政策执行的建构性,也是政策执行十分强调特殊情境的原因,他们注重捕捉政策环境、制度环境和微观环境的变化对执行活动的影响。[4]实践中,Yanow 关于以色列的一个社会与教育组织的研究指出,这些社会团体在落实政府政策过程中,通过组织机构的名称、语言和行动等这些符号来展现社会价值,实现了将政策的含义与意图传达给民众。[5]政策的有效落实,是因为政策执行过程中的叙事,使得政策意义得到了政策参与各方的接受、理解和共享,并由此为政策执行创造了一个价值得到认同的环境。此外,针对政策执行失败进行的审查和追责机制,也会在政府组织内部盛行的"政治-行政"二分叙事下而成为逃脱责任的托词。[6]

---

[1] SMITH-WALTER A, PETERSON H L, JONES M D, et al. Gun Stories: How Evidence Shapes Firearm Policy in the United States [J]. Politics & Policy, 2016(6): 1053-1088.
[2] 豪利特,拉米什.公共政策研究:政策循环与政策子系统[M].庞诗,等译.北京:生活·读书·新知三联书店,2006:267-270.
[3] 希尔,休普.执行公共政策[M].黄健荣,等译.北京:商务印书馆,2011:9.
[4] 希尔,休普.执行公共政策[M].黄健荣,等译.北京:商务印书馆,2011:248-251.
[5] YANOW D. The Communication of Policy Meanings: Implementation as Interpretation and Text [J]. Policy Sciences, 1993(1): 41-61.
[6] TEREFE D. Assessment of the Causes for Policy-Implementation Narratives in Ethiopia: The Case of Selected Public Institutions [J]. Public Policy and Administration Research, 2018(10): 1-16.

第五，主导政策评估。除了政策方案制定出台、政策贯彻落实，公共政策过程的另一个重要组成部分就是政策评估。政策评估，是用以确定政策方案和执行活动是否达到了政策目标。政策评估活动，可由政府自己开展，也可以由社会组织和新闻媒体等主体开展。政策子系统或社会公众为了"表明对政策支持、反对或改变"[①]的主张，也会着手评估政策执行及效果。就政策评估的结果而言，不仅包括客观的实际可测效果，也包括了"象征性"效果，后者常常是间接的政策影响而非直接的政策产出，包括政策实施后人们的总体感觉，如感觉是否增加收益、是否提升幸福程度。因此，政策评估的结果也具有不确定性。这些针对公共政策的评估结果，涉及给政策"定性"，也即决定某项政策是成功了还是失败了、是继续执行还是修正后执行抑或彻底废止等事项。当前，象征性政策效果由于其直观性和亲民性，对政策评估而言更为重要也更受民众理解，也即不论政策的实际效果如何，民众更关心也更愿意看到政府的决心意图。在此背景下，政府通过叙说或讲述政策意图，展示政策的象征性效果，对公众政策认知和态度而言更为重要。[②]在政策评估当中引入政策叙事方法，能够有效挖掘数据、图表之外的有关政策实施良好与否的关键信息，从而成功规避那种由于政策执行机构为了实现上级任务而仅在政策指标上做文章的现象。一项关于欧盟社区基础设施政策评估的研究指出，政策评估员的作用应该是将数据（包括当地行动者的故事）置于可理解的社会叙事之中，从而发挥叙事在政策评估中的作用，从而确保政策实施真正有助于确保人们福利的提升和自由选择权。[③]

三、政策叙事的现实功能

现代国家的公共政策，根本而言，就是国家"决定要做的事情"[④]。国家作为公共权力的拥有者，同时也是公共政策的制定者，要对各种社会事务进行治

---

① 豪利特，拉米什. 公共政策研究：政策循环与政策子系统[M]. 庞诗，等译. 北京：生活·读书·新知三联书店，2006：291.
② 戴伊. 理解公共政策[M]. 彭勃，等译. 北京：华夏出版社，2004：287.
③ HODGETT S, DENEULIN S. On the Use of Narratives for Assessing Development Policy[J]. Public Administration, 2009（1）：65-79.
④ 黑尧. 现代国家的政策过程[M]. 赵成根，译. 北京：中国青年出版社，2004：15.

理，这就需要制定和运用公共政策。国家不仅会制定和执行公共政策，还需要在政策过程中进行政策叙事，扮演政策叙事主体的角色。政策叙事作为一种隐蔽的意义生产与传递过程，在现代国家建设当中发挥了重要作用，对理解政策过程、社会治理和国家发展中叙事要素及其功能而言，具有重要意义。

（一）建构集体记忆

政策叙事的历史承接性，使得政策叙事往往会囊括某些历史宏大叙事，如既有的民族叙事、文化叙事和国家意识形态叙事，甚至上一个历史时期的政策叙事等。正如康纳顿所言，"所有开头都包含回忆因素"[①]，政策叙事中的故事或讲述活动不可能"无中生有"，即使是批判和抛却过往的故事，也需要描述和建构一个有着某种特征的"过去"，进而与过去的某段历史形成更替关系。这种"具有身份认同的鲜活群体对过去的、被赋予神奇化的经历"[②]的回忆及其总和，就被称作集体回忆。政策叙事作为意义生产的过程，通过对过往的事件、社会或历史的再解读，来重新赋予历史以意义，这种对社会记忆的建构是叙事实现自身功能的重要方式之一。由于个体往往处于特定群体和社会当中、其记忆和叙事具有集体性，因此，政策叙事对于过去历史的回顾具有建构集体记忆的特征。政策叙事中的故事，通过对过往发生事情或历史的梳理来唤起人们心中的记忆。这种记忆不仅是某个人的，更是集体和社会的。政策叙事再现集体记忆包括3种方式，即重温集体历史、塑造集体身份和嵌入集体规范价值。

首先，政策叙事能够帮助人们"重温"集体历史。人们想要废除旧制度、展开特定仪式并确立新制度，总是需要反过来回忆那些目前已存在制度的仪式。正如只有按照国王登基仪式来将其送上"断头台"，帝制才能得以被革命摧毁而非仅有的"王朝更替"。[③]这意味着，改革一般都需要回顾和重温那些过去已经发生了的历史，尤其是那些人们所处于的集体共同经历的事情和记忆。但是，历史和"过去"在人们的记忆当中，总是存在着一定的模糊性。在人们的回忆当中，关于"过去"发生了什么事情、没有发生什么事情、事情有哪些细节，很难进行详细和清晰的描述。与此同时，人们在回忆时不仅仅是捡拾历史记忆当中零星片语的事件，还需要"阅读或听人讲述……这种记忆才能

---

① 康纳顿.社会如何记忆[M].纳日碧力戈，译.上海：上海人民出版社，2000：1.
② 沈坚.记忆与历史的博弈：法国记忆史的建构[J].中国社会科学，2010（3）：205-219.
③ 康纳顿.社会如何记忆[M].纳日碧力戈，译.上海：上海人民出版社，2000：6.

被间接激发出来"[1]。因此,政策叙事就能够通过人们所共有的经历或故事及讲述中所描述的特定情境,来重新演绎过去,将具体的历史脉络再次呈现给人们。历史和人们的集体记忆,也在这种重温过程中为政策叙事所建构。而这种被建构起来的集体记忆中的历史再现过程,其实也投射出了权力关系[2],因为政策叙事对过往历史和记忆的"重温"过程,既可以肯定或强化历史当中的某些内容,也可以否定或抹去某些内容。不同的过往经历和历史,也会催生出不一样的"集体记忆"。[3]

其次,政策叙事能够帮助人们塑造自己的集体身份。政策叙事在重温集体的过去或历史的过程中,也确立起来一个"集体"的观念。这个"集体"的观念,在唤起对过往经历回忆的同时,也将进一步明确"我们"是谁,"我们"共同归属于什么群体。集体记忆能够确立集体身份,后者也即集体成员的属性标识,群体当中个人的角色、地位和资格等;而同时,集体身份则强化集体成员的自我认同。在此基础之上,"我群"与"他群"才能得以区分并不断内化或强化[4]。上述由集体记忆唤醒到集体身份认同的转化,往往需要借助于"外在的、社会为他确立的参考点"[5]才能完成。政策叙事则可以通过讲述集体过去所经历的故事,这些故事既有曾经取得的辉煌成就、也有受过的苦难和压迫,来帮助人们确立和强化对集体身份的自我内部认同。政策叙事由于在讲述的历史演进中建构起了因果机制,所以能够在我们目前的处境和过去的经历之间建立起认知纽带。正因如此,政策叙事常被运用于现代国家建设。例如,在国家成立初期,关于建国的神话更多地包含了集体创伤、苦难遭遇等,从而在集体成员的意识中留下特殊印记[6]。此外,实践中也衍生出了其他确立集体身份的政策叙事,如"忆苦思甜"促进人们形成对旧社会受害者和新社会主人的象征性认同。

最后,政策叙事能够实现集体价值的有效嵌入。对意义或价值的寻求,是集体记忆的重要基础和内在逻辑之一。只有在集体记忆当中发现特定意义或价值,人们才有必要和动力来回忆集体历史。个体也只有通过找到自身

---

[1] 哈布瓦赫.论集体记忆[M].毕然,郭金华,译.上海:上海人民出版社,2002:43.
[2] 王汉生,刘亚秋.社会记忆及其建构一项关于知青集体记忆的研究[J].社会,2006(3):46-68.
[3] 陈孔立.台湾历史的集体记忆与民众的复杂心态[J].台湾研究集刊,2003(3):1-8.
[4] 赵晔琴.身份建构逻辑与群体性差异的表征:基于巴黎东北新移民的实证调查[J].社会学研究,2013(6):193-214.
[5] 沈坚.记忆与历史的博弈:法国记忆史的建构[J].中国社会科学,2010(3):205-219.
[6] 高蕊.记忆中的伤痛:阶级建构逻辑下的集体认同与抗战叙事[J].社会,2015(3):67-94.

在社会生活中位置,寻求在社会关系中的赞誉和认可,才会获得对身份的认同。[1] 在历史故事的讲述过程中,通过保留某些内容、剔除其他细节,实现对集体历史的重述和集体记忆的唤起,集体价值也能得以彰显。这也与政策叙事的目的相契合,后者的目的就是生产和传递意义,重新将那些已经发生且杂乱无章的事件组合起来。一方面,保留和剔除历史当中的某些事件本来就带有元叙事色彩,也即强调或忽略某些事件背后的价值观或假设[2];另一方面,政策叙事就是为了特定的目的、因果和意义而出现,经过故事(包括已经发生的事件、历史环境等)的讲述,故事的潜在寓意及其内在价值会融入叙事对象的理解和接受当中。

(二)助推社会动员

政策叙事的目的虽然是生产和传递意义,但是,实践层面生产和传递意义的实现方式,或者说人们如何展开政策叙事,往往影响着其功能的发挥。在这一方面,有关政策叙事策略或手段的研究已经积累了很多成果。从已有研究来看,这些旨在巩固和强化自身政策信念的叙事策略,除文学修辞手法的运用之外,还包括了识别败者和胜者、重新计算政策成本和收益、使用替罪羊等,其目标就是要对社会问题及其症结进行重新界定,或者扩大政策冲突范围或者限制政策冲突范围。[3] 因此,可以看到,处于不确定性和争论当中的政策叙事,总是会使用这样或那样的手段来利用民众情绪,积极地说服民众或激发社会不满,为了自身目标而扩大或巩固自身的价值影响。当然,政策叙事作为一种工具,也是会起到促进彼此交流和沟通的作用。这意味着,政策行为者使用叙述来帮助他们实现目标,沟通问题和解决方案;公民利用叙事将他们的偏好传达给政策精英。[4]

政策叙事不仅有着与社会动员类似的目标和路径,同时,也发挥了"动员"社会的功能。社会动员又被称作社会发动,是持续性社会因素影响下人们的价值观和态度发生转变的过程。[5] 社会动员有着明确的目标,或者是服务

---

[1] 王汉生,刘亚秋.社会记忆及其建构—一项关于知青集体记忆的研究[J].社会,2006(3):46-68.
[2] ROE E. Narrative Policy Analysis Theory and Practice [M]. Durham: Duke University Press, 1994: 3-6.
[3] MCBETH M K, SHANAHAN E A, ARNELL R, et al. The Intersection of Narrative Policy Analysis and Policy Change Theory [J]. Policy Studies Journal, 2007 (1): 87-108.
[4] CROW D, JONES M D. Narratives as Tools for Influencing Policy Change [J]. Policy & Politics, 2018 (2): 217-234.
[5] 郑永廷.论现代社会的社会动员[J].中山大学学报(社会科学版),2000(2):21-27.

于争取革命人员、激发斗争竞争的目的，或者是为国家发展战略和社会事业宣传、让更多人理解和支持特定组织行为的目的。同时，在社会动员过程中，动员主体会采取尽可能多的方式和手段来说服动员对象，既包括为获取民众支持热情的正面宣传倡导，也包括为激发社会反对而实行的负面揭露。社会动员的形式，既包括政府主导的革命式动员、命令式动员、运动式动员、组织化动员，也包括非政府主导的媒体动员、社会参与动员等。当然，社会动员的形式也并不固定，其背后的选择逻辑会随着社会发展而变化。例如，政府为了实现国家治理的目标，其社会动员的主要特征就是通过遍布社会中的各类组织进行动员[①]，革命战争时期的社会动员，更多强调反对外来侵略、争取民族独立，而且，只有政府力量介入之后社会动员才能有效；在社会改良和生产恢复初期，则需要激发群众参与运动的热情；在经济社会发展时期，经济利益的动员可能更为有效。[②]

  政策叙事不仅与社会动员有着共同之处，也能够在政策过程的实践中促进社会动员。正如社会动员既有政府官方主导型也有社会自发型，政策叙事在进行叙事动员过程中，政府和社会组织都可以围绕自己的主张，通过讲故事的形式进行叙事动员。政策行为者使用叙述来帮助他们实现政府目标，积极促成对社会问题的沟通、协商与合作，以及政策解决方案出台；社会民众则利用政策叙事，表达他们的利益诉求，并将群体偏好传达给政策精英。[③]就我国而言，政策叙事也十分常见，政府往往利用政策叙事来推进和"润滑"政策过程，让反对者理解，让不知情者更加支持政策。例如，当需要推进某些地方性"工程"时，政府会对政策方案进行包装、宣传和推销，通过故事讲述和关系阐释的政策叙事方式，"兜售"政府发展规划"蓝图"给特定群体。即便是会改变他们以往生活方式的移民政策，在"增收致富"的叙事激励下，民众也会乐于接受。[④]此外，政策叙事在促进社会动员方面的一个重要形式就是"政策营销"，也即采用市场营销的策略，以更符合民众真实需求的方式争取社会接纳的过程，进而促成人们更好地遵守和落实政策。[⑤]政府通过利用机

[①] 孙立平等.动员与参与：第三部门募捐机制个案研究[M].杭州：浙江人民出版社，1999：62.
[②] 刘一皋.社会动员形式的历史反视[J].战略与管理，1999（4）：82-89.
[③] CROW D, JONES M D. Narratives as Tools for Influencing Policy Change [J]. Policy & Politics, 2018（2）：217-234.
[④] 荀丽丽，包智明.政府动员型环境政策及其地方实践：关于内蒙古S旗生态移民的社会学分析[J].中国社会科学，2007（5）：114-128.
[⑤] 谭翀."政策营销"：源流、概念、模式与局限[J].中国行政管理，2013（12）：28-32.

遇和风险分析、制定有效的价格、诱因与惩罚等,来塑造政府形象和政策效果。有经验研究也指出,地方政府通过将垃圾看作"放错地方的资源"、将"垃圾分类"界定为无公害的"系统性工程",实现了政策的成功营销和有效的全社会动员。[1] 当然,政策叙事的这种社会动员功能,在实践中其实是"调试性"而非绝对性的,受到行政控制强弱程度和社会关系紧密度等的影响[2],通过政策叙事进行动员或营销,本身作为一种元叙事而存在,也需要依据特定情境和对象。

(三) 凝聚政策认同

由于政策现实本身具有不确定性和相对性[3],在这一背景下,人们对政策现实的理解并不固定、也不唯一。由于受到个体思想的意向性和情境性的影响,个体认知过程多是以叙事的方式组织起来的,也即孤立的客观数据和事实对人们而言无法被理解,而需要通过叙事组织来表达特定的意义。正因如此,对于特定政策事实的认知、理解和态度是弹性的和可塑的,即便是面对相同的政策事实,人们的政策认知也会出现差异。而且,人们以叙事的方式理解自我、他人与社会的过程,也是在历史、社会和国家叙事之下进行的。因而,政策叙事在塑造政策认知上,也有着坚实的理论基础。政策叙事对社会公众的认知影响,已经得到了许多经验研究的证实,这一点也已经在前文进行了讨论。

在政策认知的基础之上,政策认同,是指公众对公共政策产生的一种感情和情感归属感,从而将自己与特定政策联系而与其他政策区分开的意识。[4] 政策认同属于一种正向且积极的政策认知和情感体验,是对特定政策持赞成、认可的态度倾向。政策认同对于国家改革、社会治理具有重要的意义,其作为政治认同的一部分内容,能够促进公众对国家治理政策从理解到认可乃至最终服从和支持的转变。政策认同,在社会危机[5]、抗争行为[6]治理过程中的作用尤

---

[1] 陈晓运,张婷婷. 地方政府的政策营销:以广州市垃圾分类为例 [J]. 公共行政评论, 2015 (6): 134-153.

[2] 王诗宗,杨帆. 基层政策执行中的调适性社会动员:行政控制与多元参与 [J]. 中国社会科学, 2018 (11): 135-155.

[3] ROE E. Narrative Policy Analysis Theory and Practice [M]. Durham: Duke University Press, 1994: 2.

[4] 陈潭. 政策动员、政策认同与信任政治:以中国人事档案制度的推行为考察对象 [J]. 南京社会科学, 2006 (5): 65-71.

[5] 蔡志强. 认同、信任和宽容:危机治理的重要社会资本 [J]. 科学社会主义, 2006 (5): 98-100.

[6] 彭正德. 新中国成立以来农民政治认同的研究述评 [J]. 政治学研究, 2010 (1): 117-125.

其明显。由于政策认同一定程度上是价值观的认可，所以基于这种价值观一致之上的政治生态，会对政治说服、政治沟通产生显著的中介效应。[①] 这种努力说服公众并旨在寻求社会支持和服从的方式，也符合政策叙事的基本要义和目标诉求。政策认同所产生的认知和情感，首先与政策对象体验或所接收到的信息有关。信息被认为具有建构的作用，信息的变化带来问题的重构，在不同的内容信息下，"虽然人们的偏好没有发生转变，但选择却会发生变化"[②]。虽然接收同样的信息并不确保政策认知的一致性，但信息输入的不同会给人们带来不同的认知与体验。其次，政策认同与否，还取决于政策的制定主体和执行主体与政策对象之间的关系，尤其是后者对前者的信任。即使政策制定者和执行者对社会"开诚布公"，提供了全面而充分的信息数据，但是，公众对这些信息来源和信息本身不信任，或者存在认知偏见、情感抵制等，也会导致政策不认同。因此，丁煌曾明确指出，政策目标群体对政策执行者是否信任及信任程度，决定了公众对政策的认同程度[③]。

政策叙事在凝聚社会认同方面，有着自身独特的优势和方法。政策叙事在构建有关政策问题的故事方面，本就需要对信息进行筛选和重新组合，挑选那些符合叙事寓意的故事背景、故事人物和故事情节进行"编排"。按照叙事的逻辑组织和安排客观数据，而非枯燥无聊、难辨真伪的事实描述，会让本来就依靠叙事进行社会认知的我们——"叙事人"——更易于接受和理解。而且，政策需要倡导价值和意义，以在叙事过程中以更加顺畅且悄无声息的方式融入政策叙事内部。通过提出我们现在面临何种危机、哪些群体需要救助、我们该如何应对危机及某项政策方案的有效性如何等问题和方案，政策叙事能够让人们在切身体会之后也将对政策在认知上更加理解、情感上易于接受，从而形成认同。

此外，需要注意的是，除了社会对于政府政策的认同与否，政府组织机构内部横向部门之间或者纵向层级间，也涉及彼此认同的问题。政策叙事同样在这一方面能够发挥自身优势。在政策叙事建构叙事寓意、进行意义和价

---

① 郑建君.政治沟通在政治认同与国家稳定关系中的作用：基于6159名中国被试的中介效应分析[J].政治学研究，2015（1）：86-103.
② 王家峰.认真对待民主治理中的注意力：评《再思民主政治中的决策制定：注意力、选择和公共政策》[J].公共行政评论，2013（5）：144-154.
③ 丁煌.浅谈政策有效执行的信任基础[J].理论探讨，2003（5）：91-93.

值生产的过程中，原本就赞同和认可这一政策主张的联盟，其内部关系能够得到有效巩固。同时，通过对自身故事的讲述，还能帮助其他政策主体进行理解和学习，扩大政策认同的范围，从而起到"模范""带动"等作用。这些"典型"[1]"示范点"[2]在我国国家治理及政策制定和执行过程中发挥了重要作用。当然，政策叙事不仅仅在横向政府关系之间，政府内部上下层之间也会存在争取"政策认同"的行为。基层政府在落实上级项目过程中，会通过对项目的抓包[3]、再包装和政绩化[4]，来争取上级财政的认可和扶持。这种争取政策认同的行为有时是为了组织内部动员，但是，其对基层真实情况的虚假宣传或隐瞒及组织行动和效率具有负面作用。

（四）提升政府合法性

政策叙事不像意识形态那样直接进行劝告和规训，它可以通过故事讲述或描述来表达意义。政策叙事的这种隐蔽性特点，并没有削弱其意义生产和传达的效果，反而强化了其在构筑叙事自身合法性方面的能力。所谓合法性，一般被人们认为是公民对政治权力的认可或服从态度，它不仅要求公权力对自身约束和义务的承诺，也强调公权力遵从并促进为社会所广泛认可的基本价值。[5]这意味着权力的合法性，需要不断寻求那些社会公认的价值或者意义，如封建主义社会的伦理纲常、宗教信念，或资本主义社会的自由权利和经济利益等。对政府而言，合法性就是政府在民众认可的基础上实施统治的正当性，而违背上述的承诺义务或者与社会价值相背离，都会带来政府合法性的丧失。构成这些民众的认可或服从或者说正当性基础的，一般包括不同看法，如韦伯认为包括了个人魅力、传统观念和规则法理3个方面，更进一步地总结除了意识形态和制度规则，还包括有效性或政绩合法性[6]。除上述经验主义的归纳之外，哈贝马斯认为还有一类"规范内容的合法性"不会随社会境况发展而变

---

[1] 冯仕政.典型：一个政治社会学的研究 [J].学海，2003（3）：124-128.
[2] 叶敏，熊万胜."示范"：中国式政策执行的一种核心机制——以 XZ 区的新农村建设过程为例 [J].公共管理学报，2013（4）：15-25.
[3] 折晓叶，陈婴婴.项目制的分级运作机制和治理逻辑：对"项目进村"案例的社会学分析 [J].中国社会科学，2011（4）：126-148.
[4] 冯猛.后农业税费时代乡镇政府的项目包装行为 以东北特拉河镇为例 [J].社会，2009（4）：59-78.
[5] 思古德，王雪梅.什么是政治的合法性？[J].外国法译评，1997（2）：12-19.
[6] 倪星.政府合法性基础的现代转型与政绩追求 [J].中山大学学报（社会科学版），2006（4）：81-87.

化，如善、美德、正义和自然权利等，在此基础之上他强调，合法性要求政治秩序能够与特定规范体系或者时代背景下的价值相容，只要人们接受这种规范或价值体系。① 因此，合法性最重要的就是建构并努力契合某种特定价值规范体系。换句话说，由命令和服从构成的社会系统存在，都取决于它是否有能力建立和培养对其存在意义的普遍信念。②

政策叙事，可以通过"寓意于事"的方式有效提升政府合法性。政策叙事不仅可以对经验中的意义和价值进行宣传，更能够建构起合法性所需要的价值规范，因此，在建构合法性方面有着多种途径。

一方面，政策叙事以故事的形式对政策进行阐释，可以帮助人们理解政策本质意图和内涵，从而完成意义和价值的传递过程。这种阐释，既可以是将一般常识通过更易于理解的方式讲述出来的"故事化"，也可以是通过"故事化"的阐释进而得出"异于"常识的认知。政策叙事有助于将某些社会问题界定为发展机遇，从而为政策出台和推行提供合法化依据。例如，通过讲述一个城市中垃圾循环利用的故事，将垃圾描述为一种潜在资源、将"垃圾分类"当作"资源开发"的一个环节，从而有效地进行了政策营销。③ 但是，不同政策叙事的阐释和理解，也会引发排斥和冲突，从而加剧政策问题的严峻程度，使得所有的政策方案都受到合法性质询。例如，对美国"大黄石"地区政策争论的分析指出，不同政策相关群体，有的将地区环保政策界定为国家层面的环保事务，有的则界定为地方公共事务，结果就促成了政策价值层面难以化解的僵局。④ 另一方面，政策叙事也能够建构起合法性所需要的价值规范。叙事往往能隐藏自身目的，而使得合法化的过程更加难以让人察觉，正如奥利塔指出"支配社会关系的体制……也需要使自身合法化"⑤，制造出关于自身地位的合法化陈述就是元叙事，元叙事能够塑造出一些基本社会价值作为自身合法的基础。此外，元叙事还体现在对集体记忆的构筑上，康纳顿就指出，通过信息处理来组织集体记忆，能够控制和拥有信息，直接影响到

---

① 哈贝马斯.交往与社会进化[M].张博树，译.重庆：重庆出版社，1989：208-212.
② 白钢，林广华.论政治的合法性原理[J].天津社会科学，2002（4）：42-51.
③ 陈晓运，张婷婷.地方政府的政策营销：以广州市垃圾分类为例[J].公共行政评论，2015（6）：134-153.
④ MCBETH M K, SHANAHAN E A. Public Opinion for Sale: The Role of Policy Marketers in Greater Yellowstone Policy Conflict [J]. Policy Sciences, 2004 (3-4): 319-338.
⑤ 利奥塔尔.后现代状态：关于知识的报告[M].车槿山，译.南京：南京大学出版社，2011：4.

合法性。①集体记忆当中留存着许多基本价值规范及塑造我们今天看待问题角度的价值框架。例如,国家在农业合作化时期,以倡导集体活动、生活和价值观来进行集体化叙事,通过教歌、识字、检查卫生等集体活动把农民组织起来,将农村生产劳动和生活集体化,也重构了农民关于集体化时期的认知和回忆过程。②

---

① 康纳顿.社会如何记忆[M].纳日碧力戈,译.上海:上海人民出版社,2000:导论第1页.
② 郭于华.心灵的集体化:陕北骥村农业合作化的女性记忆[J].中国社会科学,2003(4):79-92.

第三章 政策变迁中政策叙事的分析框架

在对叙事理论演进和政策叙事内涵体系进行系统介绍之后，什么是叙事、政策叙事由哪些因素构成，以及政策叙事一般有哪些作用等问题基本得到了回答。前章已经指出，叙事在个体层，能够通过作者的"叙事化"过程，将故事寓意融入人们的认知和生活体悟当中；在政策层面，叙事也可以通过领导人讲话、官方披露等一些形式，将背景、主角、行动和情节等要素组合起来，实现意图传达的目的。在这一章里，我们将更进一步地探析，政策过程中的叙事要素如何整合起来并发挥作用、政策叙事在政策过程或变迁中的作用机理和基本结构是什么，对这些问题的回答，有助于人们更好地理解叙事在政策过程中的角色与功能。在此基础之上，本章尝试通过对政策共识的引入，将政策叙事理解为指向政策共识的过程，着重解释了政策叙事实现政策共识的路径，并构筑起一个关于政策变迁的叙事分析框架。政策叙事分析框架将为人们构筑起看待政策问题的"透镜"，人们通过这个"透镜"能够更加清晰地看到我们关于政策事实的认知是如何建立起来的、这些认知又是如何汇聚成政策共识的。

一、构筑政策共识：政策叙事的内在意蕴

政策叙事虽然目的在于意义的生产与传递，但根本而言是要让人们认可和支持政策叙事的内容，以就目前政策现状、政策问题、核心原因和解决方案，得到一致的看法和态度，也即形成政策共识。现实中的政策冲突或混乱局面，往往是由于差异化的政策叙事彼此对立而形成的。在政策叙事冲突中，政府和社会对政策事实的叙事和理解出现分化，社会行动者认知和行为缺乏统一的依据，导致政治行动者之间立场对立和彼此交流的困难。[1] 因此，政策叙事在推动广泛的政策共识形成与造成严重的政策分歧方面，都扮演着重要角色。

---

[1] ROBERTS M. Communication Breakdown: Understanding the Role of Policy Narratives in Political Conflict and Consensus [J]. Critical Policy Studies, 2018 (1): 82-102.

本节将对政策叙事的共识内涵进行阐释，并探究为何政策叙事能够实现政策共识。

（一）传统的政策共识：议程控制与社会参与

1. 作为过程与结果的政策共识

共识（consensus），从字面理解，是指共同享有一致性的认识。对于共识，不同学者给出了各自的理解。Thomas Payne 认为，至少存在着关于共识的 3 种含义，分别是：一种依赖于妥协并且寻求对相互冲突利益进行协调的政治运作方法（method）；对于社会中被接受的基本原则规范和信念体系的认可，或者对主导公共政策议题的观点或看法的同意（agreement）；利益群体讨价还价、竞争博弈所形成的均衡状态（equilibrium）。① 在这里，那种认为共识是一种政治运作方法的观点，其实就是把实现共识的过程看作西方政治体制的运作过程，也即通过参与和讨论来影响决策②，从而协调利益冲突。第二种含义下的共识是萨托利所谓的政策共识③，也即对具体的政府行为或公共政策的共识。萨托利对政策共识的内涵进行界定，他将共识的对象区分为 3 个层面，包括关于价值信念或共同体共识，关于程序或规则的政体共识，以及对政府或政策的共识。如果只要对终极信念或价值信条统治形式不持异议或反对，仅仅对统治者或政策有不同意见，只能算是"异见的共识"，就是政策共识。③ 因此，只有那些有关公共机构事务、公共社会事务的政府行为，才能算作在政策共识范围之内。

鉴于政策共识的范围已经被学者界定清楚，就是围绕公共事务的支持和赞同、抵制和反对的活动。那么，政策共识究竟是关于什么的共识呢？正如 Payne 鞭辟入里的分析，政策共识不仅被看作一种围绕特定政策议题进行的辩论或协商等政治运作过程，也被看作政策相关主体对特定政策内容的认可与同意的结果或状态。

那些将政策共识当作一种政治运作过程的学者，更多在思考和追问政策共识究竟是何种的过程，例如，是"在什么阶段"展开的过程、包括了"哪些

---

① PAYNE T. The Role of Consensus [J]. The Western Political Quarterly, 1965（3）: 21-31.
② 科恩. 论民主 [M]. 聂崇信, 朱秀贤, 译. 北京: 商务印书馆, 1988: 10.
③ 萨托利. 民主新论 [M]. 冯克利, 阎克文, 译. 北京: 东方出版社, 1998: 101-103.

具体操作形式"。有关共识建构（consensus building）的研究较为重视任何一种共识的建构过程。他们一般认为，政策共识就是政策参与者寻找那些普遍获得认可方案的过程。① 因此，在他们看来，政策共识需要关注"政策输入"阶段，通过利用争议解决工具来寻求利益群体间的一致性意见，并聚焦于那些能够辅助政策决策的内容体系，而不是局限在各种方案的争论上。这种努力建立政策共识的过程，不仅有助于集体行动和政策方案的制定，还将提升组织自身的试验、学习和变革能力，并由此建构和强化组织内部更加广泛且被共享的意义。② 在这一过程中，政策参与者，如技术专家、社会组织和普通民众等，对于寻求政策共识而言非常重要，那些突破既有框架束缚和解决政策冲突的创新方法，很多实际上是通过参与者发挥作用的角色扮演来实现的。③ 这意味着，决策之前要重视讨论问题的过程，"而不是简单地进行投票或利用……投票规则"④。就中国的现状来看，实现政策共识的渠道有很多种，包括圈阅批示、召开会议、成立协调或领导小组、举行政策听证会等。⑤ 此外，我国政策共识还需要公共部门不同系统间在政策制定过程中彼此配合，他们都成为政策参与者。例如，政府、人大和政协等不同系统间的合作协商，将有助于化解分歧达成共识⑥。

同时，政策共识也作为一种社会合意状态而存在。虽然萨托利认为事实并不存在每个人的主动同意，但其实在一定范围内人们还是能够达成并取得合意结果的。这就涉及，如果不是旨在实现全体一致同意，那么政策共识需要在多大范围上和什么程度上获得人们认可，或者说政策共识的有效性程度。关于这一问题的探讨，本身就是一种努力寻求共识的过程。正如沃伦所指出的，"法律和制裁为集体行动提供的手段是有限的"⑦，人们的集体行动是否成

---

① GREGORY R, MCDANIELS T, FIELDS D. Decision Aiding, not Dispute Resolution: Creating Insights Through Structured Environmental Decisions [J]. Journal of Policy Analysis and Management: The Journal of the Association for Public Policy Analysis and Management, 2001 (3): 415-432.
② INNES J E, BOOHER D E. Consensus Building and Complex Adaptive Systems: A Framework for Evaluating Collaborative Planning [J]. Journal of the American Planning Association, 1999 (4): 412-423.
③ INNES J E, BOOHER D E. Consensus Building as Role Playing and Bricolage: Toward a Theory of Collaborative Planning [J]. Journal of the American Planning Association, 1999 (1): 9-26.
④ 费伦. 作为讨论的协商 [A]. 陈家刚. 协商民主 [C]. 上海：上海三联书店, 2004：1.
⑤ 陈玲. 制度、精英与共识：寻求中国政策过程的解释框架 [M]. 北京：清华大学出版社, 2011：46-48.
⑥ 肖棣文, 姜逾婧, 朱亚鹏. 如何形成政策共识：社会政策立法过程中的协商政治——以南方省残疾儿童保护政策立法为例 [J]. 政治学研究, 2016 (2): 108-120.
⑦ 沃伦. 民主与信任 [M]. 吴辉, 译. 北京：华夏出版社, 2004：14.

功,取决于参与者的意愿、理解、利益及信任。就取得政策共识的范围而言,传统政策共识往往采取少数服从多数的方式,隐含着公共权力的强制性特征。关于共识的范围,现代国家政策不再强调简单"多数人压倒少数人"的原则和结果,多元社会当中少数人的平等权利和实际利益也需要被考虑。在政策共识的内容方面,直觉告诉我们,虽然政策共识意味着大多数人承认和赞同,但并不是所有的具体性要求都是能够被接受的,往往在这些具体要求背后的利益更加重要。① 除此之外,达尔在对民主过程的讨论中指出,需要有一套关于群体决策的规则标准以确保达成共识,这一标准包括了同等有效的参与机会、同等有效的投票机会、关于政策及其可能后果的知情权和多数人应当享有的公民权等。② 因此,政策共识不仅是一种互动与妥协的过程,更是最大范围内民众同意的结果。那么,达成政策共识依据的是何种规则呢,是按照精英决定还是多数原则来实现共识?对于这个问题,精英主义和多元主义给出了不同的回答。

2. 精英主义视角下的政策共识

精英主义将"精英"这一群体看作社会发展与进步的关键力量。他们认为,国家是由那些数量上占少数但行使着社会职能的精英群体统治着的,政策共识也由精英群体主导和掌控,整个社会的结构,呈现出精英统治阶级和普通被统治阶级的分离。不论情愿与否,现实的情况使我们必须承认这样的社会事实,那就是所有人都需要服从那些拥有公共事务管理权的少数,否则社会将难以为继,"所有组织以及整个社会结构都会毁灭"③。不论是技术层面还是机制层面,直接民主要实现全社会的共识被认为都是不可能的。④ 因此,为了某些社会事务达成共识,正如霍布斯所假设的,我们需要让渡出一部分权力,这部分权力就是由精英群体掌握,并由他们来进行国家治理。精英主义不仅在现实的社会管理层面具有存在的意义,更在民主的操作层面具有正当性。萨托利

---

① SUSSKIND L. A Short Guide to Consensus Building [A]. SUSSKIND L, MCKEARNEN S, THOMAS-LAMAR J. The Consensus Building Handbook: A Comprehensive Guide to Reaching Sgreement [C]. London: Sage Publications, 1999: 3-57.
② 达尔. 论民主 [M]. 李柏光, 林孟, 译. 北京: 商务印书馆, 1999: 41-43.
③ 莫斯卡. 统治阶级 [M]. 贾鹤鹏, 译. 南京: 译林出版社, 2002: 98.
④ 米歇尔斯. 寡头统治铁律: 现代民主制度中的政党社会学 [M]. 任军锋, 等译. 天津: 天津人民出版社, 2003: 19.

指出，巨型的民主政治体制、独立性匮乏的公众舆论和阿罗"投票悖论"等一系列民主制度中棘手的难题，都强化了精英主义政治的有效性而削弱了民主的基础，那种打算培育良好公民的企图，每次都将"人民主权从尚能使其保持判断力和理智的地方，赶到使它失去这种能力的地方"[①]。无效民主所催生出的民粹主义，有着破坏民主质量和有效性的潜力。因此，精英主义在达成社会共识、实现有效治理方面有着自身优势，依靠有效的意识形态宣传、基于科学的政策论证、公共权力内部团结，以及社会互动共识等手段来实现控制。

一方面，精英可以通过意识形态宣传和基于科学的政策论证，来取得民众情感态度和理性的支持。无论何种统治形式，都无法脱离来自被统治者的认可，精英群体通过增进社会对自身及制度的信任，能够夯实统治和被统治阶级彼此间的共享利益，帮助个体从认知上减轻外在不确定和危险，进而"放弃影响决策的机会"[②]。首先，意识形态宣传的过程，不仅包括社会基本价值信念和意识形态的建立、倡导与宣传，也包括从多方面树立起自身良好形象，以此来获得公众认同和社会共识。米歇尔斯指出，那种强调人民是政权唯一合法来源的"波拿巴主义"，始终站在人民意志的一边，宣称"既然大众选我们做他们的领袖，我就是他们意志的正当体现，我们的行为只不过是在执行他们的意志"，实际上，这种人民意志主权不过是源自集体意志又常常以民主作为"挡箭牌"来摆脱集体意志的个人统治。[③] 在这种较为极端的观点下，那些以提升并标榜自身行政能力和政治责任感的公共组织行为都有"波拿巴主义"的嫌疑，但也能够帮助政府获得公众认可。此外，精英统治者也较为重视科学专家在政策论证中的作用，正如圣西门及其后来者孔德所指出的，未来对社会的控制将属于科学的贵族阶层，而他们必须拥有那些能够领导社会，指导工业社会、经济社会发展的能力[④]。与古典神学和近代意识形态控制不同，国家治理要通过对科学知识的掌握来获得社会对政策的共识。

另一方面，精英也会争取政府内部团结和一定范围的社会支持。即使是

---

① 萨托利.民主新论[M].冯克利，阎克文，译.北京：东方出版社，1998：137.
② 沃伦.民主与信任[M].吴辉，译.北京：华夏出版社，2004：4.
③ 米歇尔斯.寡头统治铁律：现代民主制度中的政党社会学[M].任军锋，等译.天津：天津人民出版社，2003：184-189.
④ 莫斯卡.统治阶级[M].贾鹤鹏，译.南京：译林出版社，2002：400-401.

精英阶层成了统治者，他们也需要获取来自内部和外部的强有力协助。精英阶层首先需要维持内部团结，精英领导者可以确保组织内部上下之间的一致性，清除组织内部的敌对势力，这是他们赢取组织机构内部政策共识方面的优势。当然，过于强调领导者与组织的高度合一会导致个人利益与组织利益的混淆。① 不同精英之间也会争取合作，正如米尔斯对美国社会的分析指出，国家权力被经济、政治和军事领域的权力精英所垄断，他们无法承担与其他任何一方对抗带来的后果及责任，于是三者抱成一团，彼此齐心协力、共同追求一个整合的结果，而所有其他制度都被三巨头用来实现权力和政策的合法化。② 在这种情况下，不论是出于自身利益考虑还是为了共同目的，精英群体在特定政策达成共识方面都有着坚定的现实基础，这对于促进政府内部不同部门之间的协调与合作有着重要意义。当然，这也不排除有上述类型之外的对立精英存在。除了公共权力部门内部的整合，精英也会在适当范围内寻求其他精英集团或社会大众的合作和支持。不同精英集团之间有时还会出现冲突，当无法获得主导权力时，精英集团会寻求获得大众支持而"放弃意识形态和政策立场"③，以便在更大范围内实现共识整合。

3. 多元主义视角下的政策共识

当前社会的利益、需求、阶层和文化等逐渐分化，代表不同群体利益的社会组织也逐渐增多，越来越呈现多元化的特征。在此背景下，即便是传统的精英群体，也会逐渐分化并不断更新。从现实来看，精英的范围逐渐扩展至知识分子、企业高管、高级官僚、各类群众组织及革命与民族领袖等，所以，精英群体也是相对开放的。而就实际政治过程来看，精英不可能脱离社会而"直接行动"，精英被无条件服从的情形也是十分荒谬的。④ 也就是说，精英理论其实也蕴含着精英多元化，存在精英谋求权力时的竞争局面，因此难免会产生彼此间的博弈。从目前世界最广泛的民主体制来看，统治精英也需要为"领导权的竞争"⑤ 而争夺选票。在此背景下，那种强调权利平等与尊重天赋差异

---

① 米歇尔斯.寡头统治铁律：现代民主制度中的政党社会学[M].任军锋，等译.天津：天津人民出版社，2003：192-193.
② 米尔斯.权力精英[M].王昆，许荣，译.南京：南京大学出版社，2004：4-5.
③ 刘建军，梁海森.精英结构及其对国家治理的影响[J].中共浙江省委党校学报，2014（5）：53-61.
④ 巴特摩尔.平等还是精英[M].尤卫军，译.沈阳：辽宁教育出版社，1998：11.
⑤ 熊彼特.资本主义、社会主义与民主[M].吴良健，译.商务印书馆，2009：398.

的精英主义理论，在实际当中形成的政策共识总是存在许多困境。例如，无法反映多元社会中的差异化需求、普通民众无法表达有效诉求、精英独霸导致的社会政治冷漠、经济不平等逐渐侵蚀政治平等甚至是公民美德和共同善业的丧失[1]。因此，在多元主义看来，政策共识的达成仍然需要除精英之外的社会力量，以及精英控制之外民众对共识形成过程的参与，甚至是彼此间平等的协商。

首先，政策共识的达成需要囊括多元社会主体。在达成政策共识的过程中，精英必须将社会民众纳入政策过程当中。正如林布隆所指出的，不论是在民主制度还是专制制度下，普通公民都能够对政策制定者施加约束，因为当政策将公民蹂躏得太厉害的时候会导致公民参加暴动，即便他们的作用不大，但是他们"不需要说话也不需要行动"[2]就会让统治者感到害怕。此外，政策共识如果要让普通民众也能接受，就需要考虑他们的意见。社会多元化使得不同群体的利益需求多元化，因此，政策共识的实现过程，不能只有少数精英群体，普通民众也应该被平等对待，拥有进入政策当中的主体资格。传统那种强调政策能够提高效率的宣传，包括降低政策成本、增进社会福利，无法满足人们的全部需求，也难以适应社会多样化的需求和利益。所以，政策共识的过程需要向民众开放，不仅要公开政策的背景、目标、方案和潜在效果等信息，也要公开准入条件和步骤程序。

其次，政策共识的过程需要充分的社会参与。政策过程（包括制定和执行）的被动开放，不同于社会民众的主动参与，后者是被赋予公民权的结果。多元社会主体，如各类社会组织、团体和普通民众等，他们不仅应该有机会成为政策共识的相关主体，也应该有机会参与到实际过程和行动中来。政策共识需要社会参与，部分原因是公众与决策者之间总是会出现偏差，而实际当中，二者之间交流沟通的渠道十分有限，决策者又总是受到来自精英内部的同质性观点[3]的影响。因此，增强参与主体间的接触与交往，不断增加政府与社会组织、公民等主体参与的体验与实践，被认为将有利于公民在参与中形成共识[4]。当然，社会参与也需要有序。关于政策过程明晰而规范的规则和制度，

---

[1] 巴特摩尔.平等还是精英[M].尤卫军，译.沈阳：辽宁教育出版社，1998：9.
[2] 林布隆.政策制定过程[M].朱国斌，译.北京：华夏出版社，1988：54.
[3] 戴伊.理解公共政策[M].彭勃，等译.北京：华夏出版社，2004：30.
[4] 孙柏瑛.我国公民有序参与：语境、分歧与共识[J].中国人民大学学报，2009（1）：65-71.

第三章　政策变迁中政策叙事的分析框架

有利于提升参与效益和共识达成水平，反之则会导致动乱。①实际的政策决策参与过程有着完整流程，有效的社会参与首先需要勘定政策问题的性质，然后界定清楚相关利益群体范围，并克服障碍，真正与民众分享决策权等。②政策过程中的参与，需要注重那些对公共事务的强烈责任意识、公德心以及集体讨论中的审慎思辨③，其目的应当是朝着更好地促进公民权和公民参与的方向发展。实际上，良好的国家政策设计和政策过程，也有助于实现这种基于公民权的高效参与④，这正是政策共识所需要的，反过来，调动政策过程中的公民参与也将有效提升政策共识水平。

最后，政策共识的过程还需要有效协商。协商作为对参与的补充和升级，有着比参与更加细致而具体的实现路径。协商的预期目标，就是为了以理性的方式推动并实现共识，它能够在人们自由、理性的评估基础之上，给出对那些参与者而言具有说服力的理由。⑤协商在参与的基础之上，通过民主与权威之间的对话合作来实现两者融洽的关系，可以避免在追求共识的过程中由于"参与"潜在的煽动性和盲从性而侵蚀个人权利的现象；也能够克服代议制下选民由于投票行为的低效而出现的政治冷漠。不仅如此，协商还要求超脱出那种简单的投票、请愿活动，而要真正地进行对话、讨论、磋商，形成意见和方案。⑥要实现良好的协商，既需要一些基本的规范性要求，如将利害相关者容纳进来、机会均等和实质政治平等、完备的信息交换等⑦，同时，也需要将这些完备的规范条件融入特定情境下的协商实践中。哈贝马斯指出协商的过程需要保持交往理性，这种理性是在交往过程中不断学习和适应各种社会规范中建立起来的。协商主体之间如果要达成共识，那么他们就需要在沟通交往过程中形成一种共识，也即规范的一致性、共享命题知识和相信彼此真诚⑧。而博曼

---

① 亨廷顿.变化社会中的政治秩序［M］.刘为，等译.上海：上海人民出版社，2008：42.
② 托马斯.公共决策中的公民参与［M］.孙柏瑛，等译.北京：中国人民大学出版社，2014：29-73.
③ 兰迪.公共政策和公民权［M］//英格兰姆，史密斯.新公共政策：民主制度下的公共政策.钟振明，朱涛，译.上海：上海交通大学出版社，2005：18-19.
④ 史密斯，英格兰姆.公共政策与民主制度［M］//英格兰姆，史密斯.新公共政策：民主制度下的公共政策.钟振明，朱涛，译.上海：上海交通大学出版社，2005：5.
⑤ 科恩.协商与民主合法性［M］//博曼，雷吉.协商民主：论理性与政治.陈家刚，等译.北京：中央编译出版社，2006：57.
⑥ 陈尧.从参与到协商：协商民主对参与式民主的批判与深化［J］.社会科学，2013（12）：25-36.
⑦ 博曼.公共协商：多元主义、复杂性与民主［M］.黄相怀，译.北京：中央编译出版社，2006：15.
⑧ 哈贝马斯.交往行为理论：行为合理性与社会合理化［M］.曹卫东，译.上海：上海人民出版社，2004：293.

则将公共协商当作一种带着特定目的的对话活动，不同的对话机制都旨在让理性在协商中被人们领会，对话的过程促成了共识形成。①

（二）政策叙事下的政策共识：意义生产与认知扩散

政策叙事下的政策共识，也继承了以往政策共识中所蕴含的议程控制、利益博弈和社会参与过程等理念，不仅将政策共识看作一种辩论或协商的共识过程，也将共识作为一种认可与同意的结果或状态。在特定政策叙事的场域下，存在着精英群体、利益团体和普通民众等多方主体，其中，既有精英彼此间叙事竞争较量，也有不同主体在同一叙事下的互动合作。但是，政策叙事选择从另一个视角来看待这种共识的本质和共识形成的过程。政策叙事下的政策共识，也会被精英群体用来进行自我形象的合法化塑造，但不再像传统精英主义那样，进行直接的力量对抗和利益争夺；在精英群体间展开竞争与巩固合作时，政策叙事下的政策共识也采用更为隐蔽的方法。而且，通过政策叙事这一视角的分析还能够清晰看到，那些不同叙事主体在争取政策共识时所采用的"元叙事"，以此可以检视不同政策共识叙事自身的合法性。因此，政策叙事下的政策共识，既强调对政策叙事的认可，也即人们对于政策叙事及其中特定意义在认知层面的共识；也要求这种政策共识是通过政策叙事过程来实现的，或者说政策共识的过程围绕意义的生产、共享和扩散进行。上文已经指出，共识包括了价值信念层面、规则程序层面和政策层面。在这一节，我们也将从行动共识、规则共识与价值共识层面探讨政策叙事中的共识塑造。

1. 政策叙事对事实认知的共识塑造

政策中的事实，也即特定政策下发生了什么事情、实际情况是什么样的，虽然具有客观性，但政策叙事分析坚持建构主义的本体论，认为人们对于政策事实的认知具有主观可塑性。正如语言作为一种媒介构成并渗透到它所建构的世界当中②，政策叙事在讲述特定的事件和情节时，也会将意义和价值渗透到

---

① 博曼.公共协商：多元主义、复杂性与民主[M].黄相怀，译.北京：中央编译出版社，2006：51-58.
② DRYZEK J. Review of Frank Fischer's Reframing Public Policy: Discursive Politics and Deliberative Practices [J]. Policy Sciences, 2004 (1): 89-93.

人们的思考和认知中去。虽然从思想和语言中赋予自然以秩序，并非是制造出客观实在，但从浅层次看，我们为了方便认知而对事物所做的分类其实一定程度上改变了我们对"实在世界"的看法，就像我们对同性恋、精神癔症等类型群体的划分会嵌入制度、法律和生活交流等各个方面一样，这会激发或抑制人们的自我概念和价值判断①。从深层次看，我们所看到的、描绘的、梦想的和回忆的东西，都是在语言框架和叙事框架约束下形成的，叙事不仅是我们赋予世界以意义的主要方式，也是我们在生活世界当中找到自己位置的主要方式②。

  政策叙事通过多个方面来塑造人们对于政策事实的共识性认知。首先，政策叙事会对叙事内容或政策事实进行筛选，也即决定讲述什么内容、不讲述什么内容。对特定信息的展示或不展示，影响了信息的完整程度、基本情境的预设、因果归纳机制的使用和未来基本预期等，也将直接决定人们的认知程度和偏好。政策叙事当中呈现出来的事情会被认为发生了，而未被呈现出来的事情，由于人们并不知情就会被当作未发生来处理。公共政策也正是在这种信息选择与否的过程中，也即基于部分事实而非完全事实，来决定做某些事情而不做其他事情③。而且，以政策叙事这种方式来呈现事实比平铺直叙式的科学事实更加容易让人理解和接受。其次，政策叙事对于政策事实的共识建构，还秉承并模仿了文学叙事中读者阅读的"叙事化"过程。政策叙事虽然不像文学叙事那样建立在一定的虚构故事之上，但讲述的总是真实而又与民众自身经历有所不同的事情或故事。人们在接收政策叙事中的故事时，叙事信息会激发人们对某种情境和事件的切身感受，营造一种让读者身临其境的场景。这种"叙事化"过程有助于帮助民众以虚拟但直观的方式进入"事发"现场，在这种生动的故事中，感受、体验并进而理解叙事事实，从而形成某种共同的认知。此外，政策叙事还能影响人们对已经发生事情的认知，也即人们的回忆，这也是政策叙事的重要功能。人们对当下某些现象的认知和理解，往往与已形成的态度、观念和立场直接相关，或者说与经验有关。政策叙事可以通过人们所共有的经历或故事及讲述中所描述的特定情境，来重新演绎过去，将具体的历史脉

---

① 基切尔. 科学、真理与民主 [M]. 胡志强，高懿，等译. 上海：上海交通大学出版社，2015：65-66.
② POLKINGHORNE D. Narrative Knowing and the Human Sciences [M]. Albany: State University of New York Press, 1988: 11.
③ 戴伊. 理解公共政策 [M]. 彭勃，等译. 北京：华夏出版社，2004：1.

络再次呈现给人们,这种再现或许能够强化人们已有认知、或许会颠覆人们所坚守的"固执"和"己见"。

2. 政策叙事对政策程序的共识塑造

政策叙事有助于强化人们对政策程序合法性的共识。特定的政策程序,同样需要得到公众认可,如此才能被人们所接受并因此而具备合法性。这意味着,人们认可了征求意见、集体商讨和社会论辩等政治程序并不完全是由民众自治或精英控制。从近代到现代社会的发展历程中,人们不加区别地陆续反对了形而上学、宗教和伦理,而这种反对其实本身就是值得反思的,如伦理在政治当中的作用①。换句话说,人们关于某种政治原则的支持或反对态度本身就需要进行合法性证成。

政策叙事对政策程序合法性问题的回答是,政策程序需要经过政策叙事来进行讲述和阐释。也即,人们需要以那种容易进入情境当中思考和理解的方式,把他们各自的想法和观点"故事化"。通过"叙事"这种高效的意思表达,人们进行观点的交流和论辩。政策叙事的这种方式,与哈贝马斯关于行动规范的商谈原则具有一致性。他指出有效的行动规范或程序准则"是所有可能的相关者作为商谈的参与者有可能同意的那些行动规范"②,只有通过人们的交往商谈并在此过程中基于一种实践理性才能认可。这意味着,不论何种政策程序,都需要符合基本价值规范,也要经过人们的商讨认可。实践中,不仅政府能够开展政策叙事,民众也能够组织与之相符或相反的叙事,表达自己的赞同或反对意见。在政策叙事互动的过程中,政策程序自身的合法性得以实现,人们对政策程序的共识得以巩固。而且,政策叙事是以讲述故事的形式来展开论辩,相较于枯燥的科学数字,其在沟通和表达时具有通俗易懂、生动形象的优势,使得叙事更能触动和说服人们。因此,政策叙事通过不断运用叙事商谈的形式,强化了叙事本身作为人们沟通和论辩方式的合法性。在政策程序和商谈方式方面,政策叙事强化了自身实现理论规范和现实运作方面社会共识的能力。

此外,政策叙事还能够帮助人们辨别那些缺乏实质合法性的政策程序及

---

① 赫弗.政治的正义性 [M].庞学铨,李张林,译.上海:上海译文出版社,2014:119.
② 哈贝马斯.在事实与规范之间:关于法律和民主法治国的商谈理论 [M].童世骏,译.北京:生活·读书·新知三联书店,2003:132.

其背后的"元叙事"。公共政策强调通过叙事来论辩和竞争，其本身就是作为一种必需的政策过程程序而存在，也是一种元叙事。例如，制度分析和发展框架（IAD），认为外部环境中那种具有强制性的惩罚措施和诱导性规范是对人们行为起决定性作用的，人们基于理性而考虑行动的"成本－收益"。IAD 将理性作为人们行动的基础，因此，利益及理性计算就成为主导政策过程的元叙事要素。但并非所有关于政策程序的元叙事都具有"天然的"合法性，因此，就需要将特定政策程序背后的元叙事挖掘出来并予以研判。就像只有通过将国王被送上"断头台"和国王登基举办相同的仪式，才能驳斥和摧毁"国王不可侵犯的光环"①。政策叙事强调政策程序中的商讨过程及叙事而非控制方式，也从另一个方面反驳精英对政策程序的主导和控制。

3. 政策叙事对价值意义的共识塑造

叙事不仅建构着社会现实，还为公共政策提供了意义②。虽然萨托利认为政策共识仅仅是关于对政府行为和政策支持与反对的活动，但是，这种政策层面的共识是否存在，除受利益矛盾和冲突的影响之外，其实，还根源于人们对政策背后某些潜在价值的认同。因此，政策共识仍然需要考虑政策是否具备那些让人们认同的价值和意义。公共政策作为一种权威的价值分配，必定具有公共性、要寻求提升公共利益。③ 因此，公共政策常常秉持公共利益的取向，公共政策叙事的背后也应是公共价值。正如我国的高考政策在很大程度上承担着教育公平的责任，有助于照顾弱势群体的就学权利，而一项旨在提升发达地区高考便利程度的政策建议，则不太可能引起社会的认同和共识。政策叙事不仅致力于拓展"叙事"在公共政策的论辩和商谈中的地位和内涵，也关注其作为一种价值意义生产方式和手段所应有的功能。也就是说，政策叙事更为根本的目的在于生产和传递价值意义。包括政策叙事在内的任何领域中的叙事，都要围绕寓意或意思的表达来组织语言、情节。那些无法传达出故事讲述的意义或缺少价值指向的叙事，被认为是无效叙事。政策叙事生产价值意义的方式，是对事实进行重新裁剪、修饰和拼接，从而重新界定政策的问题、原因、建议与

---

① 康纳顿.社会如何记忆［M］.纳日碧力戈，译.上海：上海人民出版社，2000：4-5.
② JONES M D, RADAELLI C M. The Narrative Policy Framework: Child or Monster? ［J］. Critical Policy Studies, 2015（3）：339-355.
③ 谢金林.公共政策的伦理基础［M］.长沙：湖南大学出版社，2008：95.

方案。透过故事当中所囊括的事件、排除的事件、强调的事件，价值和意义也在叙述的过程中得到了阐释。[①]

政策叙事涉及对政策问题的重新界定，也是一种从不同观点来对现实情况及其问题的再现。但是，不同主体进行再现和描绘的过程中，都会自觉、有意识地对现实情况进行"渲染"[②]。不同的政策叙事和主张，各自背后的价值意义是差异化的。这意味着，政策叙事会进行叙事竞争。与非叙事相比，政策叙事在通俗易懂、情绪感染和感情激发方面有着自身优势。具有相同价值基础和利益诉求的政策叙事之间，一般不会进行竞争。不同政策叙事之间的竞争，主要是利益和价值之争。由于政策叙事具有意义表达上的隐蔽性，利益的较量和争夺往往隐藏在故事寓意之后，在叙事竞争中也不明显。因此，价值之争常成为政策叙事竞争的焦点。此时，政策叙事在寻求更大范围的共识时，会就如何进行政策描述和阐释给出一系列建议。一方面，政策叙事的信念选择往往需要考虑更大范围尤其是弱者的利益。例如，跨国工业污染转移和美国的教育券政策，虽然在政策设计上考虑了对弱者的补偿，但仍被认为是不公正的而遭到反对，主要是因为会损害到弱者的权利、自由和被平等对待。[③]可见，基于效率和补偿的叙事信念有时难以战胜潜在的平等和权利等叙事价值。另一方面，政策叙事实践中常被使用的某些策略，也是实现政策价值和意义层面共识的重要工具。例如，将自己描述成弱者并具有善意或将对手描述为强者却有着负面的行为（angel/devil shift）[④]、扩大或者缩小政策议题的范围[⑤]等，下文将对此进行详细阐述。

4. 政策叙事对政策扩散的共识塑造

政策共识不仅限于政策主体与政策对象之间所形成的共享认知，政府间

[①] FELDMAN M S, SKÖLDBERG K, BROWN R N, HORNER D, et al. Making Sense of Stories: A Rhetorical Approach to Narrative Analysis [J]. Journal of Public Administration Research and Theory, 2004 (2): 148.

[②] 斯通. 政策悖论：政治决策中的艺术 [M]. 顾建光, 译. 北京：中国人民大学出版社, 2006: 140.

[③] 豪斯曼, 麦克弗森. 经济分析、道德哲学和公共政策 [M]. 纪如曼, 高红艳, 译. 上海：上海译文出版社, 2008: 315-318.

[④] MERRY M K. Angels versus Devils: The Portrayal of Characters in the Gun Policy Debate [J]. Policy Studies Journal, 2017.

[⑤] JONES M D, SHANAHAN E A, MCBETH M K. The Science of Stories: Applications of the Narrative Policy Framework in Public Policy Analysis [M]. New York: Palgrave Macmillan, 2014: 92.

横向的政策共识在整个政策过程中也很重要。在政策过程的后期，不同部门之间能否就政策达成共识，很大程度上决定了政策执行落实的效果。希尔和修普在研究影响政策执行效果的因素时就指出，执行机构倾向性，包括政策执行者对政策的认知、理解或领悟，接受、中立或拒绝的态度，以及回应的强弱程度，影响了政治执行的效果[①]。官僚组织自身的特性，如对权威、等级制和规则的需求和依赖[②]等，使得新政策在推行时容易不被认可进而导致执行失败。因此，政策主体间共识对政策过程而言也十分重要。

政策叙事以清晰和融洽地传递价值意义为主要目的，而且这种意义传递过程也往往是以讲述人们能够理解、习以为常的事情为主。因此，政策叙事在促进政策主体间共识方面也有着重要作用，是政策主体间、政策对象间及两者彼此之间沟通和交流的重要方式。一项有关社会政策转移的研究指出，社会政策从"模范"国家向中东、非洲和亚洲等其他地区不断扩散，这种扩散并不是均质和匀速的，而是呈现出聚类/团簇式（clustering）的发展和扩张。社会政策体系在向其他国家扩散过程中虽然也会成系统地转移，但在一个地区采用社会政策之后迅速向具有不同文化、语言和历史的周边扩散，其核心原因在于社会政策本身作为一种政策网络携带了受欢迎的故事。[③]因此，叙事在政策扩散中扮演了重要角色。但是，政策叙事在政策扩散当中的作用，不仅仅是叙事提供的故事更能切合新的环境、更容易被接受。有研究还指出，政策叙事在政策扩散中发挥的作用，更源于通过叙事提供的信息更会被人们当成具有"真实性"的情境——相比于逻辑或科学的"易于伪造性"——即使故事有时候并不真实，但人们也没有任何关于假故事的悔意。[④]基于对叙事性知识的这种认知特点，改革者们更容易倾向于接受某些改革措施。除此之外，政策叙事如何塑造政策扩散过程中的共识呢？实际当中，那些寻求推广新政策的政策主体，可以将叙事要素重新组合来编排新的叙事，建构起有利于政策扩散的说服机制。例如，通过寻找潜在的政策盟友、描绘与盟友的亲密关系来扩大自身联盟群体

---

① 希尔，休普.执行公共政策[M].黄健荣，等译.北京：商务印书馆，2011：178-179.
② 布劳，梅耶.现代社会中的科层制[M].马戎，等译.上海：学林出版社，2001：154.
③ RODGERS D T. Bearing Tales: Networks and Narratives in Social Policy Transfer [J]. Journal of Global History, 2014 (2): 301-313.
④ REYES V C. How do school leaders navigate ICT educational reform? Policy learning narratives from a Singapore context [J]. International Journal of Leadership in Education, 2015 (3): 365-385.

实力、尽量淡化政策推广时可能产生的损害、将自己或己方盟友塑造成为英雄、转变人们固有观念中存在的不利叙事等。① 政策扩散中的共识，除了与政策主体在推广政策过程中的行动有关之外，还与政策扩散中的政策宣传密切相关。政策宣传叙事中所采用的叙事态度和事实选择，叙述者对于扩散政策的各类有意无意评价、态度和情感，以及所选择的新闻事实是否贴近社会焦点、是否具有正向价值导向等②，都左右着人们的情感、认识、观念及在此基础之上形成的共识。

二、政策共识下的政策叙事过程

政策共识既是为了实现共同认可和同意的状态而进行沟通、对话、协商和妥协的过程，也是这一过程本身所要实现的目的。共识机制一直是政策制定和执行过程研究的重要内容，但实际研究当中更多地以具体形式展现出来，如征求专家意见③、社会参与讨论④、执行协商⑤等，而直接针对共识的内涵及其机制的探讨不多。近年来，政策过程中的共识机制逐渐得到学术界的关注，有学者总结并提出，中国的政策决策过程是一种融合了开门参与和磨合互动机制的共识性决策模式⑥。但是，政策共识过程中，各行动主体具体如何展开行动、彼此间互动对话的具体策略等微观观察仍然不够。从前文的分析可以看出，"叙事"在政策过程中的共识机制中，扮演着建构事实认知、政策程序合法化、价值意义塑造和推动政策扩散等重要作用。政策叙事与政策共识具有内在的一致性，因此，有必要对政策叙事过程进行深入的探析，以发现实现政策共识的具体途径。这些在政策过程中呈现出共识"指向性"的政策叙事，其特征需要进一步剖析，也即在寻求共识中政策叙事究竟包含了哪些环节、经历了什么过

---

① SOREMI T. Narrating Policy Transfer: Renewable Energy and Disaster Risk Reduction in ECOWAS[D]. Exeter: University of Exeter, 2018: 299-302.
② 何纯. 意义的建构与扩散：新闻叙事学视域下舆论引导研究[M]. 北京：中国社会科学出版社，2017：159-162.
③ 王锡锌，章永乐. 专家、大众与知识的运用：行政规则制定过程的一个分析框架[J]. 中国社会科学，2003（3）：113-127.
④ 江华，张建民，周莹. 利益契合：转型期中国国家与社会关系的一个分析框架——以行业组织政策参与为案例[J]. 社会学研究，2011（3）：136-152.
⑤ 薛澜，赵静. 转型期公共政策过程的适应性改革及局限[J]. 中国社会科学，2017（9）：45-67.
⑥ 王绍光，樊鹏. 中国式共识型决策："开门"与"磨合"[M]. 北京：中国人民大学出版社，2013：272.

程。具体而言，实现政策共识的政策叙事，要经历一个完整的叙事建构过程，也即叙事联盟形成与话语宣称、叙事建构与博弈以及主流政策叙事被接受认可（图3-1）。

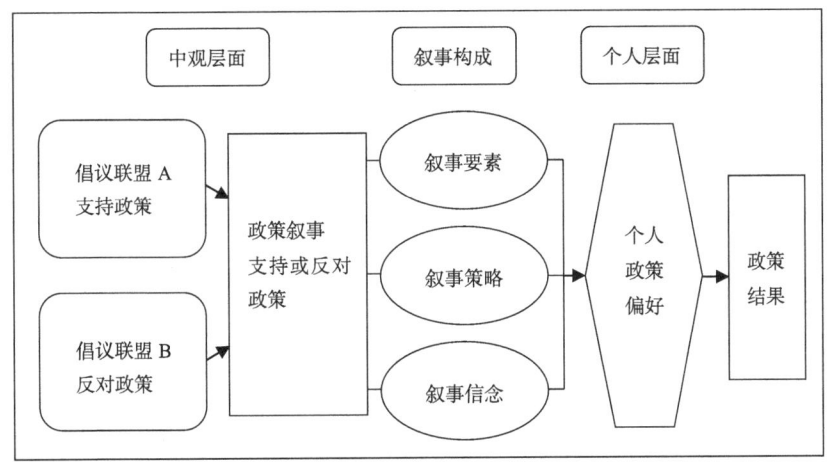

政策背景
（包括：法律约束、文化形式；政治、经济、社会背景；信息；公众意见）

图 3-1 中观层面叙事政策框架模型①

（一）政策叙事主体的联盟形成与话语宣称

1. 政策叙事联盟的形成

任何政策叙事都需要叙事的主体，缺少叙事主体将难以成为叙事。正如缺少了讲述者的文学作品，可能就只是某种历史记录或文笔很好的史诗。在政策叙事过程中，政策联盟（coalition）是核心叙事主体。McBeth 等在早期进行政策叙事研究时就指出，政策叙事分析能够作为倡议联盟框架（ACF）的一部分，扮演分析方法的角色。在 ACF 视角下，政策变迁中，政策叙事能够起到稳定核心政策信念的作用，是政策变化分析的合法来源。②因此，政策叙事研究的中观层面也是在政策子系统中展开的，讨论政策叙事在政策子系统互动过程的作用。政策叙事联盟，也属于一般性的政策联盟，也即具有"一致性的信念体系，共享基本的价值理念、问题意识与关键性假设，并在一段时间内相互

---

① JONES M D, SHANAHAN E A, MCBETH M K. The Science of Stories：Applications of the Narrative Policy Framework in Public Policy Analysis [M]. New York：Palgrave Macmillan, 2014：16.
② MCBETH M K, SHANAHAN E A, ARNELL R, et al. The Intersection of Narrative Policy Analysis and Policy Change Theory [J]. Policy Studies Journal, 2007 (1)：87-108.

合作"①的政策行动者（actors）。但是，政策叙事联盟也不排斥那种以利益为驱动、以理性为基础、具有共同利益诉求的政策联盟②。因此，政策叙事联盟主要是那些因为具有共同价值观和信念而合作的政策行动者，以及那些具有共同利益诉求、采用了政策叙事策略的政策行动者。叙事将这两类不同的政策行动者连接起来，使他们都成为政策叙事联盟中的一员。作为政策子系统中的行动者，政策叙事联盟的成员包括政府官员（包括中央政府和地方政府）、非政府组织和社会组织、公司集团、社会媒体、研究机构、专家人士和其他政党组织等。

由于包括了理性行为者和共享信念者，政策叙事联盟的一个重要特征，就是对政策信念的认可或共识，或者说，是对公共政策内含的价值意义的共识。那些出于理性考量的行动者也会采取认可政策叙事联盟信念的策略来加入联盟，即便他们可能并不真正发自内心地相信政策信念，但他们至少形成了这种共识："不加入政策联盟就会得不到加入联盟所带来的利益"③。政策信念被称作政策联盟的"黏合剂"（glue），具有不同政策信念的政策参与者在认知能力方面有差异、面临着不同的认知限制，因此，他们在学习、理解、信息筛选，甚至记忆选择上都会不同。政策参与者实际总是在寻找与自己相类似的人或加入彼此信念一样的群体中，他们在此过程中所形成的政策信念差异，使得不同政策联盟能够形成。对政策信念的强调和重温有利于巩固联盟的内部团结，相反，核心政策信念的改变也往往带了较大的政策变迁（major policy change）。④在形成了一定的政策信念体系之后，政策叙事联盟就会寻找不同的政策参与者，识别那些具有类似政策信念的参与者，通过在政策叙事过程中塑造自己与他们之间的亲密关系、认可并赞同这些潜在"盟友"的行为，将这些政策参与者纳入政策联盟之内，以此不断壮大自身实力。⑤当然，随着时间流逝和外

---

① SABATIER P A, WEIBLE C M. A Guide to the Advocacy Coalition Framework［A］. FISCHER F, GERALD J M. Handbook of Public Policy Analysis: Theory, Politics, and Methods［C］. London & New York: CRC Press, 2006: 128.
② SHANAHAN E A, MCBETH M K, HATHAWAY P L, et al. Conduit or Contributor? The Role of Media in Policy Change Theory［J］. Policy Sciences, 2008（2）: 115.
③ 金登. 议程、备选方案与公共政策［M］. 丁煌, 方兴, 译. 2版. 北京: 中国人民大学出版社, 2017: 150.
④ SABATIER P A, WEIBLE C M. A Guide to the Advocacy Coalition Framework［M］//FISCHER F, GERALD J M. Handbook of Public Policy Analysis: Theory, Politics, and Methods. London & New York: CRC Press, 2006: 127.
⑤ SOREMI T. Narrating Policy Transfer: Renewable Energy and Disaster Risk Reduction in ECOWAS［D］. Exeter: University of Exeter, 2018: 299-302.

部环境变化，政策叙事联盟内部可能会由于政策环境的剧变（external shocks）而牵连到人们对政策原本的认知和看法，甚至导致基本的政策价值信念崩塌[①]，由此，政策叙事联盟也将被迫解散。而另一些政策叙事联盟则会随着联盟成长过程变得越来越成熟，不断调整自身与外部其他联盟互动过程中的位置和策略，从而成功地坚守了最初的政策信念[②]。

当然，政策叙事联盟的政策信念，也并不是完全固定不变的。政策叙事能够实现联盟的政策信念量化，也即通过检验政策信念随时间变化而呈现出的稳定性（stability）、强度（strength）和凝聚力（cohesion），来查看联盟内部政策信念由弱到高、由无到有的程度。对政策信念的量化测量，能更有效地观察到政策叙事联盟的行为特征，并解释政策联盟的某些行为变化。一方面，政策信念存在着表达不准确的可能。通过叙述呈现信念有时候也可能被认为是一种战略操纵[③]，也即某些政策参与者可能是出于政治策略的考虑而故意表现出赞同某些价值。这种类型的政策叙事联盟，其内部成员构成不具有稳定性，这些成员往往是政策叙事联盟中基于利益考虑而采取叙事策略的那一类群体，他们的政策信念和立场容易受到政治变化的影响。另一方面，政策信念具有弹性的特点，也允许信念结构差距的存在，包括采用政策信念的强度、政策信念的优先顺序和所表述信念的一致性等。其实，政策叙事联盟的政策信念内容和结构存在的这种局部不一致性和松动，也为政策叙事联盟"扩张"腾出了空间，有助于政策叙事联盟在建立初期和发展困难时期壮大自身力量，根据外部实际情况进行政策信念的调整。

2. 核心政策信念的话语宣称

政策叙事联盟的形成，不仅依赖于那些能够"吸人眼球"和让人"心悦诚服"的政策信念体系，还需要对政策信念体系所展现出的核心价值意义进行反复的话语宣称。只有这些政策信念在社会上传播度高、广为人知，人们才有

[①] SABATIER P A, WEIBLE C M. A Guide to the Advocacy Coalition Framework [M]// FISCHER F, GERALD J M. Handbook of Public Policy Analysis: Theory, Politics, and Methods. London & New York: CRC Press, 2006: 130.
[②] MCBETH M K, SHANAHAN E A, HATHAWAY P, et al. Buffalo Tales: Interest Group Policy Stories in Greater Yellowstone [J]. Policy Sciences, 2010（4）: 405-407.
[③] SHANAHAN E A, JONES M D, MCBETH M K. Policy Narratives and Policy Processes [J]. Policy Studies Journal, 2011（3）: 535-561.

可能关注、了解并进一步地支持政策信念的内容和主张。建立在政策信念共识基础之上的政策叙事联盟，要对政策叙事体系中的核心话语进行归纳凝练，以便进行叙事话语宣称。政策叙事联盟话语宣称的主要内容，是政策信念体系中的核心价值意义，也是那些最能够激发政策叙事联盟共鸣、巩固政策叙事联盟团结的内容。当然，正如前文所指出的，只有那些与社会焦点联系密切、具有积极价值导向[①]的政策信念才有进行话语宣称的必要。

鉴于在影响和强化公众政策认知方面的作用，核心政策叙事信念的话语宣称过程，也有助于从多个方面构筑政策共识。首先，最直接的话语宣称方式就是媒体宣传。媒体作为社会信息传播的中介，能够最大限度地提升话语宣称可能的覆盖范围，通过媒体宣传有助于扩大政策信念的影响范围。在公共媒体上，政策叙事通过报道典型事件和讲述故事的方式，能够对政策的价值意义进行有效宣扬和倡导，让更多人成为关注特定社会问题或政策议题的政策参与者，或成为认可政策价值、接受政策信念的政策叙事联盟成员。公共媒体中的政策叙事话语宣称，可以通过界定媒体宣传的内容、拓展媒体宣传的渠道、提升媒体宣传的感染力来实现。政策叙事话语宣称，可以通过多报道、正面报道政策信念体系中的核心价值意义，而不报道、少报道那些与政策信念相悖的政策信念及其带来的社会问题。其次，话语宣称方式还包括主导对社会问题界定。只有赢得对社会问题的界定，政策叙事联盟才能主导叙事话语。正如 Maarten Hajer 所指出的，某一社会境况能否成为社会问题，往往取决于人们以何种叙事来讨论问题。[②] 将"枯死之树"界定为自然淘汰的结果与界定为人为污染破坏所造成的，其反映的政策含义不言自明。在社会问题界定过程中，政策叙事联盟帮助人们进行认知，哪些是值得关注的话题、哪些会对人们造成伤害而哪些会给人们带来好处，政策信念中的价值意义也随之得到了阐释。政策叙事的社会问题建构能力，不仅蕴含于"问题"的定义和构造过程中，政策叙事本身也包含了问题的"解决方案"。[③] 此外，政策叙事联盟对社会政策进行评价、采取特定的政策立场，也能有效彰显自身

[①] 何纯.意义的建构与扩散：新闻叙事学视域下舆论引导研究［M］.北京：中国社会科学出版社，2017：159-162.

[②] HAJER M. Discourse Coalitions and the Institutionalization of Practice: The Case of Acid Rain in Britain [M]//FISCHER F, FORESTER J. The Argumentative Turn in Policy Analysis and Planning. Durham and London: Duke University Press, 1993: 44.

[③] ATKINSON R. Narratives of Policy: the Construction of Urban Problems and Urban Policy in the Official Discourse of British Government 1968—1998 [J]. Critical Social Policy, 2000（2）：211-232.

政策信念。例如,政策叙事通过对公共政策的成本/受害人、收益/受益人的重新分析和讨论①,能够有效展示其对特定政策及其背后价值意义的支持或反对。

核心政策叙事信念的话语宣称,在巩固政策叙事联盟的凝聚力和内部政策共识的同时,也能够提升联盟影响力。一方面,核心政策叙事信念的反复话语宣称,能够不断强化联盟内部对于政策信念的认同。政策叙事联盟作为一个群体,有着与其他联盟相区别的政策信念和价值意义认同,保持着对核心政策信念认知的一致性。随着外部环境的变化,政策叙事联盟也不断发展和成长,联盟内部的政策信念和人们所坚守的价值意义,可能会不断受到外部环境冲击和其他联盟主张的挑战,因此,需要不断重温联盟政策信念中根本性的价值意义,以此强化政策信念的联盟"黏合剂"作用,巩固政策联盟理念。同时,政策叙事联盟在发展过程中也会积累属于联盟集体的"记忆",如惨痛的过往或者辉煌的历史等。通过对政策信念的不断宣称,有助于建立起一种仪式感,不断激起集体的记忆,既可以肯定或强化历史中的特定内容,也可以否定或抹去其他内容。政策叙事联盟通过对一些基本价值观的强调和宣称②,能够有效地巩固联盟自身的团结,提升联盟内部的凝聚力。另一方面,核心政策叙事信念的话语宣称,也有助于扩大联盟影响力。通过反复的话语宣称,政策叙事联盟在强化内部政策信念认同和共识的同时,通过使用叙事策略手段,能够有效地说服民众同情或激发社会不满。政策叙事信念的话语宣称,能够通过将政策问题重新界定为更为严重的社会矛盾,来扩大政策冲突范围,并不断以此激发民众情绪,从而有效提升政策叙事联盟的外部影响力。③

(二)政策核心议题的叙事建构与竞争

1. 构建政策叙事体系

政策叙事主体及其基本政策信念,完成了联盟建立和话语宣称之后,就

---

① MCBETH M K, TOKLE R J, SCHAEFER S. Media Narratives Versus Evidence in Economic Policy Making: The 2008—2009 Financial Crisis [J]. Social Science Quarterly, 2018 (2): 791-806.
② MCBETH M K, SHANAHAN E A, HATHAWAY P, et al. Buffalo Tales: Interest Group Policy Stories in Greater Yellowstone [J]. Policy Sciences, 2010 (4): 391-409.
③ SHANAHAN E A, JONES M D, MCBETH M K, et al. An Angel on the Wind: How Heroic Policy Narratives Shape Policy Realities [J]. Policy Studies Journal, 2013 (3): 453-483.

需要围绕联盟所倡导的价值意义而建构起完整的政策叙事，讲述有关特定政策议题的"故事"。政策叙事或故事，并不是独立存在的，而是由故事的多个部分构成。故事的这些必要组成部分，包括了叙事/讲述者、政策背景、故事主角、故事情节、故事寓意（解决方案）、因果机制、行动、证据等，这些要素共同构成了政策叙事体系。当然，其中某些要素并非必不可少。例如，政策叙事的讲述者，往往由政策相关者主动"扮演"，因此，在政策叙事中往往默认为政府及其他叙事联盟；角色行动、证据等要素，一般属于可有可无的组成部分，因为政策叙事往往以情节代替行动，有时只对特定政策进行批判、摆出相关事实而不给出方案，而且，故事有时也不需要数据做支撑。此外，政策叙事有两个必不可少的条件，即政策立场或评价及至少一个故事角色[①]，而政策背景、情节和寓意等是政策叙事的重要组成部分。

首先，政策叙事的背景，也即叙事情境对政策叙事而言十分重要。虽然政策情境总是容易被忽略，但政策叙事的核心特征之一就是语境性。政策叙事的人物和情节，只有在一定的语境或情境当中才能够被准确理解。缺少语境或情境性，不仅会使人们说的话很难被认知清楚，而且会使故事的人物和情节显得异常荒谬。在我国当前农地"三权"分置的背景下，农民依然将承包农地"单干"行为当作资本主义的"尾巴"，并要与"单干风"斗争到底，会让人感觉难以置信和滑稽好笑。这是因为，语境携带了我们关于特定情境下社会行为规范的知识，也即给定一个语境，我们就会在脑海里产生联想，包括在这个语境下，人们都应该是如何生活、交往，以及该语境下社会运行的基本常识等。这些语境或情境等背景性要素，不仅充当了政策相关主体及其行动发生的"舞台"[②]，如各类社会事实和历史特征；同时，也充当了我们理解故事的认知背景，也即我们主动调用的有关该故事的社会规范知识。正因如此，政策叙事联盟在建构政策叙事体系时，需要将叙事背景交代清楚。在不必交代叙事背景的情况下，政策叙事就需要厘清不同的社会背景下何种政策信念是能够为人所接受的价值意义、哪些情境设定是符合基本社会规范的；同时，政策叙事需要不断地适应社会发展和社会文化特征的变化，帮助人们理解特定政策背景，与

---

① SHANAHAN E A, JONES M D, MCBETH M K, et al. An Angel on the Wind: How Heroic Policy Narratives Shape Policy Realities [J]. Policy Studies Journal, 2013（3）: 457.
② JONES M D, SHANAHAN E A, MCBETH M K. The Science of Stories: Applications of the Narrative Policy Framework in Public Policy Analysis [M]. New York: Palgrave Macmillan, 2014: 6.

那些在当前社会中得到认同的价值规范建立起联系。

此外，故事主角也是政策叙事体系的重要组成部分。故事主角开展行动，往往成为故事情节的重要引领者。政策叙事当中行动者，往往不仅仅包括了某些群体，这些行动者还有特定的角色。众多故事主角扮演的角色一般分为3类，即英雄（hero）、坏人（villain）和弱者/受害者（victim）[①]，一个好的故事往往会包括这3类角色。受害者是由政策问题而导致的直接或间接受损方，坏人是政策问题的直接根源或间接制造者，英雄则是政策问题或困境的解决者。虽然文学叙事当中这些角色往往是由个人或几个人来充当，但是，政策叙事中的故事主角不仅包括了个人，还有那些人格化了的主体，如公共权力部门、社会组织和政策联盟等。不同的故事角色，在政策情节中起到不同的作用，如坏人总是成为叙事的批判对象，而英雄或好人则多为人们认可或赞颂，弱势群体或受害者往往会引发人们的同情和支持。实践中，不同的政策背景下人们对不同角色的倾向性有所差异，如环境保护领域，英雄或好人更会影响人们的政策认知、偏好和实际行动。[②] 故事情节一般有开始（beginning）、中间（middle）和结尾（end），起到连接故事角色、行动和故事背景等要素的作用。实际当中，故事情节也有着很多种类型。斯通提出了许多常用的故事情节，如情况变糟糕的故事（如"每况愈下""阻碍进步"等）和能够予以控制的故事（如"了不起的控制""责备牺牲者"等），此外，还有"关于原因"的故事（"故意或无意""系统或偶然"）等。[③] 这些故事情节类型，在实践中被用于不同的叙事背景，当然也能够交叉配合起来运用。

2. 展开叙事竞争

公共政策子系统当中一般存在着多个政策叙事联盟，不同联盟之间政策信念的差异，会导致政策联盟之间的冲突。这种政策信念间的冲突，往往会上升到政策叙事联盟之间的矛盾与较量。在这种背景下，政策信念的冲突矛盾越深，政策叙事联盟彼此为竞争投入的资源越多、展开竞争也越激烈。而往往那

[①] SHANAHAN E A, JONES M D, MCBETH M K, et al. An Angel on the Wind：How Heroic Policy Narratives Shape Policy Realities [J]. Policy Studies Journal, 2013 (3)：453-483.

[②] JONES M D. Cultural Characters and Climate Change：How Heroes Shape Our Perception of Climate Science [J]. Social Science Quarterly, 2013 (1)：1-39.

[③] 斯通. 政策悖论：政治决策中的艺术 [M]. 顾建光, 译. 北京：中国人民大学出版社, 2006：144-151, 200.

些指向核心价值的争论和冲突,就可能更加集中并且更加激烈地反映在一些看似次要的技术性争论上。①因此,涉及价值意义层面,政策叙事联盟之间缺乏共享认知时,为了维护基本政策信念,政策叙事联盟就需要使用叙事策略来说服对方,而不是采取强制性措施或者恐吓威胁。当这种分歧扩大到基本政策信念时,彼此之间就会为意义而争。但是,政策叙事的竞争和冲突,更多是以具有不同的寓意和意义的故事或者对故事的不同阐述等方式来进行。

政策叙事的策略,就是叙事联盟为了维护政策信念而运用政策叙事基本要素的方式。也正是这些叙事要素,构成了上文提到的政策叙事体系。从操作层面而言,政策叙事策略的主要目标,就是扩大或者缩小政策矛盾的范围,以此来帮助政策叙事联盟赢得更多影响力和权力,并在政策竞争中获胜。②对政策叙事联盟而言,最为基本也最为直接的政策叙事策略就是重新计算某项政策对人们而言所需付出的成本(cost)和所能得到的收益(benefit)。那些将自己描述成失败者的政策叙事联盟,总是将既有政策描绘成社会普遍承担很高的成本、政策的收益仅限于某一小部分精英群体的政策。通过这种政策"成本-收益"再计算,政策叙事联盟能够动员更多群体认可自己的政策信念。③除了政策成本和收益的再计算之外,McBeth等还总结出了其他政策叙事策略。例如,政策叙事的胜者联盟会识别胜者,揭示现状的合理性并且无需改革,以维持最小胜利者联盟;政策叙事的败者联盟也会识别胜者,但会放大政策中的矛盾。此外,失败一方都会使用一些简单、可控和易于记忆的文本符号(symbols),来重新标识政策议题并"污名化"对手。类似于这种文本符号,"政策替罪羊(surrogate)"往往也被用来裹挟更加复杂和争议性更强的问题进入政策论辩当中,以此来加深政策冲突和矛盾状态。④除了这些策略,政策叙事联盟还会采用魔鬼转换和天使转换(devil shift/angel shift),前者是指政策叙事联盟将对手认定为坏人的角色,并过高地展示对手拥有的实力和邪恶一面,同时淡化或弱化自身实力,以此来达到维护自身政策信念的目

---

① 萨巴蒂尔,詹金斯-史密斯.政策变迁与学习:一种倡议联盟途径[M].北京:北京大学出版社,2011:47-48.

② JONES M D, MCBETH M K. A Narrative Policy Framework: Clear Enough to Be Wrong? [J]. Policy Studies Journal, 2010(2): 329-353.

③ SHANAHAN E A, JONES M D, MCBETH M K. Policy Narratives and Policy Processes [J]. Policy Studies Journal, 2011(3): 535-561.

④ MCBETH M K, SHANAHAN E A, ARNELL R, et al. The Intersection of Narrative Policy Analysis and Policy Change Theory [J]. Policy Studies Journal, 2007(1): 87-108.

的；后者则正好与之互补，通过展现自身作为英雄的角色和在破解政策僵局时的能力。①

除上述建构故事的具体政策叙事策略之外，政策叙事联盟还会利用其他叙事手段来辅助叙事竞争。政策叙事联盟在进行政策叙事过程中，可以选择利用数字和科学知识来对政策主张进行论证。数字作为测度并描述现实情况和问题的手段，往往有着特殊目的。数字本身具有隐喻的作用，对数字的使用，就在于用部分代替整体、用某些部分的特征来忽略其他部分的特征；而打算进行测度或获取数字，其实也是出于改变现状或行动的需求；数字能帮助政策叙事建构起特定的故事情节，从而传达出价值意义，例如，"每况愈下""阻碍进步"的数字，展示出情况变糟糕、迫切需要改革的故事；而那些有关"情况得到有效控制"的数字，则能够传达出现状依然良好、无须改革的故事。②不仅数字本身可以作为支撑政策竞争的叙事基础，而且，政策叙事还可以求助于那些产生数字的过程，也即对政策的科学论证和评估。实际上，专门知识的所有者（学者、专家、科学家等）在参与政策与政治过程中，具有4种不同的理想化角色，即纯粹的科学家、科学仲裁者、观点辩护者和政策选择诚实代理人。但是，这些知识所有者，想要充当纯粹的且去政治化的客观知识提供者几乎是不可能的，因为人们拥有的籍以提供咨询和做出决策的这些知识，本身就是带有层级结构和论证痕迹的政治化产物，而且知识也具有情境性。③因此，科学知识是为政策论证和叙事提供合法性的方式之一。同时，科学知识都只是隐藏在了政治后边，也正因如此，整个社会赖以运行的意识形态，为政策叙事提供了从更为根本的层面来展开竞争的基础。意识形态指导着社会中的所有人按照特定的信条或原则去思考公共政策，往往是出于对某些价值的批判和对另外一些信念的辩护，所以，所有政策分析都依赖于意识形态④。同时，政策叙事也可以将某些意识形态融入叙事中，从而有助于简化政策论证过程。

---

① SHANAHAN E A, JONES M D, MCBETH M K, et al. An Angel on the Wind: How Heroic Policy Narratives Shape Policy Realities [J]. Policy Studies Journal, 2013（3）：453-483.
② 斯通.政策悖论：政治决策中的艺术 [M].顾建光，译.北京：中国人民大学出版社，2006：175-182.
③ 皮尔克.诚实的代理人：科学在政策与政治中的意义 [M].李正风，缪航，译.上海：上海交通大学出版社，2010：1-6.
④ 林布隆.政策制定过程 [M].朱国斌，译.北京：华夏出版社，1988：48.

（三）主流政策叙事下的共识形成

有关政策叙事联盟竞争过程的呈现和讨论，描述一个内涵丰富的政策竞争和较量的图景。这幅图景并不是由暴力斗争、强制压迫等行为构成的，而是充满了对话、沟通和论辩的民主化过程。政策叙事联盟的叙事竞争，有助于我们打开政策竞争过程的"黑箱"，更进一步地了解联盟之间使用哪些策略、如何进行竞争。在叙事竞争过程中，重要的是一些政策信念被更多人知晓和了解，尤其是一些社会价值和意义得到彰显，并在论辩中不断巩固。从政策叙事的目的来看，无论微观层面上的叙事沟通和认知，还是中观层面的叙事竞争，都是要在最大范围内实现政策认知上的共识。政策叙事竞争的结果，既预示着政策叙事联盟赢得胜利，也表明一些符合社会基本价值规范的政策主张得到更多人的认可和接受，在主流政策叙事下形成社会共识。当然，政策叙事的竞争和共识达成不可能让所有人都"从心底"表示满意。在政治溪流当中，共识的建立是通过"讨价还价"以及最终让步和妥协来"换取联盟的支持"①。

主流政策叙事下的共识形成，体现在两个方面。第一，主流政策叙事胜出，并为社会所认可。只有那些在政策联盟叙事竞争中战胜了其他联盟的政策叙事，才能被更多人接受，并进一步成为主导政策决策和执行过程的主流政策叙事。政策叙事联盟通过强化核心政策信念和叙事话语宣称，在巩固联盟凝聚力和内部共识的同时，不断激发民众情绪和支持意愿；此外，初步构筑起包括政策背景、故事主角、故事情节、故事寓意、因果机制、证据等在内的完整政策叙事体系，并将政策信念融入故事当中，形成一个易于理解且能够让人同情和接受的故事。在这种坚实政策信念和有效故事叙述的基础之上，政策叙事联盟通过多种叙事策略和方法，才能战胜对手并争取更大范围内的社会认可。此时，政策叙事联盟的影响力已经在社会中建立起来，获胜方的政策叙事上升为主流政策叙事，其政策信念及在此基础之上的政策主张在社会中就具有了一定的权威性和教育意蕴，能够影响整个社会民众的政策认知并促成共识。正如林布隆所指出的，"如果人们对政策的看法一致，那只是因为受到了某种方式的教育和灌输才取得的"②。在这种背景下，获胜的政策叙事联盟所界定的社会问题，就可以顺理成章地作为政策问题而被提上政府的政治议程。

---

① 约翰·W 金登.议程、备选方案与公共政策[M].丁煌，方兴，译.2版.北京：中国人民大学出版社，2017：150.

② 林布隆.政策制定过程[M].朱国斌，译.北京：华夏出版社，1988：150.

第二，主流政策叙事还需要完成叙事的制度化。某项政策议题引起关注、获得认可并上升到政府政策层面，只能是对解决公共问题的一次建议。但是，只有政策叙事完成制度化，也即自我的合法化，那些与政策信念及其价值意义相关的社会问题，才能够被提升为政策议题。正如 Hajer 所言，"成功的政策话语，需要固定下来成为制度或者融入制度，成为组织实践或者人们思考的方式"①。只有政策叙事将其他政策叙事和话语排除在政策议程之外，并获得国家权威的认可，才能够完成制度化。但是仅仅如此还不够，政策叙事还需要作为一种人们认知的框架，能够利用其内在的政策信念、价值意义和因果机制等来"框定"（framing）人们的思考和行动。例如，只有当"家庭联产承包责任制"的政策叙事将"集体化"的话语排除在主流政策过程之外，人们在经营农地时才会突破集体所有制的思想束缚，并且按照政策叙事的要求行动。同时，这种制度化过程还能够实现政策叙事的"再生产"，当政策叙事被人们接受后，人们在社会化的交往过程中，也会要求他人按照这种叙事来理解和行动。

三、政策变迁中的政策叙事结构：一个分析框架

在政策变迁过程中，政策叙事也发挥着塑造政策过程和影响政策产出的重要作用②。政策叙事包含了政策信念和基本价值意义，政策的变迁很大程度上就依赖于这种深层次的政策信念和价值意义的转变，以及对这些信念和价值的认可和共识。例如，上文提到的政策转移和政策学习过程，本质而言，就是学习和接受政策信念的过程。而且，仅仅是联盟信念次要方面的改变，就被认为能够推动公共政策的历时性变迁③。反过来，外部宏观经济、政治条件导致的政策核心转变，有时也需要联盟相关政策和行动层面上的调整与配合，由此，也导致了政策叙事的同步变革。只有运用政策叙事策略，让更多人接受和认可政策信念和价值意义，政策变迁才能够为社会接纳和认可。因此，考察政策变迁中的叙事出现何种变化、具有什么样的结构特征，就显得十分必要。透

---

① HAJER M. Discourse Coalitions and the Institutionalization of Practice：The Case of Acid Rain in Britain [M]//FISCHER F，FORESTER J. The Argumentative Turn in Policy Analysis and Planning. Durham and London：Duke University Press，1993：46.
② SHANAHAN E A，JONES M D，MCBETH M K，et al. An Angel on the Wind：How Heroic Policy Narratives Shape Policy Realities [J]. Policy Studies Journal，2013（3）：453-483.
③ 萨巴蒂尔，詹金斯-史密斯.政策变迁与学习：一种倡议联盟途径[M].北京：北京大学出版社，2011：19.

过对政策叙事的变化研究，我们能够更好地把握政策变迁的基本内涵特征，例如，政策所倡导的价值意义和政策信念的变化；同时，也能够帮助我们从更广的视角来观察政策变迁的外在表现形式，尤其是那些政策调整中政府所运用的策略。只有当政策叙事契合了政策变迁的方向，完整地传递出政策改革的核心主题并且为更多人所接受的时候，政策叙事才是成功和有效的。因为一旦某个政策故事成为主流，那么这个故事将驱动政策变迁。[①]

因此，接下来文章将重点探讨政策变迁中的政策叙事结构，也就是国家在主导政策变迁过程中，建构了哪些旨在实现政策共识的政策叙事体系，以及这些政策叙事体系具有哪些共性的结构特征。在政策变迁过程中，国家需要将政策叙事与国家战略发展目标、政策意图等相结合。首先需要明确的是，政策作为对社会进行"权威性价值分配"[②]活动，本质而言，依赖于国家或政府来决定做什么或者不做什么。因此，政策具有很强的国家主导性，尤其在涉及一些基本的经济或社会制度时，这些政策变迁往往取决于国家意志，是国家自主性行为的表现，如农村土地的产权制度改革。所以，现代国家的公共政策被认为是"国家组织的控制者想要做的事"[③]。在这些政策变迁当中，国家既是主导者也是核心政策叙事主体。国家在推进改革和政策变迁过程中，也需要对政策信念及价值意义进行宣介，讲述一个让人们能够理解也乐于接受的故事作为主流政策叙事；同时，帮助人们树立起新的认知方式，并将一些与政策信念相左的内容排除在主流政策叙事之外。藉此，为政策变迁营造更好的社会氛围，打下良好的认知基础。因此，国家的政策叙事活动也就包括了国家在农地产权政策改革中秉持何种政策信念、如何进行意义的宣介和塑造。此前已经介绍，政策叙事联盟构建的政策叙事体系，包括政策背景、故事主角、故事情节、故事寓意、因果机制、证据等。我们在此基础之上，首先将故事的各类角色界定为话语对象，也即国家在政策叙事中主要指涉了哪些群体，他们分别扮演何种角色。其次，政策叙事的核心议题内容也较为关键，国家政策叙事主要对哪些议题进行讨论而没有对哪些内容进行讨论，这也是政策叙事的重要组成部分。最后，国家政策叙事，还需要通过政策故事来阐述政策背后的价值意义（政策信

[①] HAJER M. Discourse Coalitions and the Institutionalization of Practice: The Case of Acid Rain in Britain [M]//FISCHER F, FORESTER J. The Argumentative Turn in Policy Analysis and Planning. Durham and London: Duke University Press, 1993: 43–76.
[②] 伊斯顿.政治体系：政治学状况研究[M].马清槐, 译.北京：商务印书馆, 1993: 128.
[③] 黑尧.现代国家的政策过程[M].赵成根, 译.北京：中国青年出版社, 2004: 15.

念),并且需要通过多种方式来进行阐述(叙事策略)。政策叙事对政策变迁过程的影响如图 3-2 所示。

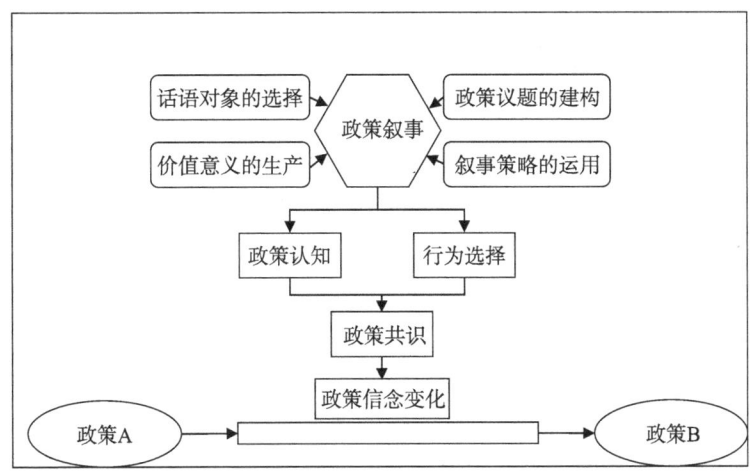

图 3-2　政策叙事对政策变迁过程的影响

(一)话语对象的选择

政策叙事的话语对象,是政策叙事涉及的各类主体和角色,主要是那些与政策直接相关的利益群体和行动主体,以及这些不同政策行动主体被赋予的角色功能。政策叙事的精髓就是讲述故事来表达意义,话语对象在故事中的地位尤为关键。公共政策的公共性决定了无论是内在价值要求还是实际目标,公共政策都需要以社会群体而非单个个体的利益为出发点。公共政策所进行的价值分配"对一个社会中所有的成员或大部分将是具有权威性"①,当然,这种公共性或社会性并不妨碍它实际上指向社会中特定或部分群体。而且,由于是对权威性价值的分配,社会资源又总是有限的,必然涉及不同群体之间矛盾的调和。因此,这些政策目标群体以及需要调和的对象群体,就成为政策叙事讲述中的重要故事角色。

从叙事要素的功能角度来看,故事角色或者话语对象,在政策叙事过程中本身就发挥着重要作用。这是因为构成故事情节的行动,既是人们的兴趣所在,也是由人物牵连出来的。一方面,人物是人们阅读和理解故事的重要内容。正如查特曼指出,人物特性才是那个能吸引人、为人所欣赏的地方,故事

---

① 伊斯顿.政治体系:政治学状况研究[M].马清槐,译.北京:商务印书馆,1993:128.

因为人物性格的多样化和特殊性而更加丰富多彩①。因此，人物的行为举止和性格命运，往往能够引起人们的同情或者愤怒，从而提升故事可读性的基础。另一方面，人物也是叙事过程中的重要环节。叙事进程其中的一种方式，就是通过"人物与其环境之间或者人物彼此之间的不稳定关系"②来呈现叙事矛盾和故事寓意的，缺少了人物的故事将由于故事角色在读者阅读中的缺失而难以为继。不同故事角色的性格及其思想，有助于我们更深刻地认知和理解故事。Connelly等曾强调，理清是"谁"在发声，是叙说研究写作的基本要求③。不仅是叙事研究者需要明确故事中"谁"发声，作者和读者也同样需要关心。这是因为，只有透过发生在不同故事角色身上的故事和在他们的视角下的因果推理过程，故事角色的"心路历程"以及他们的行动在具体情境中的意义，才能被作者传达出来并被读者们理解。只有理解了不同情境下人物思想活动和行为原因之后，我们才能够超脱出对行动者带动情节变化的关注，进而完成对叙事结构背后意义的理解和阐释。对价值意义的理解更为重要，因为叙事的深层结构其实并不是行动模式，而是一种意义模式。④

政策叙事中话语对象的选择过程，并不仅仅是简单地对已经存在的客观人或物的拣选，还包括了话语对象的故事角色划分和行动描述。首先，话语对象往往被建构为不同类型的故事角色。在政策叙事中，总是存在一些话语对象或故事中的行动者，他们往往被划分为不同的群体、贴上不同的标签、赋予不同的角色。例如，农村土地产权政策叙事中，总是会出现地主、农民和集体。这些被明显区分开的群体，在被贴上不同的标签之后，具有不同的角色，也具有了不同的功能和意义。只有当"意义在认知中不在场"的情况下才需要使用符号，而任何符号也需要有意义在背后支撑。⑤在新民主主义革命叙事当中，"地主"一词，在人们的认知当中就是欺压和剥削农民的统治阶级，地主同时也是落后阶级的代表。常见的政策叙事角色包括了英雄、坏人和受害者⑥。政

---

① 查特曼.故事与话语：小说和电影的叙事结构［M］.徐强，译.北京：中国人民大学出版社，2013：97.

② 费伦.作为修辞的叙事：技巧、读者、伦理、意识形态［M］陈永国，译.北京：北京大学出版社，2002：5.

③ CONNELLY F M, CLANDININ D J. Stories of Experience and Narrative Inquiry. Educational Research, 1990（2）：2-14.

④ 马丁.当代叙事学［M］.伍晓明，译.北京：北京大学出版社，2005：95.

⑤ 赵毅衡.符号学原理与推演［M］.南京：南京大学出版社，2011.46-48.

⑥ SHANAHAN E A, JONES M D, MCBETH M K, et al. An Angel on the Wind：How Heroic Policy Narratives Shape Policy Realities［J］. Policy Studies Journal, 2013（3）：453-483.

策叙事中也会使用一些凝练的符号（condensation symbols）来重新定义政策问题或者是话语对象①。在完成角色赋予之后，政策叙事还会具体描述话语对象的行动和状态。例如，政策问题波及的受害者，范围有多广、包括哪些群体、具体数量有多少等；同时，这些受害者哪些利益受到损害、损害程度如何、生活现状是什么样的；还包括坏人们都有谁、获得了哪些利益等。其次，话语对象的语言和他们的情感状态也十分重要，需要在政策叙事的话语对象建构中进行呈现。人物的语言在叙事过程中能够起到抒发感情的作用。在从叙述到语言、然后返回叙事的过程中，人物语言能够"增进对人物看待事物的独特方式的认识"，而且人们的说话过程也将人物与自我、与他人的关系呈现出来，对话、语言的差异反映出人们在文本之外更丰富的情感。②

我国农地产权政策变迁中的话语对象，主体仍然是农民群体，常强调为农民"发声"。但关于选择谁是"坏人"和谁是"弱者"方面，国家在不同历史阶段的侧重不同。改革开放前，社会主义改造和集体化时期的话语对象，弱者往往是贫下中农，而坏人则是剥削大众的地主阶级；改革开放后农地三权分置阶段的话语对象，则逐渐转变为新型农地经营主体。

（二）政策议题的构建

政策议题或者说政策叙事的议题，是那些广受社会关注并需要通过叙事予以阐述的焦点事件、核心矛盾。政策议题的挑选和构建，在叙事过程中十分重要。如果选择那些非社会热点问题，政策叙事将难以引起人们的注意；如果选择了社会焦点问题，但叙事没有一个曲折坎坷、引人入胜的情节，这样的政策叙事同样是失败的。因此，挑选哪些社会问题、如何描述这些问题并使其成为有效的政策议题，在政策叙事中尤为关键。正如著名叙事学家费伦所言，叙事其实是"把某些议题或者关系确定为隐含读者的兴趣核心"，而且是"围绕这些兴趣核心而展开和解决矛盾的"③。叙事进程中，读者始终会跟随故事中信息数量和情节曲直的变化，在具体情境当中理解政策议题及其背后的价值意

---

① MCBETH M K, SHANAHAN E A, ARNELL R, et al. The Intersection of Narrative Policy Analysis and Policy Change Theory [J]. Policy Studies Journal, 2007（1）: 87-108.
② 费伦.作为修辞的叙事：技巧、读者、伦理、意识形态[M].陈永国，译.北京：北京大学出版社，2002：12-14.
③ 费伦.作为修辞的叙事：技巧、读者、伦理、意识形态[M].陈永国，译.北京：北京大学出版社，2002：5.

义。读者所能看到和了解的事件内容"不仅依赖于叙述者的知情程度、还要看叙述者讲述了多少",这意味着,作者对信息的取舍很大程度上影响读者的理解效果,那些"遗失了的信息"同样构成了人们"对事件的阐释和再阐释"。[1] 除问题本身的性质之外,如何以巧妙的形式来阐述故事中的问题和矛盾,也即故事情节的选择,对政策叙事效果的影响不言自明。对于不同的故事情节,读者很容易就能判断出哪些故事情节会吸引人而哪些又是平淡无奇的。正是通过巧妙的政策问题挑选和故事情节设置,政策叙事才能够更加有效地进行意义生产和传递。因此,政策变迁过程中政策议题的变化,就成为观察政策叙事的重要维度。

一方面,选择哪些政策问题是政策议题构建的重要内容。政策议题选择呈现哪些问题和事件,影响着叙事的效果。一般而言,只有那些具有"可述性"(narratability)的事件或问题,才具有被叙述的潜力。实践中,往往那些"有违常规"[2]的事件才值得被讲述,包括与社会规范、实际经验等相悖的现象或事情。那些具有"可述性"的事件和问题,被选择进行叙述以后,就会在政策叙事过程中发挥重要作用,甚至会成为政策合法性的重要来源。Knox 对美国佛罗里达州的"大沼泽地恢复"政策叙事的研究指出,地方政府通过掩饰环境和经济发展之间的紧张关系、低估环境破坏给经济利益集团带来的收益等方式,有效回避了民众对政府项目的合法化"质疑"[3]。政策议题的合法性通过下面的方式得以体现:政策问题和政策议题在公共媒体或公共舆论当中高频次、反复地出现,对特殊符号和词汇的使用和提及,前者能够有效抓取社会注意力,而后者将影响民众对于政策叙事中符号的潜在认知和接受度。但是,为何特定的政策问题或议题能够被选择出来并呈现到大众面前,而其他议题却没有呢?这是因为政策是关于政府选择做什么和不做什么的活动,但这些选择与否的活动只是表象,政策背后驱动政府选择的原因可能更加重要,也即是什么导致了政府关注并解决这个问题而不是其他问题。哪些事件和问题被呈现、报道和讨论,其实与很多因素有关,如某些能够反映经济社会状况的关键指标、一个惹人注目的危机事件、对现实政策运行的超预期反馈等[4]。

---

[1] 赫尔曼. 新叙事学 [M]. 马海良, 译. 北京:北京大学出版社, 2002:5.
[2] 赵毅衡. 广义叙述学 [M]. 成都:四川大学出版社, 2013:167-174.
[3] KNOX C C. Distorted Communication in the Florida Everglades: A Critical Theory Analysis of 'Everglades Restoration' [J]. Journal of Environmental Policy & Planning, 2013 (2):269-284.
[4] 金登. 议程、备选方案与公共政策 [M]. 丁煌, 方兴, 译. 2版. 北京:中国人民大学出版社, 2017:85.

另一方面，政策议题如何构建，也即如何界定这些政策问题，同样是政策议题构建的重要内容之一。政策叙事的议题虽然是那些广受社会关注的焦点事件、核心矛盾，但这并不意味着，政策叙事议题中的事件和问题，就是对客观社会现实或条件的简单呈现。面对相同的社会事实，不同的政策参与者，由于看待问题的视角差异，会给出不同甚至完全"相左"的描述。本质而言，政策问题是那些"没有实现的需要、价值"[①]，而关于这些需要和价值是谁的需要、对谁而言有价值，人们是存在分歧的。因此，政策议题是一种具有主观认定性和社会构建性特征的活动。政策叙事是否能够将政策问题提升为政策议题，不仅依赖于政府了解社会状况的手段，或者说是事件或问题本身能够引人注意而具有的特征，还取决于政策问题是如何被界定和建构的，也即金登所说的"状况被界定成问题的途径"[②]。社会状况就是一般的社会事实，其中是否存在问题，受到人们对问题界定的影响。金登列举了一些常见的将社会状况界定为政策问题的方式，例如，指出政策现状有违社会价值观；与其他国家或地区进行对比，指出现有政策存在的差距。政府也可以将社会状况界定为"没问题"，例如，聚焦于社会问题中情形出现好转的指标、重新界定政策问题的性质、指出一些新的社会问题并将人们的注意力转移到这方面等。[③] 此外，叙事情节当中还会出现一类"否叙述"的情节处理方法，通过否定一些事实上没有发生的事情，来表达人物的行动。"否叙述"在实际生活中也有应用，例如，在法庭辩护上，律师会表达"某人曾经有某种想法，但未付诸行动，不能入罪"的意思，透过否定这种没有发生的事情，来达到开脱的目的。[④]

我国农地产权政策变迁中的政策议题选择，关系到改革政策能否在最大程度范围内为人们所接受。正如上文指出的，实际中，只有那些惹人注目的社会焦点问题、反映经济社会状况的关键指标的问题和事件才能够更加有效地进行意义生产和传递；与此同时，故事需要具有"可述性"并超出日常规范和人们的预期。在我国农地产权政策的不同阶段，政府的政策议题选择也有所区分：改革开放前社会主义改造和集体化时期，政策议题集中在土地"集体所

---

① 邓恩.公共政策分析导论［M］.谢明，等译.北京：中国人民大学出版社，2011：50.
② 金登.议程、备选方案与公共政策［M］.丁煌，方兴，译.2版.北京：中国人民大学出版社，2017：185.
③ 金登.议程、备选方案与公共政策［M］.丁煌，方兴，译.2版.北京：中国人民大学出版社，2017：186.
④ 赵毅衡.广义叙述学［M］.成都：四川大学出版社，2013：170.

有"的社会效益;改革开放后农地三权分置改革时期,政策议题则聚焦于农地产权的多元权能。

(三) 政策信念的生产

政策信念就是政策联盟内部对特定政策的一套"基本价值、因果假设,以及对问题的理解"[①],其实,也就是他们关于公共政策价值意义的认识。但是,蕴含于政策叙事背后的意义往往很难加以把握,这是因为公共政策问题变得越来越不确定化、复杂化和两极分化,不同群体的理解和评价常常是千差万别,对错是非、好坏善恶常无法统一也真假难辨。面对这种日益支配政治生活的高度不确定性和相互矛盾的政策问题,展开政策叙事分析、找到隐藏在政策叙事背后的基本假设和因果机制就显得很有必要了。不仅如此,人们对叙事对象背后基本价值意义的认识和观念往往是稳定的和系统可寻的[②],这些信念本身也可以为政策叙事本身所塑造。这就为政策叙事的内容分析、区分不同的政策叙事,提供了可操作的依据和路径。人们关于政策信念中价值意义的认知和观念,往往决定了他们的政策偏好和基本立场。那些具有不同偏好和立场的人们,他们的政策信念常取决于对一些基本政策问题的回答,如谁应该拥有政策决策权、谁是现有政策的受害者、政策的制定基于何种原则等[③]。对这些基本问题的不同回答,使得不同政策联盟的信念产生差异,进而导致联盟之间的竞争和对立。相关研究也已指出,某一特定政策团体的叙事和信念在长时间段内基本趋于稳定,而对立和竞争的不同政策联盟在叙事和信念上往往相左。[④]

政策叙事中的政策信念,是人们对于一些基本价值的态度和倾向,并借此来理解特定背景下的故事、符号等,并赋予其意义。特定政策中的核心政策信念,被认为代表了政策联盟的基本行为规范和因果认知[⑤]。正因为政策信念

[①] 萨巴蒂尔, 詹金斯-史密斯. 政策变迁与学习: 一种倡议联盟途径 [M]. 北京: 北京大学出版社, 2011: 25.

[②] JONES M D, SHANAHAN E A, MCBETH M K. The Science of Stories: Applications of the Narrative Policy Framework in Public Policy Analysis [M]. New York: Palgrave Macmillan, 2014: 7.

[③] MCBETH M K, SHANAHAN E A, HATHAWAY P, et al. Buffalo Tales: Interest Group Policy Stories in Greater Yellowstone [J]. Policy Sciences, 2010 (4): 391-409.

[④] SHANAHAN E A, JONES M D, MCBETH M K, et al. An Angel on the Wind: How Heroic Policy Narratives Shape Policy Realities [J]. Policy Studies Journal, 2013 (3): 453-483.

[⑤] 萨巴蒂尔. 政策过程理论 [M]. 彭宗超, 等译. 北京: 生活·读书·新知三联书店, 2004: 158.

是公共政策内含的价值意义，政策信念的生产过程其实也是价值意义的生产过程。只不过政策叙事更倾向于一种隐蔽的生产价值意义的方式，通过运用不同的叙事元素及其组合来表达政策信念。政策叙事对事实进行重新的裁剪、修饰和拼接，重新界定政策状况和问题，并通过清晰的原因解释或因果机制来最终得出政策价值判断和建议方案。透过故事中所囊括的事件、排除的事件、强调的事件，价值和意义也在叙述的过程中得以彰显。[①] 因此，可以看到，因果机制在塑造政策信念方面其实有着引导作用，通过原因归纳和说理分析将政策信念呈现给读者，帮助读者理解"什么是好、什么是坏"并建立起相应的价值观。这些因果机制有着不同的归因方法，包括故意型（intentional）与无意型（inadvertent）、系统型（mechanical）与偶然型（accidental）。故意型将问题的原因归结于有不良企图的个人或组织，无意型将问题的原因归结于那些具有良好意图的行为或安排，系统型则将原因归结为某些体系或安排自然而然导致的结果，偶然型则将原因认定成命运或外部客观环境。[②] 实际中，政策信念类型纷繁复杂，但从信念层次上来看，萨巴蒂尔和詹金斯-史密斯的划分较为典型，也即关于基本规范性原则的深层次核心价值体系、接近政策核心价值的基本战略和政策定位，以及由工具性决定和信息搜索构成的次要方面。[③]

当然，政策叙事中政策信念过于繁杂、基本价值观对立和缺乏适时调整，会给政策制定和政策落实带来不少负面的影响。虽然不同联盟之间彼此会相互学习和借鉴对方的长处，但是，一些基本信念的矛盾往往会导致政策冲突。而且，由于政策信念具有一定的稳定性，往往会使得政策联盟之间的叙事竞争和论辩旷日持久，政策问题被搁置或悬而难决[④]。共享政策信念的缺乏，还会影响到政策执行。那些政策审查和追责机制会由于人们的不认可而流于形式，在政府组织内部盛行的"政治-行政"二分叙事下失去效力导致大量的责任推脱。[⑤]

---

① FELDMAN M S, SKÖLDBERG K, BROWN R N, et al. Making Sense of Stories: A Rhetorical Approach to Narrative Analysis [J]. Journal of Public Administration Research and Theory, 2004（2）: 148.
② SHANAHAN E A, JONES M D, MCBETH M K, et al. An Angel on the Wind: How Heroic Policy Narratives Shape Policy Realities [J]. Policy Studies Journal, 2013（3）: 453-483.
③ 萨巴蒂尔, 詹金斯-史密斯. 政策变迁与学习: 一种倡议联盟途径 [M]. 北京: 北京大学出版社, 2011: 31-32.
④ MCBETH M K, SHANAHAN E A, HATHAWAY P, et al. Buffalo Tales: Interest Group Policy Stories in Greater Yellowstone [J]. Policy Sciences, 2010（4）: 391-409.
⑤ TEREFE D. Assessment of the Causes for Policy-Implementation Narratives in Ethiopia: The Case of Selected Public Institutions [J]. Public Policy and Administration Research, 2018（10）: 1-16.

在我国农地产权政策体系中，政府在政策改革中的政策信念，同样需要不断地认定和反复确认。差异化的政策信念会导致政策矛盾和冲突，也不利于政策的贯彻执行。同一产权结构时期的农地产权政策叙事，需要具有唯一性和明确性的基本政策信念支撑，这一基本政策信念，也构成了整个政策叙事努力的方向。具体而言，新中国成立以来我国农地产权政策的不同阶段，政策信念包括了改革开放前社会主义改造和集体化时期的集体产权观念，以及改革开放后农地"三权"分置下对效率与权利的尊重。

（四）叙事策略的运用

政策叙事中的信念帮助人们理解政策叙事内容的意义，政策叙事中的策略则有助于人们认识政策叙事内容的运用方式。政策叙事的策略，是叙事者为了影响和控制政府政策的过程、参与和结果，运用叙事基本要素、构建叙事内容的各种方法。在政策变迁过程中，叙事策略往往是政府为了维护政策信念，运用叙事基本要素构建叙事体系的方法。政策的叙事策略具有很强的实践导向，往往是对一些实际中所运用的政策叙事经验的总结。政策叙事的策略归纳起来，主要包括两类：政策"成本-收益"的再计算和实际矛盾的再修饰。当然，这些政策叙事策略的最终目的，正如前文所指出的，还是通过对政策问题中的利益分配和矛盾张力进行再界定，扩大或缩小政策矛盾的范围，以此来赢得更多社会影响力、战胜其他政策叙事，并强化改革政策信念的合理性。

首先，政策"成本-收益"的再计算，也即政府重新计算某项政策对人们而言所需付出的成本和所能得到的收益。这种政策收益的再计算，有助于动员更多群体认可自己的政策信念[1]，同样可以用于推广新政策。为了更好地拥护和推广新政策，政府可以通过识别那些与自己立场一致的群体，并重新计算既有政策的"成本-收益"，也即放大旧政策给社会普遍带来很高的成本，缩小旧政策的收益范围并将其集中限于某一小部分群体。同时，也可以计算新政策能够给社会大部分群体带来的利好、将政策成本最小化。政策变革的抵制者，为了维护旧政策，会明示现状的合理性和无需改革。政府在推进政策改革过程中，进行这种"成本-收益"再计算，也会涉及对数字的使用。此时，数字内在的隐喻机制和作用也能够得到发挥。例如，选取部分特定指标而放弃其他指

---

[1] SHANAHAN E A, JONES M D, MCBETH M K. Policy Narratives and Policy Processes [J]. Policy Studies Journal, 2011（3）: 535-561.

标，来对政策"成本－收益"再计算，凸显原有政策中的问题和潜在危险。而且，数字所展示和营造的"每况愈下""阻碍进步"情节，能够展示出情况变糟糕、迫切需要改变的故事，有助于传达出推进政策改革的价值意义，从而让政策变迁的叙事和新政策能够为人们所接受。同时，政府还可以在进行政策叙事过程中，利用科学知识来对政策主张进行论证。这些政策论证和评估的过程也是生产数字的过程，有助于"成本－收益"的再计算。由学者、专家、科学家等参与并向政府决策提供咨询的科学知识生产过程，本质上也是为政策论证和叙事提供合法性的方式之一。实践中，可供利用的数字和科学知识，还包括各类统计数据和民意投票的数据等①。

其次，实际矛盾的再修饰。叙事本身就具有较强的文学修饰意味。叙事中事件或问题的意义，往往取决于它被如何使用而非其原始的含义。每个故事都会有寓意或中心思想，故事中的情节、人物、表达形式和时间安排，都是为了更好地阐明其寓意。叙事作为一种工具，其目的只是为了向读者传达"知识、情感、价值和信仰"②。叙事的这种修饰功能有时可用于针对特定的政策反对方，有时也可以用来修饰故事中的其他角色。例如，使用一些简洁易懂的文本符号，来重新标识并"污名化"故事中的那些势力强大的反对者或坏人；或者通过引入更加复杂和争议性更强的问题进入政策论辩当中，转移民众的注意力到这些"替罪羊"身上而加深政策冲突和矛盾，扩大新政策的影响力；③又或者采用魔鬼转换和天使转换（devil shift/angel shift），强化对手的坏人角色，呈现对手拥有的实力和邪恶一面，同时，展现新政策或政策改革在破解政策僵局时的能力，强化英雄角色。④叙事视角的选择，同样会影响叙事受众的理解，例如，第三人称的叙事者会有一种"实证权威"⑤，让第三方来讲述自身经历和故事，会让人们更加相信叙事内容的真实性。总之，对政策中实际矛盾的修饰，有助于强化人们对新政策的认知和接受程度，以此来达到巩固有关政策改

---

① SMITH-WALTER A, PETERSON H L, JONES M D, et al. Gun Stories: How Evidence Shapes Firearm Policy in the United States [J]. Politics & Policy, 2016 (6): 1053-1088.
② 这是修辞理论学家肯尼斯·伯克和韦恩·C. 布斯的观点，转引自华莱士·马丁《当代叙事学》。
③ MCBETH M K, SHANAHAN E A, ARNELL R, et al. The Intersection of Narrative Policy Analysis and Policy Change Theory [J]. Policy Studies Journal, 2007 (1): 87-108.
④ SHANAHAN E A, JONES M D, MCBETH M K, et al. An Angel on the Wind: How Heroic Policy Narratives Shape Policy Realities [J]. Policy Studies Journal, 2013 (3): 453-483.
⑤ 马丁. 当代叙事学 [M]. 伍晓明, 译. 北京: 北京大学出版社, 2005: 189.

革信念的目的。

在我国农地产权政策变迁过程中，政府需要借用上述的政策叙事策略来强化政策改革信念。这是因为农地产权作为一种基本经济制度，在人们认知体系中较为稳定，但国家发展战略方向性转变导致农地产权政策的频繁调整，要求必须让新政策的信念为社会大众所接受。其中的"鸿沟"，就需要政策策略来予以弥补。新中国成立后，我国农地产权政策叙事中，政府先后采用了"敌我"矛盾下的斗争叙事和"民生"取向的市场叙事。不同的政策叙事策略，为国家农地产权改革和政策变迁的平稳过渡奠定了基础。

第四章 从"个体"到"集体":改革开放前国家农地产权的"集体中心"政策叙事

新中国成立后,国家农地产权格局在社会主义革命和建设时期进行了频繁调整,完成了由个人所有的"个体"农地产权结构向集体所有的"集体"农地产权格局转变。建国初期的国家农村土地改革运动,帮助农村地区建立起了土地个人所有的农地产权格局。在经历了短暂的"耕者有其田"式土地私有制之后,为了继续完成新民主主义革命未能实现的任务、实现由"新民主主义"向"社会主义"的社会转型,国家开展了农业合作化运动(包括农业的社会主义改造运动及其高级形式的人民公社运动),也即"农业集体化"过程,在较短时间内完成了农地产权制度的根本性变革。本章将考察上述过程中国家农地产权政策变革的结构特征。鉴于已有研究资料已十分全面且丰富,本章将不再对新中国成立后到人民公社时期农地产权从土地私有制向土地集体所有制转变的改革过程进行详尽复述,而是在简单介绍改革历程之后,重点关注这一政策变迁过程中国家政策叙事的特征,考察并呈现"以集体为中心"的农地产权政策叙事如何得以建立、国家农地产权如何完成了向集体所有制的过渡。在本章,我们将看到国家在农地产权的相关政策,如何有意识地选择话语对象、政策议题、叙事策略和政策信念,构筑起完整的国家农地产权"集体中心"政策叙事,进而助推国家农地产权改革。

一、改革开放前新中国的农地产权改革

新中国建立初期,社会主义国家虽然成立,但新民主主义革命的任务仍然没有彻底完成。新民主主义革命就是要推翻封建主义统治,从两千多年的封建地主阶级剥削统治中解脱出来,新中国建立后的关键任务之一就是"土地制度的改革"[①]。本质上而言,消灭地主阶级的举措,在社会意义和经济意义上也

---

① 中共中央文献研究室,中央档案馆.建党以来重要文献选编(一九二一——一九四九)(第二十五册)[M].北京:中央文献出版社,2011:250.

被认为是"一项典型的资产阶级革命行动"①。土地制度的改革在消灭地主阶级的同时，还需要将土地归还给耕种者、满足广大农民的需求。1950年6月，《中华人民共和国土地改革法》（后称《土地改革法》）颁布，土地改革运动全面开展。封建时代的旧中国，农民的土地拥有量与广大农民的基本需求相比而言错位严重，土地稀缺的矛盾不断恶化。毛泽东同志在一系列的农村调查当中也总结认为，地主占有了中国农村绝大部分的土地，但同时存在大量失地农民。他在《寻乌调查》中指出，地主占农村人口的3.45%，富农占人口4%，而农村土地的70%，被总共只占7.45%的地主和富农把持。②1950年国家统计局的数据显示，仅占全国总户数6.87%的地主和富农阶层，拥有着全国全部农用土地的51.92%；而剩下93.13%的贫下中农和其他人员，仅占有不到一半的土地。③因此，在建国初期，作为执政党的中国共产党，需要用很大的精力"解决那些属于民主革命范畴而在建国以前来不及解决的问题，巩固刚刚建立的人民民主政权"④，没收地主的土地并分配给普通农民耕种，全面推翻旧中国产权结构和封建主义剥削。

在此背景下，土地改革的推进过程呈现出多个特点。其一，土地改革运动的根本宗旨是废除落后的地主所有制生产关系。共和国成立前，中国人民政治协商会议通过的《共同纲领》第三条规定"中华人民共和国必须……有步骤地将封建半封建的土地所有制改变为农民的土地所有制"⑤。《土地改革法》第一条也明确强调"废除地主阶级封建剥削的土地所有制，实行农民的土地所有制"，并指出目的是要以此来解放农村生产力，发展农业生产。消除地主所有制、破除封建主义统治，是实行人民民主专政的新中国的核心任务之一，也是共产党带领中国广大农民谋求基本生存、改善社会生产和生活的最终出路。刘少奇在《关于土地改革问题的报告》中明确回答了为什么要开展土地改革的问题，"过去地主阶级所造成的历史罪恶，是根源于过去的社会制度"，旧中国地主所有制和产权所有格局是"我们民族被侵略、被压迫、穷困及落后的根源"

---

① 迈斯纳.毛泽东的中国及后毛泽东的中国［M］.杜蒲，李玉玲，译.成都：四川人民出版社，1989：132.
② 中共中央文献研究室.毛泽东农村调查文集［M］.北京：人民出版社，1982：105.
③ 温铁军.中国农村基本经济制度研究［M］.北京：中国经济出版社，2000：79.
④ 张永泉，赵泉钧.中国土地改革史［M］.武汉：武汉大学出版社，1985：295.
⑤ 全国人大常委会办公厅，中共中央文献研究室.人民代表大会制度重要文献选编（一）［M］.北京：中国民主法制出版社，2015：76.

第四章 从"个体"到"集体":改革开放前国家农地产权的"集体中心"政策叙事

和"国家民主化、工业化、独立、统一及富强的基本障碍"。① 其二,开展土地改革需要进行社会阶级成分的划分。土地改革的核心内容就是没收地主的土地、分配给无地少地的农民,也就必然涉及界定哪些人应该被剥夺土地、哪些人应分得土地。《土地改革法》规定保护富农、中农所有自耕和雇人耕种的土地及其他财产不被侵犯,但其中列举的不同社会阶级成分仍然不清晰。为此,1950 年 8 月政务院颁发《关于划分农村阶级成分的决定》,对如何划分阶级进行了规定,细致地探讨了农村如何分析阶级成分,例如,"占有土地,自己不劳动,或只有附带的劳动,而靠剥削为生者",一般就是地主了,但"帮地主收租管家……生活状况超过普通中农者""向地主租入大量土地,自己不劳动……生活状况超过普通中农者"等情形也应该划为地主阶级。② 此外,政务院还对不同阶级的劳动和附带劳动、富裕中农的收入、富农的剥削时间和反动富农等予以了进一步明确阐释。其三,土地改革需要解决土地分配问题,也即应该剥夺地主阶级多少土地。在剥夺哪些阶级、什么财产方面,《土地改革法》和《关于划分农村阶级成分的决定》明确规定,对于地主阶级,没收其土地、耕畜、农具、多余的粮食及其在农村中多余的房屋,而地主其他的财产如兼营的工商业及其直接用于经营工商业的土地等则不予没收;明确保护中农(包括富裕中农在内)的土地及其他财产。但是,关于如何对待和处置富农的土地出现了分歧。在《土地改革法》颁布之前,中央就土地改革事宜展开了讨论,尤其是把改变对待富农的政策当成工作重点③。党中央虽然倾向于不动富农的土地,但地方尤其是中南区中央局则认为"旧富农出租的土地和新富农租佃的土地"需要没收并重新分配,而这个建议最后也得到了认可④。

在完成了作为资产阶级民主革命的土地改革之后,新中国土地改革的第二阶段运动随即开展,也即作为无产阶级社会主义革命的农业合作化,这一农地产权"集体化"过程,贯穿整个计划经济时期。农业合作化要求农地产权的"去个人化"和"集体化",其直接目的就是消除落后的私有制生产关系、转而代替以更先进的公有制生产关系。我国农地产权"集体化"的早期,以互帮互助组的形式出现并经过社会主义改造,实现了由互助组、初级社到高级社的完善过程;农地产权"集体化"的后期,人民公社的建立使得农地产权"集体

---

① 中共中央文献研究室.建国以来重要文献选编(第一册)[M].北京:中央文献出版社,2011:255.
② 中共中央文献研究室.建国以来重要文献选编(第一册)[M].北京:中央文献出版社,2011:333.
③ 杜润生.中国的土地改革[M].北京:当代中国出版社,1996:275.
④ 白希.开国大土改[M].北京:中共党史出版社,2009:260,276.

化"达到高潮并最终完成了"制度化"过程。

农业合作化运动虽然是强制性的制度变迁,但其早期仍然根植于农业领域实际问题,具有一定的现实基础。新中国的土地改革,在将生产资料分配给农民的基础上免除了农民的地租,使得"三亿"农民获得"七亿"亩地,极大地提高了农民生产积极性,农民纷纷开展"爱国增产竞赛",也促进了农业生产发展,1952年粮食产量相较于1949年增加40%左右。[①]但实际上,建国初期的农业生产发展仍显困难。相关统计数据显示[②],华东地区各省市在土地改革前,地主富农人口约占总人口的7.16%、人均耕地面积为4.64～14.26亩,贫农雇农人口约占48.9%、人均耕地面积为0.34～0.88亩;土地改革后,地主富农人口约占总人口的6.3%、人均耕地面积为2.12～3.82亩,贫农雇农人口约占49.23%、人均耕地面积为2.39～2.40亩。土地改革帮助贫雇农获得大量土地,但这种分散的土地所有格局给每家每户的农业生产提出了挑战,也即这些贫雇农会面临生产资料和劳动力不足的问题。毛泽东在抗日战争期间就从生产关系的角度对这种分散式经营进行过反思,他指出"一家一户"式生产单位被看作封建统治的经济基础,而只有集体化才是克服农民贫苦"唯一道路"[③]。新中国成立后,国家认识到了小农经济及其存在的问题,并于1951年年底印发了《关于农业生产互助合作的决议(草案)》,该决议提出,为了使广大贫农迅速增加生产、丰衣足食、购买力提高并以此推动国家工业发展,需要将农民"组织起来",逐步开展互助合作与集体化的生产方式。[④]农业的合作化主要依托于3种组织形式,也即简单劳动互助、常年的互助组和土地合作社,由此,互助组、初级社和高级社循序渐进"三步走"的农业合作化道路基本确立。

早期的互助组和初级社,仍然保障了土地归于农民所有,仅涉及生产资料、劳动力、生产工具等方面季节性或常年性的互帮互助。1955年,毛泽东在省市区委书记会议上的报告《关于农业合作化问题》,将那些坚持"保守"观念、反对过快推进农业合作化的人认定为"小脚女人"并进行严厉批评,他

---

① 《中国的土地改革》编辑部,中国社会科学院及经济研究所现代经济史组.中国土地改革史料选编[M].北京:国防大学出版社,1988:843.
② 相关数据,是笔者根据1952年华东军政委员会土地改革委员会编撰的统计数据计算而得,具体参见:《华东区土地改革成果统计》第2-6页.
③ 毛泽东.毛泽东选集(第三卷)[M].北京:人民出版社,1991:931.
④ 中共中央文献研究室.建国以来重要文献选编(第二册)[M].北京:中央文献出版社,2011:451.

第四章 从"个体"到"集体":改革开放前国家农地产权的"集体中心"政策叙事

指出政府领导"不应当落在群众运动后头"、不能"用各种办法去拉他(农业合作化)向后退"①。这一报告为之后的农业合作化发展奠定了基调。1956年6月《高级农业生产合作社章程》获全国人民代表大会通过,此后,全国各地扩社、并社加速发展,将农业合作化推向了高潮。在完成了社会主义革命之后,农村改革还需要继续迈向共产主义阶段。1955年12月,毛泽东在《大社的优越性》一文中就指出"现在办的半社会主义的合作社……二、三十户的小社为多。但是小社人少地少资金少,不能进行大规模的经营,不能使用机器……仍然束缚生产力的发展,不能停留太久,应当逐步合并"②。毛泽东提出一乡一社、几乡一社,为改乡镇为公社、一镇一社等措施奠定了基础,也加速了高级合作社合并为更大的合作社——"人民公社"的进程,从而彻底实现农村土地收归集体所有。1958年8月底,中共中央下发了《关于在农村建立人民公社问题的决议》,人民公社正式成为国家政策和战略,决议中对人民公社建立的具体条件、做法、步骤、所有制和分配制进行了明确规范,要求公社规模一般为一乡一社、两千户一社,由小社合大社、转公社,逐渐实现私有财产公有化、个体土地集体化,待生产力和思想意识极大提高再由按劳取酬向按需分配转变。③而在基层,人民公社化的速度和程度都得以提高,例如,上述中央政策出台后,荆门县就在4个乡、38个高级社,试办了"红旗人民公社",基本采取一切生产资料归公、统一取消所有家庭副业、统一食宿的方式,也即"组织军事化、行动战斗化、生活集体化、管理民主化"的一体化组织模式。④在国家关于人民公社的正式决议文件下发后仅一个月左右,全国已基本实现了人民公社化⑤。

从建国之后到改革开放前,我国农地产权基本制度发生了根本性转变,完成了由私有制的农地产权格局向公有制的农地产权格局转型,相应的农地产权政策调整频繁。在这一过程中,如何短时间内实现农地产权结构的颠覆性改革、并为社会和民众接受和认可,这一问题直接决定着改革政策成功与否。我

---

① 中共中央文献研究室.建国以来重要文献选编(第七册)[M].北京:中央文献出版社,2011:49.
② 毛泽东.建国以来毛泽东文稿(第5册)[M].北京:中央文献出版社,1991:515.
③ 中共中央文献研究室.建国以来重要文献选编(第十一册)[M].北京:中央文献出版社,2011:384.
④ 中共荆门市党史办公室.中国共产党荆门历史(第2卷)(1949—1978)[M].北京:中共党史出版社,2013:176-177.
⑤ 中华人民共和国国家农业委员会办公厅.农业集体化重要文件汇编(1958—1981)[M].北京:中共中央党校出版社,1981:84.

们对这一问题的回答是，国家通过多种方式进行着政策叙事，构建起了"集体中心"的政策叙事，为国家改革提供合法性论证。接下来，本章将以上一章所建构起来的政策变迁过程中的叙事分析框架为基础，检验改革开放前新中国农地产权改革内容，也即农地产权从"个体"到"集体"的过程，从而为国家农地产权改革的成功提供有别于以往的视角和经验，尽管这一阶段的集体化改革在经济学家看来没有获得太大成功[①]。

二、政策叙事中的话语对象选择：农民阶级与地主阶级

（一）"弱者"角色：农民阶级及其生存状态

话语对象是政策权威性价值分配的对象，其地位尤为关键，往往在政策叙事中被建构为不同类型故事角色。总会存在着这样的话语对象或行动者，他们被划分为不同的群体、贴上不同的标签、赋予不同的角色，如"英雄""坏人""受害者"等[②]。改革开放前，新中国的农地产权政策，无论是土地改革还是农业合作化运动，涉及的一类关键社会主体就是农民阶级。而且，农民阶级尤其是"贫下中农"群体，在国家政策叙事中常被建构为"受害者"的角色，他们在土地改革中需要从水深火热的封建剥削关系中被解放出来、获得土地，在农业集体化中则需要通过集体劳动和集体生活的方式摆脱生产资料与工具不足的困顿局面。可以看到，农业合作化对农民阶级的角色认定，与土地改革时期相比，既有继承并保持一致之处也有进行重新界定的地方，而其中的"弱者"角色都是农民阶级。

首先，国家对谁是农民阶级、谁是真正的"贫下中农"，也即对哪些群体应该是团结的对象，进行了反复界定与确认，寻找故事中的"弱者"角色。新中国的土地改革运动，曾进行过一次农民阶层的划分和界定，以便将农地产权分配给广大无地少地农民。1950年6月《土地改革法》和8月政务院《关于划分农村阶级成分的决定》，对社会阶级成分的划分、如何对待不同社会阶级进行了重新规定[③]，要求保护富农、中农所有自耕和雇人耕种的土地及其他财

---

① 张红宇. 中国农村的土地制度变迁 [M]. 北京：中国农业出版社，2002：40.
② SHANAHAN E A, JONES M D, MCBETH M K, et al. An Angel on the Wind：How Heroic Policy Narratives Shape Policy Realities [J]. Policy Studies Journal, 2013（3）：453-483.
③ 中共中央文献研究室. 建国以来重要文献选编（第一册）[M]. 北京：中央文献出版社，2011：292-296, 333.

第四章 从"个体"到"集体":改革开放前国家农地产权的"集体中心"政策叙事

产不受侵犯。因此,新中国的土地改革,确立了中立和保护富农的政策方针。对此,从国家媒体宣传中也可以看到国家对富农的政策,1950年6月30日,《人民日报》连续刊登两篇文章,阐述了为什么要保存富农经济、对富农政策如何认识;1950年7月5日,《人民日报》更是采用头版方式报道土地改革让"富农安心生产"。从地方来看,当年《土地改革法》出台之后,山东、陕西和华北地区等地省级政府也纷纷按照保护富农土地所有权的方式开展土地改革[1]。当然,对于中立和保护富农的农地产权政策,国家也给出了原因。毛泽东从"富农"这一阶层本身的性质入手,认为富农虽然是"农村的资产阶级"、带有半封建性质、其剥削也是经常的,但"反对富农的斗争是不对,因为这就混乱了农民与地主阶级的主要矛盾"[2]。刘少奇在《关于土地改革问题的报告》中从现实形势出发,指出中立和保护富农的土地产权,有利于废除封建制度,更好地保护中农与小土地出租者、孤立地主阶级和团结全体人民;同时,也有利于帮助"克服当前财政经济方面的困难"和"恢复、改造和发展社会经济上的困难"[3]。

但是,农业集体化时期,国家的农民阶级成分划分,尤其是对"富农"的态度发生了改变。出于国家意识形态需要,原本旨在中立和保护富农农地产权的政策,在农业合作化过程中被逐渐忽略。中共中央下发的《关于农业生产互助合作的决议(草案)》虽然认为必须保护农民已得土地的所有权,但在第三点中仍然明确了"要克服很多农民在分散经营中所发生的困难……就必须提倡'组织起来'"[4]。这就从国家层面确立了对于农业合作化的基本立场,那些认为需要保护农民土地所有权的主张,被认为是"右倾错误的思想"。《关于一九五二年农业生产的决定》正式确立"在全国范围内,应普遍大量发展……互助组"[5]。国家过于强调了农业合作社的性质,尤其是在向社会主义过渡中的地位,使得地方在实际落实过程中,将农民"是否交出土地入社"作为是否为"先进阶级"的决定性条件。1954年8月,中央对地方农业合作社建设的意见中指出,在农业合作化方面,"今后几年……应首先集中力量普遍发展部分集

---

[1] 《中国的土地改革》编辑部,中国社会科学院及经济研究所现代经济史组.中国土地改革史料选编[M].北京:国防大学出版社,1988:642,655,665.
[2] 薄一波.若干重大决策与事件的回顾(上)[M].北京:中共党史出版社,2008:80.
[3] 中共中央文献研究室.建国以来重要文献选编(第一册)[M].北京:中央文献出版社,2011:259.
[4] 中共中央文献研究室.建国以来重要文献选编(第二册)[M].北京:中央文献出版社,2011:451.
[5] 中共中央文献研究室.建国以来重要文献选编(第三册)[M].北京:中央文献出版社,2011:64.

体所有制的农业生产合作社"①，使集体所有制合作社成为农业生产的主要形式；此后，1954年12月，中央《关于全国第四次互助合作会议的报告》指出，农民"对社会主义的动摇态度，还会在相当长的时期内和相当多的人数中存在"，因此，需要"长期艰苦的教育工作"，而绝不能仅凭"一声号召"就将他们吸引入社。②基层在推行农业合作化的"集体产权改革"中，将农地产权性质与农民阶级成分挂钩，"走社会主义道路就办社；不入社，就跟他们（被斗富农）一样"③。那些通过自己努力经营而改善了条件的富农和主张单干者，都面临被批斗。这样一来，农业合作化过程中只有那些主动将私有土地入股集体、加入合作社的农民才是先进的农民阶级，是向社会主义方向过渡的正确选择，而那些选择单干群体是需要进一步教育和改造的"落后分子"。

其次，国家对集体化中农民阶级的状态进行了多方面呈现。正如前章所指出的，在完成角色的赋予之后，政策叙事还要具体描述话语对象的行动和状态。例如，政策问题中的"弱者"，范围有多广、包括哪些群体、具体数量有多少、生活现状等。在合作化初期和后期，地方政府关于农民加入合作社进行的大量报告呈现出一片欣欣向荣的"景象"。例如，辽宁省芦家屯村存在的传统"租用牲口"的耕作方式被认为"阻碍生产发展"，为此，在各级党委宣传教育下，大部分缺乏牲口等生产工具的农民纷纷"积极地要求组织起来"，有效地推动了互助组，仅1952年秋收前后，互助组规模就扩大了一倍，组织起来的农户占总户数的比例从秋收前的28%提升至秋收后的51%。④而且，在政府的政策叙事中，大部分农民在进入合作社之前都存在生产生活方面的难题，在实现合作化过程中都十分积极加入、进入合作社之后生产生活方面困难得以化解、生产量得以大幅提高等。在农业合作化后期进入高级社阶段，那些摒弃了单干的农户成为高级社员，他们在各地纷纷"张灯结彩、锣鼓喧天、鞭炮不断"地庆祝进入高级社⑤，对于富农和地主分子则继续监督、改造并吸纳入社。

---

① 中华人民共和国国家农业委员会办公厅.农业集体化重要文件汇编（1949—1957）[M].北京：中共中央党校出版社，1981：255.
② 中共中央文献研究室.建国以来重要文献选编（第五册）[M].北京：中央文献出版社，2011：622.
③ 薄一波.若干重大决策与事件的回顾（上）[M].北京：中共党史出版社，2008：233.
④ 农村发展研究编辑部.辽宁省农业合作化史料选编（一）[M].沈阳：中共辽宁省委农村工作委员会，辽宁省人民政府农村发展研究中心，1987：227-228.
⑤ 孝义县农村合作制发展史编委会.孝义县农村合作制发展史[M].太原：山西古籍出版社，1994：83.

第四章　从"个体"到"集体":改革开放前国家农地产权的"集体中心"政策叙事

(二)"坏人"角色:地主阶级及其"联盟"

政策叙事中话语对象的另一重要角色就是"坏人",这一角色总是会引起人们的负面情感,成为批判和攻击的对象。"坏人"的角色在政策叙事中具有关键作用,因为"坏人"是引发矛盾冲突、混乱失序的主体,他们是造成政策问题的根源,是需要推进现状改革的动因。也正是因为"坏人"及其行为,很多"弱者"才真正成为"受害者"和需要解救的对象。"坏人"的不在场,使得故事因情节缺乏张力而难以为继,无论"坏人"是某个人、某个群体、某种状态还是某个客观定理,人们都会将他们"人格化",反感并抵制"坏人"们行动意向和状态特征。同时,"坏人"也是政策叙事"解决方案"中需要采取措施的对象。正是因为"坏人"是政策问题的根源、造成了社会上众多的"弱者",所以,"坏人"的行为需要转变、"坏人"本身及其"支持者"和"同盟们"需要被抵制甚至彻底消灭,这些都顺理成章地成了政策叙事隐含的"寓意"与合法性基础。

农业集体化时期,国家政策叙事对"坏人"角色的认定,继承并扩展了土地改革时期的"坏人"群体。从土地革命战争时期到建国后,地主阶级始终是"坏人",既是封建统治者也是剥削制度的实施者。1928年7月,中国共产党第六次全国代表大会通过《土地问题决议案》,其中强调,为了消灭中国"农村中所有的封建遗迹",中国共产党需要"无代价的立即没收豪绅地主阶级的土地财产"[1],并将土地分配给无地及少地的农民使用。此后,毛泽东在《新民主主义论》中也指出"共和国将采取某种必要的方法,没收地主的土地,分配给无地和少地的农民"[2],整个新民主主义革命任务之一就是推翻地主阶级主导下的封建统治制度,实现对地主阶级的人民民主专政。新中国成立后的土地改革运动,继续将地主阶级界定为"坏人",但此时,对地主成分的划分采取了更加细致和谨慎的办法,将"人们对于生产资料关系的不同"作为划分阶级的唯一标准[3],限制扩大打击面。此外,还对地主成分标准进行时间限制,1950年政务院规定"以当地解放时为起点,向上推算,连续过地主生活满三年者"[4]

---

[1]　中央档案馆.中共中央文件选集(第四册)(1928)[M].北京:中共中央党校出版社,1983:207.
[2]　毛泽东.毛泽东选集[M].北京:人民出版社,1966.
[3]　中共中央文献研究室,中央档案馆.建党以来重要文献选编(一九二一——一九四九)(第二十五册)[M].北京:中央文献出版社,2011:16.
[4]　中共中央文献研究室.建国以来重要文献选编(第一册)[M].北京:中央文献出版社,2011:336-337.

才构成地主成分，因此，剥削未超过三年者，地主阶级仍然可以留有一份土地，并且，连续五年取消剥削者可以改为农民成分。农业集体化时期，地主依然是"反动"阶级的代表。在推进农业合作社建设过程中，地方农业生产出现了歉收和缺粮现象，都被认为是地主、富农和富裕中农等为代表的资产阶级，向社会主义合作社发起"叫嚣"和"进攻"[①]。1957年，国家完成农业合作化之后，政府认为还有3%左右的个体户，他们主要是地主、富农等，他们的行为存在危险、对合作社也产生了不利影响，这些个体户的思想仍然需要进一步地教育改造[②]。即便是完成了社会主义改造，全国基本进入高级社阶段，国家仍然对地主阶级进行批判，例如，1963年，《人民日报》介绍了一本儿童读物——《万恶的地主阶级》，这本儿童读物对没有身受过剥削和压迫的儿童进行生动有力的阶级斗争教育，描述了地主和反动政府勾结在一起、地主的财产是剥削和掠夺来的、地主在解放后的破坏活动等[③]。

其次，构成"坏人"角色的另一个群体就是"富农"。"富农"是中国共产党土地改革过程中角色性质和政策定位变化最大的群体。早在土地革命时期，中共中央通过的《土地问题决议案》（1928年）中就指明，富农虽然主要特点在于剥削但并不占主流，因此，对其采取了中立态度[④]。作为抗战胜利后中国共产党第一个土地政策，《中国土地法大纲》采取了一切土地"统一平均分配"的办法，并征收富农"财产的多余部分"[⑤]，富农的土地和财产也被征收。1950年6月，《土地改革法》则坚持中立和保护富农土地所有权的立场。对此，薄一波进行过详细的梳理和回顾。但进入农业集体化阶段，党对待"富农"的政策逐渐从"限制"转向"消灭"：在完成社会主义改造的初期，党和国家的主要工作是发展互助合作运动并提高农业生产力，因此，党中央对待富农的政策为"依靠贫农和中农的巩固联盟，逐步发展互助合作，限制富农剥削"[⑥]。对于不愿加入合作社的富农户，政府也不强制加入，主要强调做

---

① 高化民.农业合作化运动始末[M].北京：中国青年出版社，1999：184.
② 中华人民共和国国家农业委员办公厅.农业集体化重要文件汇编（1949—1957）[M].北京：中共中央党校出版社，1981：747.
③ 周以谟.对儿童进行阶级教育：介绍《万恶的地主阶级》[N].人民日报，1963-06-01（6）.
④ 中央档案馆.中共中央文件选集（第四册）（1928）[M].北京：中共中央党校出版社，1983：201-207.
⑤ 中共中央文献研究室，中央档案馆.建党以来重要文献选编（一九二一——一九四九）（第二十四册）[M].北京：中央文献出版社，2011：417-418.
⑥ 中共中央文献研究室.建国以来重要文献选编（第四册）[M].北京：中央文献出版社，2011：582.

第四章 从"个体"到"集体":改革开放前国家农地产权的"集体中心"政策叙事

好农业合作社吸引富农加入,凭借社会主义集体经济的优势来最终"俘获"富农阶层。但是,过渡时期总路线开始了"孤立富农"方针,削弱了资本主义的影响,也改变了农村阶级力量对比。在此背景下,党的农村阶级政策也逐渐发挥作用,也即"依靠贫农……巩固团结中农,发展互助合作,由逐步限制到最后消灭富农剥削",并且"对富农的限制斗争必须加强"。① 最终,1956年,中共中央通过的《1956年到1967年全国农业发展纲要》,明确将地主、富农和投机商人当作"资本主义道路"的代表,完成农业合作化之后党和国家的任务就是"巩固合作化制度,同时继续反对农村中的资本主义自发势力",最终改造地主和富农等阶级。②

农业集体化时期的国家"集体中心"产权政策叙事中,另外一类"坏人"是所谓"单干"的支持者。早在农业合作化的设想阶段,中央领导层就对"单干"现象有过不同意见,主要是刘少奇与东北局和山西省委对农业合作社的争论。刘少奇认为"新民主主义社会应当鼓励农民致富,要允许农民单干、让他发展"、不能轻易"动摇、削弱和否定农民的个体所有制"、通过互助组中"动摇、削弱私有制财产,来达到农业集体化"是空想,但是,毛泽东最终否定这种观点。③ 此后,农业合作初级社的建设过程中,党中央围绕是否在农业合作化过程中保留一定程度的"单干"、允许农民所有土地经营等问题又发生了争论。最终,1955年7月,毛泽东在省市区委书记会议上将富农群体认定为走资本主义道路,将那些鼓励富农群体单干的思想认定为错误的思想,并认为主张"单干"这些人都是从资产阶级、富农的立场出发④。在此基础之上,11月,毛泽东在七届六中全会上作了《农业合作化的一场辩论和当前的阶级斗争》的总结,继续强化对保留"单干"主张的批评,并对这些右倾经验主义错误进行思想斗争。⑤ 至此,党中央将那些主张"单干"人界定为支持和包庇地主和富农阶级的群体,认为他们与地主和富农一样是资产阶级的"同盟",也是农

---

① 中共中央文献研究室.建国以来重要文献选编(第五册)[M].北京:中央文献出版社,2011:629-632.
② 国务院法制局,国务院法规编纂委员会.中华人民共和国法规编(1957年7月—12月)[M].北京:法律出版社,1958:38,57.
③ 罗平汉.农业合作化运动史[M].福州:福建人民出版社,2004:35,54-57.
④ 中华人民共和国国家农业委员会办公厅.农业集体化重要文件汇编(1949—1957)[M].北京:中共中央党校出版社,1981:373.
⑤ 中华人民共和国国家农业委员会办公厅.农业集体化重要文件汇编(1949—1957)[M].北京:中共中央党校出版社,1981:441-442.

业合作化过程中的"坏人"。由于地主、富农和支持"单干"的右倾主义者纷纷被界定为"坏人",是倾轧和盘剥贫下中农等弱势群体的罪魁祸首。因此,在后期高级合作社和人民公社建设中,与这些"坏人"斗争,直至消灭"坏人",就成为国家集体农地产权政策的题中之意。

三、政策叙事中的议题构建:农业合作社的优越性及其效益"释放"

政策叙事的议题,是那些广受社会关注并需要通过叙事予以阐述的焦点事件、核心矛盾。挑选和构建有效政策议题,在叙事过程中十分重要。前文已经指出,非社会热点问题,将使政策叙事难以引起人们的注意。正如费伦所言,叙事需要"把某些议题或者关系确定为隐含读者的兴趣核心",而且,"围绕这些兴趣核心而展开和解决矛盾的"[1]。在我国农业集体化时期,人们关心的核心问题就是农业合作社是否有效,以及农业合作社优越性如何体现出来。因此,有关集体产权的国家政策叙事也需要围绕这两方面展开,以阐释合作社的优越性和如何通过加快农业合作社"升级"来释放这种效率方面的优越性。而且,这些事件和议题被选择进行叙述以后,就会在政策叙事过程中发挥重要作用,甚至会成为政策合法性的重要来源。

(一)是否需要建设:农业合作社优越性的论证

国家政策叙事的第一个议题,就是讨论农业合作社优越性。在尚未实现农业合作化阶段,干部和农民对于农业合作社的性质、加入合作社后的效果仍然持怀疑态度。国家农地产权的"集体中心"政策叙事,首先在党政系统内部确立起"农业合作社具有优越性"的议题,主导了对于农业合作社的讨论。1951年10月,在全国第一次互助合作会议之前,以毛泽东为代表的党中央肯定了东北局关于引导农民进入互助组与合作社的主张,并在对全国互助合作运动的批示中肯定了地方政府引导农民进入互助组与合作社的做法,同月,华北局立即作出了《关于进一步提高农业生产的决定》,认为农业合作社已经显示出了相比于互助组的优越性[2],这就为国家整个农业合作化运动奠定

---

[1] 费伦.作为修辞的叙事:技巧、读者、伦理、意识形态[M].陈永国,译.北京:北京大学出版社,2002:5.

[2] 杜润生.当代中国的农业合作制(上册)[M].北京:当代中国出版社,2002:139-140.

第四章 从"个体"到"集体":改革开放前国家农地产权的"集体中心"政策叙事

了基调,也较早地为关于农业合作化优劣的讨论打下了基础。在此之后,1951年12月,《关于农业生产互助合作的决议》明确指出必须"组织起来"、发展农民劳动互助的积极性和朝向农业集体化和社会主义化,并将此《决议》印发到区县,还强调"要当作一件大事去做"[1]。在此基础之上,同年冬,中央在推进农村整党运动过程中,明确首要目的就是"推动农村经济正确地走向合作化、集体化的道路",并通过这次农村整党运动,"加强了领导农民走向合作化和集体化的信心和决心",也有效巩固和发展了农村的互助合作组织。[2] 这一次整党的重要成果就是在全党范围内,明确了"必须组织起来,走合作化集体化的道路"。当然,在农业集体化早期阶段,中央在建构"农业合作社优越性"的政策议题时,多是采用上述命令与学习的方式。不同政府部门在落实中央精神时总是会出现分歧,此时,中央主要是通过大辩论的方式来强化"农业合作社优越性"政策议题。例如,1955年,中共中央七届六中全会开启了"关于农业合作化的辩论",并对"农业合作化的必要和可能……作了纲领性的指导"[3]。在《关于农业合作化的问题》中,毛泽东从理论和事实层面论证了农业合作化的优越性,他指出农业合作化问题其实是为了完成社会主义革命,所以农业合作社也意味着更高级组织形式,而且,事实证明,农业合作化的发展跟不上去,"社会主义工业化就会遭遇到极大的困难"。[4]

其次,党和国家不仅仅在党政系统内部确立起有关农业合作社优越性的政策议题,还对实践中各地农业合作社建设尝试和取得成果进行了全面报道。前文已经指出,政策议题为政策叙事提供有效的合法性的方式,就是让正面议题在公共媒体或公共舆论当中高频次、反复地出现。国家关于农业合作社的议题之一就是合作社给广大农民带来的好处。在合作化初期的互助组时期,互助组的好处在党和国家文件中就被广泛颂扬,例如,早在国家农业合作化尚未开始的1951年,中央人民政府农业部农政司就在《一九五一年上半年农业互助合作运动发展情况》中指出,互助组已经由克服困难向"提高生产""发展到经济上、生产上的合作",而且,"组织起来比之单干有极大的优越性",组织起来有助于提高耕作水平、增加单位亩产量,"黑龙江镇赉县农民互助改良土

---

[1] 中共中央文献研究室.建国以来重要文献选编(第二册)[M].北京:中央文献出版社,2011:450-452.
[2] 全国农村整党工作已有初步成绩[N].人民日报,1953-02-02(1).
[3] 罗平汉.农业合作化运动史[M].福州:福建人民出版社,2004:220.
[4] 中共中央文献研究室.建国以来重要文献选编(第七册)[M].北京:中央文献出版社,2011:242.

壤一千九百坰",好的互助组比单干每亩小麦多收一成到二成①。进入初级社和高级社阶段后,各个地方政府都积极肯定了农业合作社的优势,当然,在"冒进""跃进"的过程中也存在放大的问题。例如,湖南省委农村工作部的农业合作化调查显示,1954年,长源村在初级农业合作社比单干户粮食亩产高两成、第二年粮食增产三成②;广东省揭阳县云光农业生产合作社,在合作化的基础上推行技术改革实现了亩产水稻1277.85斤,创造全国双季稻最高产量纪录,另一个梅田合作社则克服多年来个体农民无法经受的自然灾害、相比于合作社成立前一年实现了增产133.9%。③此外,主流媒体对于合作社的报道就更多,如1956年我国基本实现了高级形式的农业合作化,但在出现严重的灾情之下,依然"比1955年增产了二百多亿斤粮食和许多棉花、烤烟等技术作物"④⑤,这些从中央到地方、从政府到媒体的总结和报道,都无疑为国家确立起了农业合作社优越性的政策议题。

最后,"单干风"的反社会主义倾向。政策叙事议题中的事件和问题一般要满足"可述性"的标准,才能使故事情节曲折从而有效吸引"读者"。其中,一种常见的事件情形就是"现状有违社会价值观"的故事,也即超出了人们一般性的常识和预期或者与社会主流价值观不符。在国家"集体中心"的农地产权政策叙事中,有违"常理"或中央集体产权理念的事件,就是改革中的那些"单干风"或"单干"行为。只有当农业合作社的效益胜过"单干",前者的优越性才能体现出来,这种效果在有关农业合作社的主流政策议题构建过程中已经达成。但"单干"其实仍然无法完全消失,此时,就需要对单干进行批判、阐述"单干"行为的潜在危害,展现出其有违社会主流价值的行为。政策叙事以此来实现对全体民众的教育,让他们明白劳动互助和生产合作比孤立的个体经济更加优越,"启发他们由个体经济逐步地过渡到集体经济的道路"⑥。在农业集体化的早期,中央对"单干"现象进行过批判和否定并最终促成了互助合作运动,此后,1952年中央开展全国农村整党运动时,由于部分党员的

---

① 中华人民共和国国家农业委员会办公厅.农业集体化重要文件汇编(1949—1957)[M].北京:中共中央党校出版社,1981:45-47.
② 中共湖南省委农村工作部等.湖南农业合作化纪实[M].长沙:湖南科学技术出版社,1993:61.
③ 中共广东省委员会办公厅编辑.广东四十个农业合作社[M].广州:广东人民出版社,1956:6,21.
④ 全国农村基本实现高级农业合作化[N].人民日报,1957-01-02(1).
⑤ 华恕.我国农业增产的速度是快还是慢[N].人民日报,1957-01-08(3).
⑥ 中共中央文献研究室.建国以来重要文献选编(第二册)[M].北京:中央文献出版社,2011:452.

个人单干之风日盛、剥削严重,就把"反对当富农,反对剥削雇工"作为重要内容。① 在农业合作社大辩论之后,1956年仍然出现了"闹社""退社"风波,中央和地方政府在处置这些"单干"风波的过程中,对"退社"和单干之风进行了批判,并详细陈述退社危害。中央认为这些选择退社的群体主要是"富农"们,他们"思想动荡"了、还殴打干部制造混乱,河南省委指出这些"闹社者"大部分属于有剥削倾向、好吃懒做等类型的人②。因此,"单干者"不仅本身就是一些不良分子,而且会给具有优越性的合作社带来危害。

(二)如何提高效益:加快迈进"高级社"和"人民公社"

在完成对合作社优越性的议题建构、回答了农业合作社是否有效的问题之后,人们关心的事情或政策议题就转向了如何来释放农业合作社的效益进而体现出其优越性。国家对于这一问题的回答,是通过加快农业合作社"升级"来实现,也即通过更快地从互助合作组进入高级合作社、从小社向规模更大的合作社过渡,来释放出农业合作社的更大效益。正因如此,在农业集体化的过程中,国家政策叙事通过这类政策议题的宣称完成了对高级社和大社更加高效的形象构建,不断地倡导向高级社和大社迈进,推动并完成了提升合作化速度的目标掀起了建设高级社和人民公社的大潮。

首先,国家在正式进入农业合作化阶段后,政策叙事就不断地强调高级社、人民公社相比于初级社的优势。虽然1951年12月中央《关于农业生产互助合作的决议》明确了那些"不顾农民自愿和经济准备的各种必须条件……企图很快地举办更高级的社会主义化的集体农庄"是"左"倾错误,但是,《决议》在具体落实过程中发生了不少偏差。很多地区和基层政府将合作社甚至大社当作先进和优秀的体现,在"保持先进""赶上先进"的口号下"强平乱凑"地建设合作社,有的为了彰显自身工作积极性和成绩、甚至是"赶时髦""挣光荣",出现了盲目办社、乱办大社的现象。③ 党的全国性报刊——《人民日报》——在国家提出互助合作运动后不久,就开始全面宣传高级合作社的优越性,认为合作社"越'高'越好",并对地方的初级社、高级社进行集中报道,

---

① 范晓春.改革开放前的包产到户[M].北京:中共党史出版社,2009:70.
② 中华人民共和国国家农业委员会办公厅.农业集体化重要文件汇编(1949—1957)[M].北京:中共中央党校出版社,1981:655-659.
③ 叶扬兵.中国农业合作化运动研究[M].北京:知识产权出版社,2006:249-250.

根据报道内容检索结果可以发现在"1952-01-01"到"1953-01-01"一年内，《人民日报》就发表了187篇与"集体农庄"（高级社）有关的报道。这些对合作社"越'高'越好"的报道，在社会上产生了"轰动效应"，让人们错误地觉得初级社和高级社马上就要实现。①当然，这些只是局部地区的"冒进"，导致过快地强调了高级社的"优越性"。中央关于加快建设高级社和人民公社提法的肯定，才真正开始了高级社和人民公社政策议题的形成。1953年12月，中共中央《关于发展农业生产合作社的决议》提出，自1951年12月以来的农业合作化不仅合作社的质量得到提升，而且，初级社向高级社不断增多。其中，土地统一经营（高级社）比互助组（包括季节性互助组和常年互助组）优势更大，集体劳动分工分业更合理、更有计划、劳动效率更高，更有助于扩大农业再生产，也有助于帮助"引导农民过渡到更高级的完全社会主义的农业生产合作社（集体农庄）"②。毛泽东在《关于农业合作化问题》中指出，历史证明了农业合作化的可能性及相较于单干和互助组上的产量优势，同时，还认为国家发展农业合作社翻一番的目标"低了一点儿"。③他还在《一个从初级社过渡到高级形式的合作社》一文按语道，只有实现了社会主义的高级社才能完全解放生产力、促进生产更大的发展，并建议各省市应有研究和布置并展现出高级社的优越性④。在另一篇文章的按语中，毛泽东说道，没有经历初级社的也可以直接进入高级社⑤。完成了高级合作社建设之后，中央决定建立更大的"人民公社"，《在农村建立人民公社问题的决议》中提出只有人民公社才能适应我国农业飞速发展。⑥

其次，国家在建构政策议题过程中，还对"反冒进"、右倾的主张进行批判。"反冒进"、右倾被认为主张放慢农业合作社建设速度、保留一部分农民土地所有制，与国家加快高级社和人民公社建设的做法相对立。因此，国家要构建加快向高级社和人民公社迈进等政策议题，就需要对"反冒进"、右倾主张进行批判。1955年，毛泽东对农业合作化运动中的保守意见进行了严厉

---

① 高化民.农业合作化运动始末[M].北京：中国青年出版社，1999：66-67.
② 中共中央文献研究室.建国以来重要文献选编（第四册）[M].北京：中央文献出版社，2011：572.
③ 于建嵘.中国农民问题研究资料汇编（第二卷）（1949—2007）（上册）[M].北京：中国农业出版社，2007：1341-1344.
④ 中华人民共和国国家农业委员会办公厅.农业集体化重要文件汇编（1949—1957）[M].北京：中共中央党校出版社，1981：520.
⑤ 中共中央办公厅.中国农村的社会主义高潮（上）[M].北京：人民出版社，1956：294.
⑥ 中共中央文献研究室.建国以来重要文献选编（第十一册）[M].北京：中央文献出版社，2011：384.

的批判,将农业合作化中持保守意见者比作"小脚女人"。在《关于农业合作化问题》中指出,这些人"像小脚女人……,老是埋怨旁人说:走快了,走快了",农业合作化发展的紧要任务不是批评冒进而是继续发展合作社,部分原因在于,大部分的贫下中农群体还较为困难、需要互助合作帮助发展生产①。此外,中央认为"反冒进"的错误还在于其限制了合作社由低级向高级过渡的过程,因为"初级形式的合作社保存了半私有制",不向生产资料完全共有的高级社迈进,就会束缚生产力的进一步发展。②1958年1月,毛泽东在南宁会议上继续对农业发展上的"反冒进"、右倾保守思想进行批判,他指出"反冒进"、右倾让全国"六亿人民泄了气"③,之后,人民日报社论提出"不跃进就是右倾保守"④,要打破一切右倾保守思想。这些,都为高级合作社和人民公社运动的发动夯实了思想基础。1959年8月庐山会议之后,中央继续对人民公社建设中的所谓右倾思想进行了批判,中央批转农业部《关于庐山会议以来农村形势的报告》时指出,农村中出现右倾歪风,破坏集体经济,是"猖狂的破坏社会主义道路的逆流",要把这些"丑恶的、反动的东西"彻底揭发和批判。⑤

四、政策叙事中的信念生产:农村土地"集体产权"观念的建立

政策信念是政策联盟内部关于特定政策的一套"基本价值、因果假设,以及对问题的理解"⑥,政策信念的生产过程其实也是价值意义的生产过程。政策叙事中的信念有层次之分,越是关于工具性、操作性等内容,政策信念越不稳定,也越容易改变;而那些根植于深层次的核心价值观念的政策信念,对人们认知和行为的影响越是持久、稳定和深远,基于这些深层次核心价值的叙事

---

① 于建嵘.中国农民问题研究资料汇编(第二卷)(1949—2007)(上册)[M].北京:中国农业出版社,2007:1339,1346.
② 中华人民共和国国家农业委员会办公厅.农业集体化重要文件汇编(1949—1957)[M].北京:中共中央党校出版社,1981:520.
③ 杜润生.当代中国的农业合作制(上)[M].北京:当代中国出版社,2002:501-502.
④ 鼓起干劲,力争上游![N].人民日报,1958-02-03(1).
⑤ 中共中央文献研究室.建国以来重要文献选编(第十二册)[M].北京:中央文献出版社,2011:535.
⑥ 萨巴蒂尔,詹金斯-史密斯.政策变迁与学习:一种倡议联盟途径[M].北京:北京大学出版社,2011:25.

矛盾冲突也往往旷日持久。在国家农地产权的政策叙事中，农地所有权的归属作为基本生产关系，也是深层次的政策信念，构成了国家农村政策的认知基础。农村建设、农业生产和农民生活等社会事宜，一定程度上都取决于国家对农村土地的所有权分配及在此背景下的土地所有权归属。国家农地产权"集体中心"的政策叙事中，对农村土地的集体所有或公有制认知是核心的政策信念，它是通过对非集体所有制生产关系的批判和集体产权信念塑造两个方面来实现的。

（一）对落后生产关系的摒弃

国家要在民众当中树立起农地产权的"集体所有"政策信念，首先需要完成对既有生产关系及其认知的批判。建党初期到建国初期，中国共产党始终依据马克思列宁主义理论，对农村土地的地主所有制进行最大限度的批判，并极力指明地主所有制的生产关系是整个封建社会剥削制度的"根基"，需要彻底推翻。1928年，中国共产党第六次全国代表大会通过的《土地问题决议案》和《农民问题决议案》较早地对中国革命的任务进行了分析，两个文件共同指出，当前农民运动是反对军阀地主豪绅的一切剥削的斗争，为此，斗争的主要策略是创建一个"绝大多数被封建残余势力剥削的农民群众的统一战线"，以此来推翻"地主资产阶级的政权"并没收"豪绅地主阶级的土地财产"。① 因此，在土地革命期间，中国共产党就认定中国农民运动和斗争是为了推翻封建土地占有关系和土地产权格局，而共产党人则是帮助广大贫下中农来实现这一目标的。瞿秋白在对这次会议所作进一步的解释和补充中认为，富农和地主都是整个农民阶级的敌人，他引用列宁的相关论述指出，军阀和豪绅地主的统治秩序所形成的"场合和关系之中……农民全体都是这种'秩序'的仇敌"②。实践中，1929年4月《兴国县土地法》较早地将马克思列宁主义理论运用到实际立法工作当中，规定"没收一切公共土地和地主土地"。毛泽东于1939年编写的《中国革命和中国共产党》一书，全面而系统地揭示了近代中国民主革命的性质问题，他引用列宁《社会民主党的土地纲领》中的话指出，中国革命的性质是向着帝国主义和封建主义的"资产阶级民主主义的"，并指出这种新民主主义革命在经济上就是要"把地主阶级的土地分配给农民所有"，是"无

---

① 中央档案馆.中共中央文件选集（第四册）（1928）[M].北京：中共中央党校出版社，1983：207-210.
② 中共中央文献研究室.建国以来重要文献选编（第六册）[M].北京：中央文献出版社，2011：57.

第四章 从"个体"到"集体":改革开放前国家农地产权的"集体中心"政策叙事

产阶级领导之下的人民大众的反帝反封建革命"[①]。因此,中国共产党的早期革命纲领宣传和实践,建立起了反对地主阶级所有制的农地产权意识形态,在后来的革命区和解放区产生了较好的效果。

但是,新民主主义革命之后,我国农村地区面临着向社会主义过渡的任务,农业集体化逐渐提上议程。此时,国家政策叙事中,就需要进一步改革生产关系、建立起集体所有的土地产权关系,并从意识形态层面转变土地革命以来反对地主阶级所有制的主张,并且需要抛却农民所有土地的私有制。国家为建构与土地集体所有相适应的政策信念,对土地私有制的意识形态进行了多次批判。

关于土地私有制的批判早在建国之前就已经出现在了党的文件和领导人讲话中。至新民主主义革命时期,中国共产党已明确了完成土地革命、建立农民土地所有制之后的任务,也即需要进行社会主义革命,建立起社会主义土地所有制。1920年,列宁指出小生产者或者说分散化经营者,他们"是经常地、每日每时地、自发地和大批地产生着资本主义和资产阶级的"[②],为此,无产阶级需要进行"长期的、顽强的、拼命的、殊死的战争",在此基础之上实现"无条件的集中"。这一理念深深地影响了社会主义国家的土地政策。1928年,中国共产党在通过《土地问题决议案》时就意识到了这一问题,并在决议案中指出,我国在完成了资产阶级民主革命之后,"取得政权的工农群众……去进行集体的农村经济,发展合作社"[③]。但是,由于当时处在土地革命初期,党的主要任务仍然是反帝反封建,因此,针对如何对落后的农民土地所有制进行社会主义革命以及新的生产关系组织形式是什么样的等问题还没有深入探讨。建国前夕,毛泽东对此有过更加详细的论述,他在《论联合政府》中讲道,"耕者有其田"或者说土地农民所有制的主张,是包括共产党人在内的一切革命民主派的主张,本质上而言,"是一种资产阶级民主主义性质的主张",也即这一主张并不完全具有先进性。中国共产党的未来纲领或最高纲领"是要将中国推进到社会主义社会和共产主义社会去的,这是确定的和毫无疑义的"[④] 因此,建国之前,中国共产党虽然并没有对农民土地所有制进行全面批判,但在意识

[①] 中国人民解放军总政治部宣传部.马列著作毛泽东著作选读[M].北京:中国人民解放军战士出版社,1978:486-487.
[②] 列宁.列宁全集(第39卷)[M].北京:人民出版社,1986:4.
[③] 中央档案馆.中共中央文件选集(第四册)(1928)[M].北京:中共中央党校出版社,1983:206.
[④] 中共中央党史研究室,中央档案馆.中国共产党第七次全国代表大会档案文献选编[M].北京:中共党史出版社,2015:191-199.

形态理论方面为后来的农业社会主义改造、农业集体化改革打下了理论基础。

新中国成立后，国家开始推进农业合作化，农业合作化运动初期就存在夸大合作社优越性的"冒进"倾向。1952年，在全国第二次互助合作会议上，中央政策研究室副主任廖鲁言就将那些不参加互助合作组的行为当成"自发的资本主义倾向"，并要求不断强化与资本主义剥削的斗争。① 此后，在农业社会主义改造的过程中，中央对农民土地所有制这种私有制土地关系进行了意识形态方面批判。党过渡时期的总路线，基本延续了新中国成立前党对农民土地所有制的意见，也即新民主主义社会中允许存在社会主义和非社会主义成分，但作为社会主义国家、发挥社会主义优越性，需要将非社会主义因素"限制、改造直至消灭"；而且，社会主义国家中存在的小农经济具有不稳定性，容易导致两极分化、少数人剥削，因此，要对农业进行社会主义改造、进行"合作化"，直到消灭剥削。② 毛泽东将社会主义和私有制对立起来，认为私有制及其背后的生产关系与社会主义的矛盾需要通过集体所有制解决③，这就进一步强化了国家对"非集体所有制"——单干、包产到户等的批判。与国家政治革命路线相一致，国家媒体对全国各地的地方合作化实践进行了大量报道，批判"非集体所有制"的落后生产关系。例如，1957年8月3日，《人民日报》在第1版以《巩固农村社会主义阵地 广大农民坚决反击不法地主富农的疯狂进攻》为题，通过案例深度挖掘和列举全国各省市举措的方式，集中报道地方政府与落后生产关系和所有制斗争的具体做法。④ 可以看出，国家在此方面的政策叙事信念构建采用了"系统型"和"故意型"的归因方式，也即认定"非集体所有制"对合作社与社会主义的破坏是系统性而非偶然性的，而且，地主富农对贫下中农的剥削也是故意的而非无意的，这样就将政策矛盾的原因归结于"非集体所有制"的生产关系。

（二）"集体产权"信念的塑造

在对地主土地所有制和农民土地所有制进行意识形态批判之后，国家农地产权的"集体中心"政策叙事，就需要正面构筑政策中的"集体产权"信

---

① 高化民.农业合作化运动始末［M］.北京：中国青年出版社，1999：66.
② 中共中央宣传部办公厅，中央档案馆编研部.中国共产党宣传工作文献选编：1915—1992［M］.北京：学习出版社，1996：667-668，681-682.
③ 杜润生.当代中国的农业合作制（上）［M］.北京：当代中国出版社，2002：312.
④ 巩固农村社会主义阵地 广大农民坚决反击不法地主富农的疯狂进攻［N］.人民日报，1957-08-03（1）.

第四章 从"个体"到"集体":改革开放前国家农地产权的"集体中心"政策叙事

念。这种"集体产权"或者说"公有制"生产关系的萌生,根植于中国共产党对马克思主义理论的介绍与传播过程中。马克思主义思想在俄国十月革命后的中国广泛传播,在广大民众尤其是知识分子中具有很高的接受度。首先,共产党人替代民族资产阶级,开始扛起介绍和宣传马克思主义大旗,创办一系列与马克思主义相关的刊物、公开发行大量针砭时弊的文章,包括李大钊和陈独秀合办的《每周评论》、北京《晨报》马克思主义研究专栏、《新青年》马克思主义研究专号等,成为宣传马克思主义的阵地,全面而系统地介绍了马克思主义理论。[①]其次,共产党人在中国近代"救亡图存"运动中,为广大民众指明了"出路",系统地剖析了西方帝国主义和中国封建势力对中国毒害之深,并且提出只有"直接行动"也即无产者联合的阶级战争、实现无产阶级专政。[②]经过中国共产党不断发行刊物和文章、剖析中国革命现状和出路,使得马克思主义基本理论在中国得以生根发芽并广为接受。马克思主义的阶级斗争、剩余价值和剥削理论,以及社会主义在消灭贫富差距和阶级剥削方面的优势等思想,也逐渐深入人心。其中,也包括了土地集体所有的观念,例如,李大钊认为社会主义"反对个人独占主义,主张社会公有主义",能够解救经济不平均、恢复真正平等;李达则更进一步地认为社会主义将一切工厂、机器和生产资料都"归劳动者手中管理",由此,生产出来的产品也能够为人们共同享有,人们"都享自由、都得平等"。[③]1921年,中共一大通过的《中国共产党第一个纲领》明确指出"消灭资本家私有制,没收机器、土地……等生产资料归,社会公有"[④],将土地集体所有写进党的文件。可以看到,中国共产党早期已经确立起了"集体产权"的观念。

此后,"集体产权"的信念不断得以强化和巩固。抗战期间,毛泽东就发表了著名的《组织起来》讲话,指出"把群众组织起来"是克服日本"三光"政策和国民党"封锁"政策的根本方针,而且"合作社"不仅是这一方针在经济上的组织形式,是克服农民分散经营陷于"永远的穷苦"、通向集体化的"唯一道路",更是"解放的必由之路、由穷苦变富裕的必由之路、抗战胜利

---

① 高军.五四运动前马克思主义在中国的介绍与传播[M].长沙:湖南人民出版社,1986:17-18.
② 李国忠.党、国家、社会关系视角下的中国共产党马克思主义大众化历程、经验及对策研究[M].天津:天津人民出版社,2015:79-80.
③ 陈桂香.早期中国共产党人马克思主义研究[M].济南:山东大学出版社,2012:63-64.
④ 中央档案馆.中共中央文件选集(第一册)(一九二一——一九二五)[M].北京:中共中央党校出版社,1989:3.

的必由之路"。① 新中国成立后，党和国家在农业合作社过程中也积极强化"集体产权"的信念。1951年12月，中共中央《关于农业互助合作的决议》通过国家文件的形式，明确了必须要"组织起来"和"组织起来"对于农民丰衣足食和国家工业化的意义，以及未来农业集体化或社会主义化的目标。1952年4月至8月，国家农业部派出了由各地农业劳动模范和农民代表组成的参观团，考察学习苏联集体农庄。《人民日报》先是以"农业集体化的好处说不完"为题，全面报道了农业劳模对苏联合作社与集体农庄的描述与赞许，全国著名农业丰产模范李顺达说："苏联集体化的农业真好……星期天大家休息。他们家里有电灯、收音机……这种幸福生活，是农业集体化带给的。"他进一步指出合作社进一步发展就是集体农场。全国全面丰产模范耿长锁说："苏联集体化农业的好处说不完。……集体农民的生活真是令人羡慕。他们吃的是面包、肉、牛奶……睡的是钢丝床……大家都很快乐。"② 一个月之后，《人民日报》继续以"苏联农民的道路就是我国农民的道路"为题对参观团中农业劳动模范和农民代表的见闻和感受进行了6次大篇幅报道。这些报道写道，代表们纷纷表示集体农庄中"每个农民都是劳动得好，穿得好，吃得好的"，他们"不怕老、不怕病、不怕孩子多"，苏联农民的幸福生活和集体主义是分不开的。这次对苏联集体农庄的考察学习，为中国农业合作社发展前景描绘了宏伟蓝图，也进一步巩固了人们心中关于"集体产权"的憧憬和信念。这些报道也正如李顺达所言实现了"把集体化的好处多多告诉农民、树立农民的集体化思想"的目标。③④ 除了中央层面，有些地方将七届六中全会《关于农业合作化问题的决议》作为依据，大谈特谈高级社的五条好处，高级社（土地统一耕种）中土地好种好收、有助于提高产量、节省劳力和时间、加快机械化，并将高级社生动地描述为实现"楼上楼下，电灯电话，耕地不用牛、点灯不用油"，这让广大贫下中农十分"欢天喜地"。⑤ 从中央到地方，政府完全强化了农民的"集体产权"理想。

---

① 中共中央文献研究室，中央档案馆.建党以来重要文献选编（一九二一——一九四九）（第二十册）[M].北京：中央文献出版社，2011：639-642.
② 李何.农业集体化的好处说不完（上）：中国农民劳动模范谈访苏观感[N].人民日报，1952-08-21（4）.
③ 培蓝.苏联农民的道路就是我国农民的道路：中国农民代表参观团谈访苏观感 幸福的生活和集体主义分不开[N].人民日报，1952-09-20（2）.
④ 培蓝.光荣的劳动，幸福的生活 苏联农民的道路就是我国农民的道路：中国农民代表参观团团员谈访苏观感[N].人民日报，1952-09-10（2）.
⑤ 孝义县农村合作制发展史编委会.孝义县农村合作制发展史[M].太原：山西古籍出版社，1994：81.

五、政策叙事中的策略运用："敌我"矛盾下的阶级斗争叙事

政策叙事的策略是叙事者为了影响和控制政府政策的过程、参与和结果，运用叙事基本要素、构建叙事内容的各种方法。前文已经指出，政策的叙事策略具有很强的实践导向，往往是对一些实际中所运用的政策叙事经验的总结，归纳起来包括了两类：政策"成本－收益"的再计算和实际矛盾的再修饰。新中国成立后到改革开放前，国家农地产权的"集体中心"政策叙事采取的是"阶级斗争"叙事策略，紧紧围绕"敌我"矛盾组织叙事基本要素，并以此构建起叙事体系。在"成本－收益"再计算方面，国家对土地集体产权与私人所有这两个相互矛盾的制度设计各自的"成本－收益"进行了再计算；在实际矛盾的再修饰方面，国家政策叙事采用"污名化"和"魔鬼转换"等策略，重新描绘了农业集体化中不同阶级之间的斗争与矛盾现状。

（一）土地集体产权与私有制的"成本－收益"再计算

政策"成本－收益"的再计算，是政府重新计算某项政策对人们而言所需付出的成本和所能得到的收益。这种政策"成本－收益"的再计算，是通过对不同政策的收益成本计算来帮助人们重新认识和理解政策。例如，如果想要改革现有政策，政府就可以通过放大现有政策给社会带来的高成本、缩小现有政策的收益范围的办法来实现；相反，如果想要维持现有政策，政府就可以放大现有政策给社会带来的普惠性利益、缩小现有政策的成本。成本和收益的计算与比较过程，能够使人们重新认识现有政策并支持政府决策。

其实，新中国成立前中国共产党就对封建时代地主土地所有制给社会民众带来的"成本－收益"进行过再计算。毛泽东在《寻邬调查》中对封建旧社会中土地收益及其占有人群进行重新计算并指出，地主占农村人口的3.45%，富农占人口4%，而农村土地的70%被总共只占7.45%的地主和富农把持。[1]"人口占比不到10%的地主和富农却拥有全国土地的70%~80%"的计算结果，后来成为中国共产党较为普遍的说法，刘少奇在《关于土地改革问题的报告》中也沿用了这些数字[2]。但其实，这个结论被后来研究者指出并不精确，甚至

---

[1] 中共中央文献研究室.毛泽东农村调查文集[M].北京：人民出版社，1982：105.
[2] 中共中央文献研究室.建国以来重要文献选编（第一册）[M].北京：中央文献出版社，2011：254.

所谓的土地兼并严重的情形也并没有人们所想象的那么夸张。例如，1950年国家统计局的数据显示，仅占全国总户数6.87%的地主和富农阶层，拥有着全国全部农用土地的51.92%；而剩下93.13%的贫下中农和其他人员，仅占有不到一半的土地。严中平通过对覆盖面更广的调查数据进行分析后指出，20世纪30年代土地更向着富农和中农而非地主集中，户数占比仅为1/4富农和中农的土地占比达到1/2。① 虽然中国共产党早期的计算并不准确，但正因为再计算得出了封建社会土地地主所有制带来的"高成本－低收益"的结论，从而使得"打土豪、分田地"的革命任务变得十分紧迫，成为具有合法化的主张。

新中国成立后，国家在农业集体化过程中进行过多次关于集体产权或合作社的"成本－收益"再计算，通过扩大公有制收益、缩小公有制成本甚至"无成本"的政策叙事策略，来强化人们对农业合作社和集体产权的认同。例如，中央人民政府农业部农政司制定的《1951年上半年农业互助合作运动发展情况》就指出"组织起来比之单干有极大的优越性"，通过互助合作组织起来有助于提高单位面积粮食产量。② 此后，在农业部提出的爱国丰产运动中，农民纷纷组织起来、加入了互助合作组，进一步提升了农业技术。③ 互助合作组与合作社，被认为在提高粮食产量、防虫病害与春旱、解决农耕具不足等问题方面发挥了重要作用。例如，湖南出现千斤丰产的互助组，山西省的地方互助组不仅建立了小型农场和丰产地，还通过互助网帮助交流经验、克服农耕技术难题等。④ 在农业合作化阶段，1953年党过渡时期的总路线就提出发展农业合作化是"增加农业生产的主要方法"⑤，当年，全国各大区在汇报农业合作化建设情况时，均指出农业生产合作社比互助组的产量高⑥。从地方政府来看，大部分地方政府也不断强化合作社相比于单干具有巨大收益的观念，认为合作社有助于破除封建制度的"束缚"、提高农业技术和产量，例如，河北正定红光农业社农业生产逐渐由粗放过渡到集约，农业的耕作、技术和产量水平都有

---

① 温铁军.中国农村基本经济制度研究[M].北京：中国经济出版社，2000：79-82.
② 中华人民共和国国家农业委员会办公厅.农业集体化重要文件汇编（1949—1957）[M].北京：中共中央党校出版社，1981：47.
③ 中国社会科学院，中央档案馆.中华人民共和国经济档案资料选编（农业卷）[M].北京：社会科学文献出版社，1991：163-164.
④ 中华人民共和国国家农业委员会办公厅.农业集体化重要文件汇编（1949—1957）[M].北京：中共中央党校出版社，1981：79-80.
⑤ 中共中央宣传部办公厅，中央档案馆编研部.中国共产党宣传工作文献选编：1949—1956[M].北京：学习出版社，1996：683.
⑥ 杜润生.当代中国的农业合作制（上）[M].北京：当代中国出版社，2002：210.

第四章 从"个体"到"集体":改革开放前国家农地产权的"集体中心"政策叙事

大幅提升,经过互助合作运动,粮棉产量平均年增长分别为 11.18% 和 10.2%,即便是受到两年自然灾害,合作社的农业技术也稳步提高。[①] 山西省委在总结 1954 年全省农业合作社发展情况时也指出,农业合作社具有很大的优越性,合作社粮食作物均亩产量高于全省平均产量的 20.4%,1957 年实现高级社覆盖率 98%,全省 13.6% 的合作社达到富裕中农生活水平。[②] 进入人民公社建设时期后,集体产权的收益更是被"夸大",例如,河南省著名的嵖岈山卫星人民公社 1958 年"5 亩小麦平均亩产达 2105 斤"[③]。由此,集体产权与合作社的收益得到了最大程度的展现。

与对集体产权或合作社的收益强调相反,国家对土地的地主和农民所有制的政策叙事,采取扩大私有制成本、缩小私有制收益的叙事策略,将私有制收益描述为仅限于某一小部分群体,对整个社会而言是无收益甚至负收益。这一叙事策略,明显地体现了国家农业合作化过程中对地主、富农和单干者的批判、限制和消灭。由于地主、富农和单干者一般都倾向于维护土地的私有制,因此,国家采取的叙事策略更多地表现在土地私有制给社会带来的巨大成本和私有制收益服务于少数人上。首先,土地私有制给社会带来的成本体现为剥削穷人和破坏社会主义事业。党中央在新中国土地改革时就意识到了农业合作化运动中可能产生地主和富农对贫下中农的剥削,于是在 1951 年开始在全国开展农村整党,批判富农思想和剥削行为。《人民日报》对河北、江苏等省出现的出租土地、放高利贷、向私人商店投资等行为进行了报道,指出这些资本主义富农道路很危险。[④] 土地私有制给社会带来的成本,还体现为其收益服务于少数人。1953 年,中共中央制定的《关于发展农业生产合作社的决议》中指出,农民自发趋势是资本主义的,而这种私有制的剥削是"使极少数人靠剥削和投机而发财",同时大多数人会因这种剥削而"陷入贫穷和破产"。因此,放任小农经济或者说土地私有制,就是妨碍农业生产力的提升和国家工业化,也就会"破坏计划经济和工业化,破坏工农联盟"等[⑤]。此外,土地私有制及

[①] 牧人,瑞光,等.在跃进中的红光农业生产合作社 河北正定红光农业社生产调查[M].北京:农业出版社,1958:18-19.
[②] 山西省农业合作史编辑委员会.山西农业合作史大事记卷(总卷第3册)(1942年—1990年)[M].太原:山西人民出版社,1997:95,113.
[③] 中共河南省委党史研究室.河南人民公社化运动[M].郑州:河南人民出版社,2005:281.
[④] 各地党委正确执行中央整党方针广大农村党员觉悟普遍提高[N].人民日报,1953-04-02(3).
[⑤] 中共中央文献研究室.建国以来重要文献选编(第四册)[M].北京:中央文献出版社,2011:570-571.

在此基础之上的单干，还会让社会主义合作社内部滋生资本主义的倾向，"使互助合作运动陷于消沉和解体"，土地私有制引发出来的资本主义会导致贫苦农民因生产困难而不得不出卖土地，"结果只有利于富农经济的发展而不利于贫雇农经济地位的上升"。① 在完成农业集体化之后，土地私有制的思想被认为仍然会腐蚀合作社并引发退社，由此带来社会混乱。②

（二）农业集体化中阶级斗争矛盾的再修饰

政策叙事中的事件、矛盾及其背后的意义，往往不是其原始的含义或表面看起来的那样，而是取决于政策叙事中的事件和矛盾如何被使用或者如何被修饰。政策叙事者可以选择将事件或矛盾孤立起来讨论或轻描淡写地描述，也可以将事件或矛盾看作其他更具破坏性问题的前兆或将叙事中的矛盾放大分析。不同的修饰方法，具有不同的政策后果。当然，叙事的这种修饰功能可用于针对特定的政策反对方，也可以用来修饰故事中的其他角色。政策叙事者使用一些简洁易懂的文本符号，来重新标识并"污名化"故事中的那些势力强大的反对者或"坏人"③，或者采用魔鬼转换（devil shift），强化对手的"坏人"角色，放大对手拥有的实力和邪恶一面④。国家农地产权的"集体中心"政策叙事主要就采用了"污名化"和魔鬼转换的叙事策略，来强化和"夸大"农业集体化中不同阶级之间的斗争与矛盾。

首先，国家政策叙事在农业集体化过程中，始终强调需要运用"斗争"思维，将改革现状看成"你死我活"的斗争，分出"敌我"阵营，并强化敌方的"坏人"形象。正如前文所提及的，国家农业合作化运动中，明确了地主和富农阶级是"坏人"，需要被限制和消灭。1953年，毛泽东在第三次互助合作会议上作了两次讲话，在第一次讲话中他指出，个体所有制或资本主义所有制的生产关系"与大量供应是完全冲突的"，因此，个体所有制必须过渡到集体所有制；在第二次讲话中他进一步指出，资本主义与社会主义（也即个人私有制和集体公有制）的矛盾在农业合作社社内社外都有体现，包括社外个体完全

---

① 中共中央文献研究室.建国以来重要文献选编（第四册）[M].北京：中央文献出版社，2011：456.
② 中华人民共和国国家农业委员会办公厅.农业集体化重要文件汇编（1949—1957）[M].北京：中共中央党校出版社，1981：655-659.
③ MCBETH M K, SHANAHAN E A, ARNELL R, et al. The Intersection of Narrative Policy Analysis and Policy Change Theory [J]. Policy Studies Journal, 2007（1）：87-108.
④ SHANAHAN E A, JONES M D, MCBETH M K, et al. An Angel on the Wind: How Heroic Policy Narratives Shape Policy Realities [J]. Policy Studies Journal, 2013（3）：453-483.

第四章 从"个体"到"集体":改革开放前国家农地产权的"集体中心"政策叙事

私有制与合作社之间、社内社会主义与私有制之间,而解决这些矛盾应该是政府一切经济政治工作的"纲"。① 社会主义道路和资本主义道路的斗争在农业发展过程中越来越明显,这就需要通过发展农业合作社来继续限制和排除资本主义剥削。② 因此,个人私有制和集体公有制是完全对立、"有你无我"的关系,社会主义过渡时期对农业社会主义改造的任务,就是要找到这种私有制和资本主义所有制的生产关系,并与之进行"你死我活的斗争",最终将这种私有制和资本主义生产关系消灭。1954年10月,全国第四次互助合作会议指出"实现对农业的社会主义改造是一场严重阶级斗争",因此,党就需要找到支持力量和"我方"阵营,以便组成广大联盟来打击"阶级敌人";而且,不明确依靠和团结、孤立和打击的对象,就不能实现社会主义。③ 阶级之间的斗争无处不在,即便是国家于1957年基本完成了农业合作化,仅留有3%左右的个体户没有进入任何农业合作社,但政府依然认为他们主要是地主和富农成分等,认为他们的行为存在危险、对合作社也产生了不利影响,仍然需要进一步地教育改造这些个体户的思想④,可见,敌我矛盾仍然存在、敌我斗争仍需继续。

除此之外,农业集体化过程中,国家农地产权的"集体中心"政策叙事还会努力呈现一种"敌人势力还很强大、革命斗争还会很激烈"的局面。这种对"斗争状况"进行再修饰叙事策略,是对前一种叙事策略的补充和强化。个人私有制和集体公有制在一定阶段内可能是完全对立、"有你无我"的关系,但是,随着农业合作社纷纷建立,两者之间的矛盾可能得到了部分缓解,没有当初那么显著。对此,国家政策叙事强化并放大矛盾和冲突,重新将两者之间的关系修饰成十分紧张和充满矛盾的。一方面,国家政策叙事强调对农业的社会主义改造过程中,敌人势力依然强大。原本没有加入合作社、希望单干的农民,如地主富农,在农业合作化阶段,都被划分为农村中的资本主义。例如,富农阶层就经历过从允许存在转向应当完全消灭和改造的过程,《关于农业生产互助合作的决议》只要求"限制富农剥削"⑤,而过渡时期总路线开始"由逐

---

① 中共中央文献研究室.建国以来重要文献选编(第四册)[M].北京:中央文献出版社,2011:407.
② 中共中央文献研究室.建国以来重要文献选编(第四册)[M].北京:中央文献出版社,2011:571-572.
③ 中共中央文献研究室.建国以来重要文献选编(第五册)[M].北京:中央文献出版社,2011:629.
④ 中华人民共和国国家农业委员会办公厅.农业集体化重要文件汇编(1949—1957)[M].北京:中共中央党校出版社,1981:747.
⑤ 中共中央文献研究室.建国以来重要文献选编(第四册)[M].北京:中央文献出版社,2011:582.

步限制到最后消灭富农剥削",并在实际过程中"对富农的限制斗争必须加强"①;《1956年到1967年全国农业发展纲要》最终明确将富农当作"资本主义道路"的代表,需要被彻底改造。② 当然,不仅合作社之外的单干者被描述成农村的资本主义,退社者和主张不能过快推进合作化的反"冒进"者也都成了资产阶级。这些不接受农业合作社的"不合作者",在农业集体化后期,统统都被界定为"反革命分子"。另一方面,国家政策叙事一直强调革命斗争还很激烈。1954年12月,中央农村工作部《关于全国第四次互助合作会议的报告》讲到,"随着革命斗争的深入,阶级敌人的抵抗破坏必然一天天地激烈起来",因此,就需要发挥农村社会主义的政治优势,孤立并削弱富农。③ 正因为革命斗争还在持续并且依然激烈,因此,党和国家就需要继续维持与反动派们的斗争。在人民公社建设时期,部分地区出现的"包产到户"和解散公共食堂等行为,中央认为是右倾的歪风邪气和"猖狂的反对社会主义道路的逆流",需要彻底加以批判。地方政府也纷纷表示,社会主义和资本主义之间的阶级斗争还很激烈很深刻,需要继续批判和打击。④ 国家政策叙事通过对社会矛盾的再修饰,放大或缩小了部分问题,从而获得了相关政策决策与执行活动的合法性。

---

① 中共中央文献研究室.建国以来重要文献选编(第五册)[M].北京:中央文献出版社,2011:629-632.
② 国务院法制局,国务院法规编纂委员会.中华人民共和国法规编(1957年7月-12月)[M].北京:法律出版社,1958:38,57.
③ 中共中央文献研究室.建国以来重要文献选编(第五册)[M].北京:中央文献出版社,2011:624.
④ 罗平汉.农村人民公社史[M].福州:福建人民出版社,2003:165-167.

第五章 从"家庭"到"市场":改革开放后国家农地产权的"市场中心"政策叙事

本章将主要围绕改革开放以来我国农地产权结构变迁,考察我国农地产权政策叙事的结构性转型特征。20世纪70年代末,家庭联产承包责任制通过分离农地产权的所有权与使用权,建立起了以家庭为核心的农地产权结构,推动了农民生活与农业生产的进步。但是,从2014年开始,国家重新开始考虑所有者、承包者、经营者三者之间的关系,提出要实现农地所有权、承包权、经营权的"三权"分置,旨在保障农户取得农地承包和经营权利的同时,能够进行市场交易、具有使用价值和交换价值的权能分离。与前一章相类似,本章的研究问题是,为了确保改革新政策能够被更多人接受,国家在推进农地产权改革的过程中需建构起何种政策叙事。对此,本章采用内容分析法,借用Nvivo11分析工具,在政策变迁的叙事结构框架基础上,对1979—2018年《人民日报》的相关报道文本进行了等距抽样和内容分析,考察并呈现"市场中心"的农地产权改革中政策叙事体系的建立。本章将在简单梳理改革开放以来中国农地产权改革历程之后,提出研究设计,通过话语对象、政策议题、叙事策略和政策信念4个方面具体呈现"市场中心"的政策叙事体系。研究结果显示,改革开放后尤其是国家农地三权分置改革后,国家农地产权的"市场中心"政策叙事体系逐渐形成,话语对象开始聚焦于新兴农地经营主体;政策议题呈现出农地产权权能多元化的特征;国家政策的信念也开始注重"效率和权利"的重要意义;国家政策叙事的策略也不再仅仅倾向于家庭生产,而是更加注重市场民生取向。

一、改革开放以来中国的农地产权改革

(一)基本历程:从"两权"分离到"三权"分置

1978年家庭联产承包责任制正式开启了我国农村产权制度改革,通过将农村集体土地产权结构从计划经济时期的人民公社"公有公营"式改造为"公有私营"式,国家正式建立起以家庭承包经营为主、统分结合的双层经

营模式。2016年10月,中共中央办公厅、国务院办公厅印发的《关于完善农村土地所有权承包权经营权分置办法的意见》(简称《意见》)明确了"三权分置"的提法,我国农地产权由"两权"分离到"三权"分置的改革正式开始。①

第一,以"包产到户""包干到户"的家庭联产承包责任制,取代计划经济时期的"集体所有、集体经营"的农业经营模式。家庭联产承包责任制是在人多地少、土地资源稀缺的背景下,将土地的所有权和使用权分离,从政策层面认可集体内他人的用益行为,符合集体土地所有权的本质要求。②实践层面,国家在坚持农村土地产权集体所有的前提下,宏观上放松了对农业生产的计划管控,微观上允许农民采取多种形式的承包责任制,实行包产到生产队甚至个体分田单干。由于改革初期采取分田到户的形式是基于贫困地区吃粮问题的现实经济困难而提出的,因此,从集体所有权中分离出来的土地使用权并不完整,存在承包期限短、作为产权标的物的土地调整频繁、承包合同不完整等问题。③1993年,《宪法》修正案正式将"统分结合的双层经营体制"写入宪法,标志着我国农村土地产权结构的"二元制"得以建立。2002年《农村土地承包法》的出台,正式将家庭承包责任制的完整体系以法律的形式固定下来。

第二,对农村集体土地使用权的产权属性界定逐渐清晰。农户承包集体土地的制度创新,从其产生的历程上看,属于一种自下而上的"诱致性制度变迁",一开始并不存在农户的承包经营权。农户的土地使用权建立在与集体经济组织签订的承包合同的基础之上,最初被认为具有债权性质。随着家庭联产承包责任制的推行,农户的土地使用权的债权属性在实践中产生了负面效应。一方面,契约不规范,"大包干"中采取的承包合同具有当事人双方地位不对等、内容由政府定制而非双方合议、受到政府土地政策制约的特点,捆绑了大量非对等的义务和税务负担,逐渐被认为不应作为交易工具而存在。④另一方面,债权保护权利效力有限,无法有效对抗第三人,"农户对抗他人侵权行为尤其是对抗乡村集体干部随意调整和处置土地、更改土地合同等行为的效力因

---

① 孙德超,曹志立.农地三权分置改革的理论内涵与价值意蕴[J].经济问题,2018(1):1-7.
② 韩松.坚持农村土地集体所有权[J].法学家,2014(2):36-41.
③ 冀县卿,钱忠好.改革30年中国农地产权结构变迁:产权视角的分析[J].南京社会科学,2010(10):73-79.
④ 赵晓力.通过合同的治理:80年代以来中国基层法院对农村承包合同的处理[J].中国社会科学,2000(2):120-132.

第五章 从"家庭"到"市场":改革开放后国家农地产权的"市场中心"政策叙事

权利的债权性质而降低"①。2007年,《物权法》正式将土地承包经营权界定为用益物权,规定土地承包经营权人依法对其承包经营的耕地享有占有、使用和收益的权利,从而使得集体土地使用权的内涵和属性被确定和规范起来。

第三,扩展并丰富了土地承包经营权的权能体系。权能是权利的微观结构,是权利主体依据权利实施各种行为的可能性。在改革初期,农户承包土地的自主经营权限较小,1982年,中共中央批转的《全国农村工作会议纪要》明确规定,"社员承包的土地,必须依照合同规定,在集体统一计划安排下,从事生产",在产权交易方面,承包经营权"不准买卖,不准出租,不准转让,不准荒废"。然而,家庭联产承包责任制释放出的经济绩效,让土地承包经营权被认可。研究表明,"从生产队体制向家庭责任制的转变,是1978—1984年产出增长的主要源泉"②。此后,土地承包经营权的权能体系得以完善,土地要素市场中交易的形式逐渐丰富。2002年颁布的《农村土地承包法》明确了家庭承包土地可以进行转包、出租、互换、转让等,2004年正式施行的《农村土地承包经营权证管理办法》对于不同土地流转的形式、证书和登记等要件进行了规范。在此基础上,农地流转呈现出由全面禁止、部分放松向逐渐允许和规范的阶段式演进特点。③

第四,逐步延长承包合同期限,稳定产权关系。土地周期性调整会导致土地产权缺乏排他性,使农民无法形成稳定的预期,降低农民进行土地长期投资的积极性。④⑤⑥土地承包权的不稳定,必然导致在其基础之上的其他权能实现的缺陷。改革开放以来,国家为稳定农地格局和承包关系,一方面,严格限制土地随意、频繁的行政性调整。1993年,中央提倡在承包期内实行"增人不增地、减人不减地"的办法,2002年颁布的《农村土地承包法》规定,"承包期内,发包方不得调整承包地",以此来避免耕地规模不断被细分,防止行政力量借机损害承包户权益。另一方面,逐渐延长家庭承包经营的合同期限,

---

① 王小映.土地制度变迁与土地承包权物权化[J].中国农村经济,2000(1):43-49.
② 林毅夫.制度、技术与中国农业发展[M].上海:格致出版社·上海三联书店·上海人民出版社,2014:65.
③ 王家庭,舒居安,赵一帆.中国农村土地流转政策概念、分类及演进特征:基于政策文本的量化分析[J].经济问题,2017(10):96-101.
④ LI G, ROZELLE S, BRANDT L. Tenure, Land Rights, and Farmer Investment Incentives in China[J]. Agricultural Economics, 1998(1-2):63-71.
⑤ 姚洋.中国农地制度:一个分析框架[J].中国社会科学,2000(2):54-65.
⑥ 钱忠好.中国农村土地承包经营权的产权残缺与重建研究[J].江苏社会科学,2002(2):39-47.

从 1984 年中央文件规定的 15 年承包合同到 2003 年《农村土地承包法》规定的 30 年不变，2008 年，党的十七届三中全会进一步提出"现有土地承包关系要保持稳定并长久不变"。2017 年，党的十九大再次确认"保持土地承包关系稳定并长久不变，第二轮土地承包到期后再延长三十年"。通过减少对承包地的行政调整、延长承包期限直至长久不变，国家为农地产权关系的稳定提供了有效的保障。

2013 年 7 月，习近平总书记在湖北省考察时强调，完善农村基本经营制度，要好好研究农村土地所有权、承包权、经营权三者之间的关系。此后，2014 年中央一号文件正式提出，"在落实农村土地集体所有权的基础上，稳定农户承包权、放活土地经营权"，由此拉开了我国农地三权分置改革的序幕。农地三权分置改革是继家庭联产承包责任制之后的又一次制度创新，丰富并完善了家庭联产承包责任制下"所有权－承包经营权"的二元产权结构。

农地三权分置是在坚持农村土地集体所有制的基础上，丰富集体所有制的实现形式。土地集体所有权人对集体土地依法享有占有、使用、收益和处分的权利，土地承包权人对承包土地依法享有占有、使用和收益的权利，土地经营权人对流转土地依法享有在一定期限内占有、耕作并取得相应收益的权利。形式上看，农地三权分置是将集体土地产权主体、标的物、权利内容在农村集体经济组织、作为集体组织成员的承包农户和各类农业经营主体之间进行的划分和配置。本质而言，农地三权分置的核心是要在土地承包经营权上创设新的土地经营权，以保障农户取得农村耕作地并开展耕作性经营活动的权利，其主要的目标指向就是"将土地承包经营权中能够进行市场交易、具有使用价值和交换价值的权能分离出来"[①]。

（二）本章研究设计

1. 数据来源和抽样设计

本章数据取自 1979—2018 年《人民日报》中关于农村土地产权的新闻报道。选择《人民日报》作为数据来源，是因为其作为中国共产党的官方报刊，代表了国家权威机关和主流媒体的声音与立场，兼具政治性和叙事性的特征。《人民日报》对于农村土地产权改革的相关报道，不仅仅是有关农村土地产权

---

① 肖卫东，梁春梅. 农村土地"三权分置"的内涵、基本要义及权利关系 [J]. 中国农村经济，2016（11）：17-29.

改革实践的一般客观性描述,更具有官方观点宣介和主流价值引导的意味,能够凭借其自身权威性来影响社会的认知。本章将《人民日报》中关于农地产权的报道作为分析内容,考察政策的历时性变迁,并以此作为研究我国农地产权政策叙事变迁特征的重要依据。

在样本选择方面,本章按照年份顺序采取等距抽样的办法。首先,以1979年为起点,每5年划分为一个样本单元,并在1979—1983年随机抽取1年作为随机起点。其次,再按照每隔5年抽取一次的方式,共抽取8年的报纸。以此,确保所抽得的年份能够均匀分布在国家改革历程的各阶段当中,保证了样本的代表性和样本量的充足性。

基于上述方法,以"土地""承包"为关键词,在"人民日报图文数据"中,对所抽取的年份进行报刊全文检索,关键词搜索产生了每年100～339条记录,8年共计1574篇报道。在此基础上,进一步对抽取的报纸内容进行筛选,剔除与农村土地产权不相关的新闻(如国有土地承包、集体建设用地和城市建设土地承包等),最终得到519篇报道。具体抽样情况,如表5-1所示。

表5-1 《人民日报》新闻报道的抽样情况

年份	报道总篇数/篇	检索后篇数/篇	筛选后篇数/篇	检索提取比例
1981	28 214	100	66	0.35%
1986	33 672	155	77	0.46%
1991	33 438	126	42	0.38%
1996	39 568	163	48	0.41%
2001	31 483	165	45	0.52%
2006	37 112	208	58	0.56%
2011	41 970	318	65	0.76%
2016	38 741	339	118	0.88%
合计	284 198	1574	519	0.55%

(数据来源:笔者根据1979—2018年《人民日报》的报道内容自制。)

2. 概念框架的操作化

本章在前一章建构起来的政策变迁中的政策叙事结构基础之上,对我国农地产权政策叙事结构的内容进行识别,将4个维度的框架和概念操作化,具体如表5-2所示。

首先，我国农地产权改革中的话语对象，主要集中于农地产权经营主体界定方面，涉及哪些人实际拥有农地产权。[①] 这既是贯穿整个家庭联产承包责任制改革过程中的问题，也是改革开放以来农地政策调整尝试突破的难题。具体而言，农地产权政策的话语对象包括集体、农户、合作社、企业等，本章将其分为集体、农户和其他经营主体3类。

其次，农地产权政策的政策议题，涉及农地产权可以如何使用的问题，包括自营、转包、出租、入股、抵押等农地使用形式，与农地产权运用方式有关，本质上是有关农地产权权能性质的不同界定。一般地，农地产权变更可分为债权性质变更、物权性质变更和物权性质灭失等[②]。据此，本章将农地产权的政策议题划分为使用权、处分权和求偿权，其中将占有、使用、收益和债权性变更作为农地使用权的主要内容，而将抵押和担保作为处分权的主要内容。改革之初，使用权、收益权特别是处分权都受到严格限制[③]；2007年《物权法》赋予承包经营权占有、使用、收益等权能却限制其处分权能[④]；2013年11月，党的十八届三中全会提出赋予承包经营权抵押、担保权能，为处分权的实现提供了政策依据。此外，国家土地征用和占用会导致农地产权的灭失，农地产权政策叙事也应涉及相应的求偿权。

再次，我国农地产权政策叙事信念，有赖于国家期望农地产权结构所应实现的功能。农地产权制度，被认为要能够实现维护社会公平[⑤]、提供社会保障[⑥]、提升资源配置效率[⑦]和权利的平等保护[⑧]等方面的功能，也即农地产权安排需要在效率、公平和社会稳定之间实现平衡[⑨]。不同时期的不同产权结构下，国家农地产权政策信念的侧重也有所不同，这也突出地反映在国家政策叙事和主流官方报道当中。例如，社会公平信念，涉及在土地和收益配置中，遏制分

---

① 项继权.我国农地产权的法律主体与实践载体的变迁［J］.华中农业大学学报（社会科学版），2014（1）：5-14.
② 丁关良.土地承包经营权基本问题研究［M］.杭州：浙江大学出版社，2007：190-193.
③ 郭忠兴，罗志文.农地产权演进：完整化、完全化与个人化［J］.中国人口·资源与环境，2012（10）：123-130.
④ 高圣平.新型农业经营体系下农地产权结构的法律逻辑［J］.法学研究，2014（4）：76-91.
⑤ 邓大才.效率与公平：中国农村土地制度变迁的轨迹与思路［J］.经济评论，2000（5）：40-42.
⑥ 温铁军.农民社会保障与土地制度改革［J］.学习月刊，2006（19）：20-22.
⑦ 冀县卿，钱忠好.农地产权结构变迁与中国农业增长：一个经济解释［J］.管理世界，2009（1）：172-173.
⑧ 孙宪忠.推进农地三权分置经营模式的立法研究［J］.中国社会科学，2016（7）：145-163.
⑨ 姚洋.中国农地制度：一个分析框架［J］.中国社会科学，2000（2）：54-65.

配不公和侵占行为；社会保障信念，包括农民的生计、就业和养老保障[①]；资源配置效率信念，包括规模经营、集约化等；权利平等信念，包括保护各类经营主体产权和收益。

最后，政策的策略叙事一般包括政策"成本－收益"的再计算和实际矛盾的再修饰。本章通过家庭生产叙事与社会民生发展叙事的对比，来展示成本与收益的转变及修饰政策问题等叙事策略的变化。本章界定出我国农地产权政策的叙事策略，包括了家庭生产叙事、脱贫叙事和城镇化叙事。其中，家庭生产叙事的关键词包括农业技术、粮食生产、荒地开垦，脱贫叙事的关键词包括贫困、脱贫，城镇化叙事的关键词包括城镇化、落户、进城。国家农地产权的"市场中心"政策叙事，运用不同的政策叙事策略来展示不同的叙事内容，构建了"民生"取向的市场叙事。

表 5-2 我国农地产权政策的叙事分析维度

分析维度	二级操作化定义	三级关键词
话语对象	集体	村办、集体
	农户	社员、农户、家庭
	其他经营主体	大户、农场、合作社、农业企业
政策议题	使用权	自主经营、转包、出租、流转
	处分权	抵押、担保
	求偿权	征地、征占、占用、征用
政策信念	配置效率	规模经营、集约化
	权利保护	权利保护、合法权益
叙事策略	家庭生产叙事	农业技术、粮食生产、荒地开垦
	脱贫叙事	贫困、脱贫
	城镇化叙事	城镇化、落户、进城

3. 研究方法

整体而言，本章将运用 QSR Nvivo11 自动文本分析工具，对《人民日报》展开内容分析。QSR Nvivo11 是集文本搜索、整理和统计分析为一体的综合性软件，能够针对特定文字进行词频准确或模糊搜索，对词汇所在句子或段落进行展示，并对特定词汇的出现频率和覆盖率进行历时性呈现，为研究者提供高效而可靠的内容分析手段。通过"对特定关键词进行编码及其频率的统计与比

---

① YAO J. Social Benefit Evaluation on Regional Land Consolidation Based on Social Security Function of Land-A Case of Nanjing City [J]. Asian Agricultural Research, 2009（2）：37-41.

较"①的方式，对公共政策变迁过程展开梳理和分析，进而获得研究结论。

具体而言，本章首先借助 QSR Nvivo11，依据政策叙事的 4 个维度，建立文本分析一级"节点"，并对文本进行逐句、逐段的阅读，同时，依据所建立的"节点"，对相应的文本内容进行编码，识别出集体、农户、其他经营主体、使用权、处分权、求偿权、配置效率、权利保护、家庭生产叙事、脱贫叙事、城镇化叙事共 11 个二级操作化定义，并梳理和汇总文本资料中出现的字词，作为三级关键词（表 5-3）。通过上述编码过程，完成内容分析的基础步骤。其次，计算和统计每年《人民日报》三级关键词出现的频次，并汇总到 4 个分析维度中。最后，对 1574 份文件材料按照时间先后，展开不同年份的比较分析，对比关键词出现频次、覆盖率，从而直观地呈现我国农地产权政策叙事演进的特征。如果某一年农地产权政策叙事某一维度下关键词出现频次（参考点）和覆盖率高，则表明国家在此方面的关注和支持度较高；某阶段相比于上一阶段，关键词出现频次和覆盖率发生了变化，预示着国家政策叙事的变迁。

表 5-3　我国农地产权政策叙事的编码效果

节点名称		材料来源	参考点数
一级节点	二级节点		
话语对象		8	1101
	集体	8	294
	农户	8	499
	其他经营主体	8	308
政策议题		8	474
	处分权	3	88
	求偿权	8	79
	使用权	8	307
政策信念		8	201
	社会公平	8	143
	生计保障	8	58
叙事策略		8	635
	城镇化叙事	8	150
	家庭生产叙事	8	182
	脱贫叙事	8	303

（数据来源：笔者根据 1979—2018 年《人民日报》的报道内容自制。）

---

① 刘伟.内容分析法在公共管理学研究中的应用[J].中国行政管理，2014（6）：93-98.

第五章 从"家庭"到"市场":改革开放后国家农地产权的"市场中心"政策叙事

二、政策叙事中的话语对象选择:新型农地经营主体的兴起

家庭联产承包责任制的实施,实现了农村集体土地所有权和承包经营权的分离,随之出现农地经营主体的分化。实践中,农村土地的实际经营主体可能是集体、农户或者其他经营者。不同时期,政府政策对上述主体的关注度有所差异,这种变化也反映在了国家官方媒体的报道当中。改革初期,由于农村刚从人民公社"集体所有、集体经营"体制中转型,国家的农地产权政策叙事也主要集中于讨论村集体和农户、社员之间的关系,相应地,《人民日报》对农户家庭经营的正面报道也较多。例如,1981年多次强调应"正确处理国家、集体和个人三者利益""坚持土地公有制和集体化方向"。因此,可以看到农户和家庭等关键词十分集中、出现的频次也较高。随着2006年《中华人民共和国农民专业合作社法》(简称《农民专业合作社法》)的颁布,以及2013年中央"一号文件"提出"鼓励和支持承包土地向专业大户、家庭农场、农民合作社流转,发展多种形式的适度规模经营",以专业大户、家庭农场、农民合作社和农业企业为代表的农业经营主体,也逐渐占据了官方媒体报道更大比例,如图5-1所示。国家对农村土地经营主体的关注从传统承包农户转向多元经营主体,这在改革开放以来历次中央"一号文件"中也得到了印证[①]。

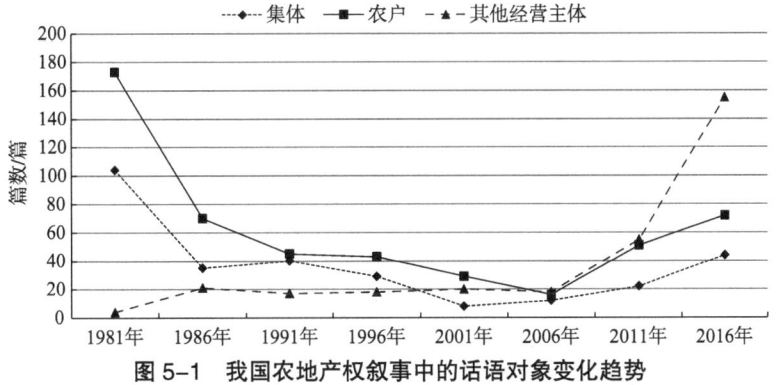

图5-1 我国农地产权叙事中的话语对象变化趋势

(数据来源:笔者根据1979—2018年《人民日报》的报道内容自制。)

---

① 韩国明,郭鹏鹏.我国农业经营主体变迁的政策意图及其演化路径:基于中央一号文件(1982—2016年)的文本分析[J].中国农业大学学报(社会科学版),2017(2):93-101.

在推进农村土地产权改革过程中,"集体"一词在官方媒体中始终保持着一定程度的报道率。相比于改革开放前二十年,近年来,集体和农户被官方媒体给予了更多的报道,例如,强调村集体在农地流转、规模经营中发挥重要作用,以及"农户+合作社""农户+公司"相结合的农地经营模式等。这表明在农地产权改革过程中,国家的政策叙事不仅坚持了农村土地集体所有制这一制度底线,也积极地维护普通农户权益。在此背景下,两类较为重要的正面角色("英雄")话语对象:新型家庭经营主体(包括种粮大户、专业大户和家庭农场等)和农民合作社,他们在国家"市场中心"政策叙事中的作用就得以塑造。

(一)新型家庭经营主体

国家农地产权的"市场中心"政策叙事中的"英雄"角色之一,就是新型家庭经营主体。家庭的角色在改革开放以来始终占据重要位置,尤其是改革初期,家庭获得了与集体(乡镇、村组)同样的经营土地合法性。即便农村土地不断市场化和流动化,小农家庭农场也依然是农村经济的重要组织形式。[①]但是,随着2013年中央一号文件提出要"鼓励和支持承包土地向专业大户、家庭农场、农民合作社流转,发展多种形式的适度规模经营",以种粮大户、专业大户和家庭农场等为代表的家庭经营主体,开始在农业生产活动中发力。因此,进入"市场中心"的新型家庭经营主体,是与以往小农经营主体相区别的专业大户、家庭农场等农地经营形式。

首先,国家政策叙事明确了家庭经营主体的基本概念,尤其是对"家庭农场"这一经营主体给予了清晰界定。"家庭农场"一词最早是在1983年8月全国农垦工作汇报会议上被提出的,并被写入中央政策文件《关于兴办职工家庭农场的若干意见》之中,随后在中共中央《关于1984年农村工作的通知》正式以一号文件形式出现。但是,这一时期的家庭农场,被当作"国营农场推行联产承包制的体现",只是把职工家庭农场当作"摆脱办场旧模式,改革国营农场管理体制"的一种途径。[②]此时,家庭农场并非其真正的形式表达,并在此之后的很长一段时间内未被提及。2014年2月,农业部下发的《关于促

[①] 黄宗智.中国的现代家庭:来自经济史和法律史的视角[J].开放时代,2011(5):82-105.
[②] 大力发展和办好职工家庭农场(一九八四年九月二日,全国农垦工作会议通过)[J].中国农垦,1984(10):5-8.

第五章 从"家庭"到"市场":改革开放后国家农地产权的"市场中心"政策叙事

进家庭农场发展的指导意见》首次在国家文件中对家庭农场进行详细的概念和特征界定。该文件规定,家庭农场是指经营者"主要是农民或其他长期从事农业生产的人员"、生产经营活动"主要依靠家庭成员而不是依靠雇工"、主要收入来源为"农业经营收入"的农户家庭经营方式,其主要特点是"利用家庭承包土地或流转土地,从事规模化、集约化、商品化农业生产"。

其次,国家政策叙事还不断强调家庭经营主体这一"英雄"角色的实际作用和发展现状。一方面,家庭经营主体的价值意义,只有获得官方的权威阐述才能为社会所知。对于专业大户、家庭农场等家庭经营主体,国家始终强调他们在促进土地承包经营权流转方面的重要作用。2008年,党的十七届三中全会首次提到真正意义上的家庭农场时,明确专业大户、家庭农场等是适度规模经营的形式之一。2013年中央一号文件在提到专业大户、家庭农场时,也强调是出于有序流转和规模经营的目的。2014年2月,《关于促进家庭农场发展的指导意见》对家庭农场的意义进行了较为系统的阐述和申明。该文件指出,农业和农村发展需要应对"农业兼业化、农村空心化、农民老龄化,解决谁来种地、怎样种好地的问题",而家庭农场作为一种新型农业经营主体和经营形式,对破解上述难题有重要贡献。此外,国家领导人也对家庭农场给予厚望,李克强在基层考察时指出,家庭农场等适度规模经营的形式是"发展现代农业的有效载体"[1]。由此,家庭农场在国家现代农业发展过程中的意义得以确立。

另一方面,国家还积极呈现家庭经营主体的现状以及政府的态度。根据农业部首次对家庭农场的统计调查显示,全国家庭农场达87.7万个,平均经营规模超过200亩,经营耕地面积达到1.76亿亩,占全国承包耕地面积的13.4%,已初具规模,"表现出了较高的专业化和规模化水平"[2]。因此,家庭农场在我国的发展态势良好。鉴于家庭农场的重要意义与良好态势,国家就需要更进一步地推动其发展,积极扶持和培育家庭农场。2008年国家中央文件正式提到家庭农场之后,2009年中央一号文件强调需要"逐步加大对专业大户、家庭农场种粮补贴力度",2013年中央一号文件明确鼓励和支持专业大户、家

---

[1] 陈刚,董峻.从李克强总理考察家庭农场看现代农业发展新趋向[EB/OL].(2013-03-31).http://politics.people.com.cn/n/2013/0331/c1024-20978751-2.html.
[2] 农业部新闻办公室.我国首次家庭农场统计调查结果显示:全国家庭农场达87.7万个 平均经营规模超过200亩[EB/OL].(2013-06-04).http://www.moa.gov.cn/xw/zwdt/201306/t20130604_3483252.htm.

庭农场。之后,时任中央农村工作领导小组副组长陈锡文在回答记者提问时说道,国家新增的对农业生产进行直接补贴,要更多地提供给专业大户、家庭农场等,以鼓励和支持他们的发展。① 在此之后,2015年中央一号文件强调鼓励发展规模适度的家庭农场,完善对粮食生产规模经营主体的支持服务体系,深化农场企业化改革和农场经营管理体制等。从相关政策文件来看,扶持和培育家庭农场的中央政策体系逐渐完善。

(二) 新型农民合作社

国家农地产权的"市场中心"政策叙事中,另一个"英雄"角色就是农民合作社。改革开放以来的农民合作社,与改革之前的农业合作社有着很多的共同之处,例如,两者都是为了解决土地小农经营的分散化问题、都是为了提高农业生产效率、都需要实现农业生产方面的合作等。即便如此,两者还是存在根本性差异,从国家与合作社的关系角度来看,我国在改革开放前后完成了农地产权政策叙事的根本转型,也即"从国家对农民合作组织的全面控制发展到国家对农民合作组织的主导"②。由于改革开放后的农民合作社从基层政权的严格控制中摆脱出来,国家的政策设计也更能顺应市场竞争的要求、支持农民合作社作为独立经济主体行动。国家政策叙事在确立农民合作社的"英雄"角色方面进行了多方面努力。

首先,国家正式明确了农民合作社的市场主体地位。2006年,《农民专业合作社法》清晰界定了农民合作社的含义:农民合作社是建立在农村家庭承包经营基础上的互助性经济组织,是"农产品的生产经营者或者农业生产经营服务的提供者、利用者"。这就将农民合作社与以往"三级所有"的人民公社及"生产资料和社员劳动的统一管理"的农业合作社区别开来。在此基础之上,规定了农民合作社"依照本法登记,取得法人资格"。农业部门也认可了《农民专业合作社法》作为一部主体法,能够"明确农民专业合作社的市场主体地位"③。国家从法律层面认可了农民合作社,有助于确立农民合作社在人们认知中的合法地位。不仅如此,农业部从2007年1月起在全国组织开展为期一个

---

① 中国政府网.新增农业补贴向专业大户、家庭农场和农民合作社倾斜[EB/OL].(2013-02-01). http://www.gov.cn/wszb/zhibo550/content_2324797.htm.
② 苑鹏.中国农村市场化进程中的农民合作组织研究[J].中国社会科学,2001(6):63-73.
③ 王东生.《中华人民共和国农民专业合作社法》7月1日实施[N].农民日报,2007-02-01(6).

第五章　从"家庭"到"市场"：改革开放后国家农地产权的"市场中心"政策叙事

月的《农民专业合作社法》宣传活动，帮助农民群众认知农民合作社的特征、性质和功能等。①

此外，国家还积极支持农民合作社的发展。在颁布《农民专业合作社法》之后，2007年中央一号文件提出扶持农民专业合作社发展，要求完善配套支持措施和制度，包括登记管理和财会制度，以及采取税收和金融政策。此后，相关配套政策体系不断跟进，财政和税收扶持不断强化，登记管理等制度也相继建立。当年，中央11部委就联合出台了《关于开展农民专业合作社示范社建设行动的意见》，该文件肯定了农民合作社的重要意义，指出农民合作社为"提高农民进入市场的组织化程度、建设现代农业、促进农民增收"做出了积极贡献，并且要求从2009年起在全国范围内组织开展"农民专业合作社示范社建设行动"。实际上，之后每一年农业主管部门都围绕农民合作社示范社的建设情况，向社会发布进展和成果。2016年国家出台的《关于加快构建政策体系培育新型农业经营主体的意见》，从财政税收政策、基础设施建设、金融信贷服务、保险支持范围、拓展营销市场、人才培养引进共6个方面，系统地构建起了支持和推动农民合作社发展的政策体系。

三、政策叙事中的议题构建：聚焦农地产权的多元权能

农地产权政策议题主要围绕农村土地如何经营、产权如何使用等问题。我国农地产权经历了禁止承包地转让和出租，到允许并规范土地流转，最后赋予承包地经营人完整用益物权的过程。从图5-2中可以看到，国家政策叙事也与产权改革的不同阶段相适应，政策议题中的农地产权权能也逐渐多元化。

在农地使用权方面，改革开放初期国家所界定的农地使用权内涵范围有限，因此，官方媒体也主要是在生产自主权层面讨论农地使用权，并强调土地作为公共资源的集体所有属性，严格限定土地经营范围。例如，"在田间种什么，种多少，怎么种，都由社员自己当家作主"（1981年5月8日），"责任地不准擅自转让、出租、买卖土地"（1981年4月21日、7月11日、12月1日等）。1993年中共中央、国务院下发的《关于当前农业和农村经济发展的若干政策措施》明确"允许土地的使用权依法有偿转让"，此后，对各类

---

① 梁宝忠．农业部在全国开展《农民专业合作社法》宣传月活动［EB/OL］．（2007-01-10）．http：//www.moa.gov.cn/ztzl/hzsf/200701/t20070110_754496.htm.

土地流转方式的提及次数逐渐增多，而且以肯定性正面报道为主。从《人民日报》报道的次数来看，整体呈现逐渐上升的趋势，从 1996 年开始，围绕农地使用权的相关报道便由此前不到 20 次提升至 22 次，并在 2006 年之后直线上升。

在农地处分权方面，1996 年《人民日报》已有关于土地抵押方面的报道，但仅限于"四荒地"而不涉及家庭承包地。虽然国家层面关于农地抵押、担保贷款的正式表述直到 2013 年党的十八届三中全会才提出，但官方媒体的报道在此之前已经展开，如 2006 年"应对给予农民其他土地权益如抵押权、承包地入股权等问题进行研究"（2006 年 12 月 13 日）。图 5-2 的统计显示，在党的相关文件出台之后，2016 年有关农村土地抵押、担保贷款的报道迅速增加。可以看到，国家政策叙事通过将相关政策议题推向公众舆论并积极报道，来为相关改革措施的出台铺垫和准备；在正式文件出台后，又不断对后续落实工作进行追踪宣传。从《人民日报》报道的次数来看，由于法律规定的限制，处分权在 2011 年之前几乎没有提及，2011 年尤其是党和国家提出应赋予农民土地的抵押、入股权等之后，相关报道从 8 次提升至 78 次。

在农地求偿权方面，官方媒体对于征占地的关注，虽然相较于农地产权的债权性和物权性变动方面更少，但整体上也呈现出逐渐增多的趋势。进入 21 世纪后，有关土地征占用的报道整体上有所增加，反映了国家注重保护农民共享地方经济社会发展成果的权利。尤其是 2006 年之后，《人民日报》对农民土地的求偿权进行大量报道，整体性高于 20 世纪 80 年代和 20 世纪 90 年代。

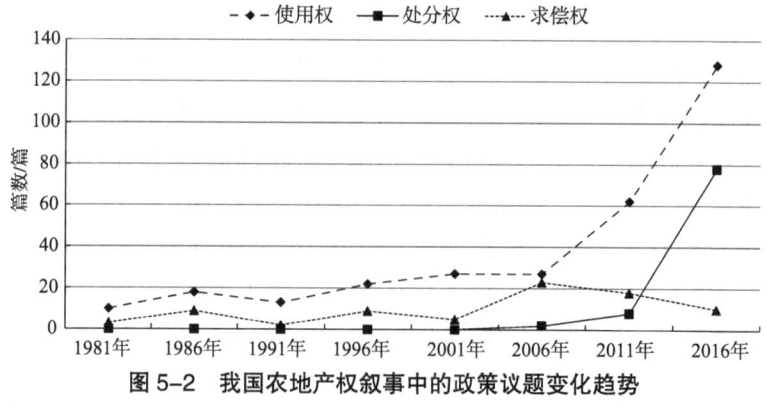

图 5-2 我国农地产权叙事中的政策议题变化趋势

（数据来源：笔者根据 1979—2018 年《人民日报》的报道内容自制。）

第五章 从"家庭"到"市场":改革开放后国家农地产权的"市场中心"政策叙事

(一)农地使用权方面

1978年,党的十一届三中全会决定对"经济管理体制和经营管理方法着手认真的改革",并"把农业尽快搞上去"之后,党的十一届四中全会进一步提出保护人民公社的三级单位,他们决定种植、增产、经营管理和分配的自主权受法律保护,但是仍然明确"不许分田单干"和一般情况下"不要包产到户"[1]。邓小平在同中央负责工作同志谈话时指出,"一些适宜搞包产到户的地方搞了包产到户……凤阳县绝大多数生产队搞了大包干……有的同志担心这样搞会不会影响集体经济。我看这种担心是不必要的"[2]。此后,中央《关于进一步加强和完善农业生产责任制的几个问题》进一步适当放宽限制,在尊重生产队一级的自主权和保持生产队统一经营的基础之上,实行专业承包联产计酬责任制,依据方便生产和有利经营的原则,采取包产到组、到劳力和到人[3]。但是,无论是由生产队统一结算计酬的"包产到户"还是完成了国家统购和集体提留后的"包干到户",农村土地的所有权仍然归属集体,仅供农民耕种和生产粮食。而且,在生产队统一结算计酬情况下,农地如何使用也受到限制,为了完成国家和集体交付的任务,甚至连生产自主权都很少。在改革开放初期,由于实行国家统销统购,部分农地如何使用仍然十分有限。1981年12月,中共中央批转的《全国农村工作会议纪要》指出,各种农业生产责任制都是社会主义集体经济的生产责任制和社会主义集体经济的组成部分,并且,社员承包的土地"不准买卖,不准出租,不准转让,不准荒废",要按照承包合同在集体统一计划安排下从事生产。[4]1983年年底,采用上述"包干到户"形式的生产队已经占全国总数的98%[5]。可见,改革开放早期,在国家相关政策当中农地使用权仍然受到束缚,农地流转仍然被禁止,并未成为关键性政策议题。

但此后,国家转变了对农地使用权流转的态度,开始支持农民的自发探索和实践,不同农地流转形式逐渐得到中央的认可和支持,农地使用权的内

---

[1] 中共中央文献研究室.三中全会以来重要文献选编(上)[M].北京:中央文献出版社,2011:161-162.
[2] 邓小平.邓小平文选(第2卷)[M].北京:人民出版社,1994:315.
[3] 中共中央文献研究室.三中全会以来重要文献选编(上)[M].北京:中央文献出版社,2011:473-474.
[4] 中共中央文献研究室.三中全会以来重要文献选编(下)[M].北京:中央文献出版社,2011:367.
[5] 聂家华.改革开放20年[M].济南:山东友谊出版社,1998:171.

涵逐渐扩展。1984年中央一号文件《中共中央关于一九八四年农村工作的通知》规定"社员在承包期内……可以经集体同意，由社员自找对象协商转包，但不能擅自改变向集体承包合同的内容"，但"承包地均不准买卖，不准出租"。1985年，国家取消了对农民农产品的统购派购任务，中央一号文件规定了农户家庭经营长期不变，同时肯定了基于自愿互利、采取合股经营和股金分红方法的"股份式合作"。1988年宪法修正案将"任何组织或者个人不得侵占、买卖、出租或者以其他形式非法转让土地。"修改为"任何组织或者个人不得侵占、买卖或者以其他形式非法转让土地。土地的使用权可以依照法律的规定转让。"从宪法层面允许了农地"出租"，也正式明确土地依法可以"转让"。2002年，《中华人民共和国农村土地承包法》规定家庭承包土地的承包经营权"可以依法采取转包、出租、互换、转让或者其他方式流转"，而且，土地流转的收益"归承包方所有，任何组织和个人不得擅自截留、扣缴"。2005年，《农村土地承包经营权流转管理办法》细化了农地使用权流转的具体形式并予以了规范和保护。国家开启农地三权分置改革后，土地使用权得到了进一步保护，2018年12月，全国人民代表大会常务委员对《中华人民共和国农村土地承包法》作了修改，规定承包农户进城落户的"鼓励其流转土地经营权"，并充分阐述了土地经营权的产生情形、权益内容和权利保障，同时，明确了土地经营权人再流转土地经营权的有效性。[①]

（二）农地处分权和求偿权方面

由于改革开放早期的农地产权内涵有限，无论是生产队统一结算计酬的"包产到户"还是完成了国家统购和集体提留后的"包干到户"，农民只拥有部分生产自主权。不仅农地使用权不完整，而且农村土地的处分权和求偿权也在国家完全禁止的范围之内，《全国农村工作会议纪要》要求"不准买卖，不准出租，不准转让，不准荒废"。因此，国家政策叙事对农地处分权和求偿权的强调，也经历了一个从无到有的过程。

首先，就农地处分权方面来看，2013年11月，党的十八届三中全会首次提出"赋予农民对承包地占有、使用、收益、流转及承包经营权抵押、担保

---

① 中国政府网.全国人民代表大会常务委员会关于修改《中华人民共和国农村土地承包法》的决定[EB/OL].（2018-12-30）.http：//www.gov.cn/xinwen/2018-12/30/content_5353493.htm.

第五章 从"家庭"到"市场":改革开放后国家农地产权的"市场中心"政策叙事

权能",为国家后续的农地处分权试点改革奠定了基础。2014年中央一号文件要求"在落实农村土地集体所有权的基础上,稳定农户承包权、放活土地经营权",对集体经济组织、承包人和农业经营主体权利体系界分,实现了产权权能的细分,有利于降低农地产权市场的交易成本,增进土地要素市场的整体收益。[①] 在细分农地权能的基础上,国家要求"赋予农民对承包地占有、使用、收益、流转及承包经营权抵押、担保权能……允许承包土地的经营权向金融机构抵押融资",在国家文件中较早地提出了抵押、担保等处分权能。通过农地三权分置改革推进了农地处分权能的不断完善,2016年10月,《意见》明确了农地三权分置基本内涵,对于农户承包权而言,要求"要充分维护承包农户使用、流转、抵押、退出承包地等各项权能",对于土地经营权而言,要求"支持新型经营主体……依法依规开展土地经营权抵押融资"。2018年年底,全国人大常委会正式通过了赋予农民和经营主体农地处分权相关内容,规定"承包方可以用承包地的土地经营权向金融机构融资担保""实现担保物权时,担保物权人有权就土地经营权优先受偿"。[②]

其次,就农地求偿权方面来看,从改革开放初期到20世纪90年代中后期,我国农地征用基本处于征地无序期。1982年,《国家建设征用土地条例》较早地提出了保障农地征用过程中的农民权益,要求用地单位需要为被征土地支付相应的补偿费,包括土地补偿费、青苗和附着物补偿费、安置补助费等,而且,各项补偿费和补助费应当补偿到个人。但是,国务院对于征用实际中出现"不服从者"要求予以批评甚至制裁[③],土地征用出现的各类问题随之产生。20世纪80年代中期兴起的乡镇企业建设、20世纪90年代开始的地方开发区建设,推动了城镇建设用地持续扩张,其中不少农民土地充分的求偿权部分地被忽略。2004年,国家意识到土地征用中的农地求偿权难以得到有效保障之后,国家四部委对地方征用农民集体所有土地补偿费进行了专项检查,尤其是地方各级政府及其部门制定的补偿政策、地方各级政府实际是否严格遵守国家政策规范、征用农民集体所有土地补偿费的核算和支付情况、村集体经济组织

---

① 孙德超,曹志立.农地三权分置改革的理论内涵与价值意蕴[J].经济问题,2018(1):1-7.
② 中国政府网.全国人民代表大会常务委员会关于修改《中华人民共和国农村土地承包法》的决定[EB/OL].(2018-12-30).http://www.gov.cn/xinwen/2018-12/30/content_5353493.htm.
③ 中国政府网.国务院关于严格贯彻执行《国家建设征用土地条例》的通知[EB/OL].(1983-01-21).http://www.gov.cn/zhengce/content/2016-10/19/content_5121279.htm.

对征用农民集体所有土地补偿费的分配、使用和管理情况等[①]。2006 年，劳动保障部和国务院分别从农民的就业培训和社会保障以及土地管理和调控方面，强化被征地农民的基本就业和生计保障。[②③] 从对《人民日报》的相关报道统计也可以看出，2006 年开始关于农地求偿权的报道逐渐增多。

四、政策叙事中的信念生产：农地经营规模效率与权利平等保护

就规范性意义而言，政府管理是"通过解决具体的公共问题去维护、实现某些公共价值"[④]，我国农地产权改革过程中也需要坚持一些基本的目标价值或政策信念。从图 5-3 中可以看到，农地产权政策信念在改革开放 40 年当中发生了变化，从改革初期着重强调"分配公平和生计保障"，到目前兼顾前者的同时更加注重"配置效率和权利保护"。归结起来，国家农地产权的"市场中心"政策叙事不断强化着以农地规模经营效率与权利平等保护为主要内容的政策信念。

在配置效率和权利保护方面，官方媒体的报道强度逐渐增加。从统计数据来看，1981 年没有记录，这与改革初期政府对土地集体所有、有限的农地"种植"权和禁止农地流转的强调相一致。此后，《人民日报》对于农地产权在配置效率和权利保护方面的报道呈现递增趋势，2016 年达到 57 次。可以看到，改革开放过程中，政府有意识逐渐强化农地产权设计在提升资源配置效率和保护农民合法权益方面的作用。其中，20 世纪 90 年代中期《人民日报》对农地产权配置效率的报道突然出现峰值，这主要是由于 1995 年国务院《关于稳定和完善土地承包关系意见》，提出了"建立土地承包经营权流转机制"，而客观上，一些农民负担加重、外出打工、撂荒弃耕较多而导致土地规模经营的"被动扩张"[⑤]，使部分地方开始出现了土地流转的小高峰。

---

① 中国政府网.国务院办公厅转发监察部等部门对征用农民集体所有土地补偿费管理使用情况开展专项检查的意见的通知[EB/OL].(2004-04-07).http：//www.gov.cn/zhengce/content/2008-03/28/content_2466.htm.
② 中国政府网.国务院办公厅转发劳动保障部关于做好被征地农民就业培训和社会保障工作指导意见的通知[EB/OL].(2006-04-10).http：//www.gov.cn/zhengce/content/2008-03/28/content_6652.htm.
③ 中国政府网.国务院关于加强土地调控有关问题的通知[EB/OL].(2006-08-31).http：//www.gov.cn/zhengce/content/2008-03/28/content_2431.htm.
④ 孔繁斌.中国公共行政学：叙事转换中的发展[J].公共行政评论，2013（3）：1-8.
⑤ 韩学平，刘兆军.土地适度规模经营的法制保障问题研究[M].北京：中国农业出版社，2013：142.

第五章 从"家庭"到"市场":改革开放后国家农地产权的"市场中心"政策叙事

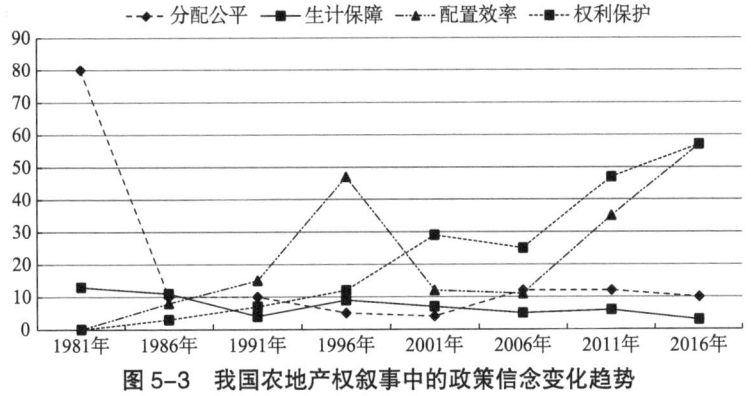

图 5-3 我国农地产权叙事中的政策信念变化趋势

(数据来源:笔者根据 1979—2018 年《人民日报》的报道内容自制。)

(一)注重农地经营的规模效率

改革开放初期的农村土地制度改革,其实旨在解决农业合作化时期土地效率低下问题。邓小平在改革开放之初就要求农业生产应贯彻"按劳分配"原则,处理分配问题只能按劳分配而不能是按政治、按资格分配。① 党的十一届三中全会提出全党工作的着重点应该"转移到社会主义现代化建设上来",而现代化就要求"大幅度地提高生产力",同时,也明确人民公社三级经济组织必须要坚持"按劳分配的社会主义原则,按照劳动的数量和质量计算报酬,克服平均主义"。此后,邓小平对中央负责同志的谈话中也指出,包产到户效果很好、增产幅度大,无需担心其影响集体经济。1980 年,中央 75 号文件《关于进一步加强和完善农业生产责任制的几个问题》也明确"普遍建立各种形式的生产责任制……有效地调动了农民的积极性,使农业生产得到比较迅速的恢复和发展"。1982 年中央一号文件对生产责任制的社会主义性质肯定,让生产责任制的各种形式席卷全国,给很多地方包括江苏、广东等省,带来了意想不到的"增产效果"。② 1983 年最后一个采取包产到户的黑龙江省也以丰收完成了多年的目标。③

改革初期国家打破和摒弃人们在农业合作化运动中所形成的"集体产权"信念,尝试在农民当中建立起"单干"和"包产"的政策信念。但是,随着家

---

① 邓小平.邓小平文选(第2卷)[M].北京:人民出版社,1994:101.
② 中共中央党史研究室第三研究部.中国改革开放20年史[M].沈阳:辽宁人民出版社,1998:130.
③ 陈吉元,陈家骥,杨勋.中国农村社会经济变迁(1949—1989)[M].太原:山西经济出版社,1993:500.

庭承包制从 15 年不变到 30 年不变、农业税不再征收、大部分农民进城打工，农村土地格局继而出现经营分散化和土地碎片化带来的低效问题，土地撂荒现象广泛。以湖南省为例，2007 年土地抛荒的面积占耕地面积的比例达到了 10% 以上①。农村大量土地抛荒，农地流转市场发展停滞。叶剑平等对全国农地流转的调查显示农地使用权市场发育缓慢，只有 1/3 的农户、1/10 的耕地参与了流转；不正式的土地流转多，近一半的农户转出土地没有约定期限，86% 的农户转出土地时没有签订书面合同。②鉴于农地经营分散化和土地抛荒的困境，国家需要通过提高农地生产效率，如农地流转和规模经营的办法，来实现农业增效、农民增收。因此，除 2009 年和 2011 年外，从 2008 年至 2019 年共 9 年时间里，中央一号文件均对农地规模经营做出了指示，要求可发展多种形式的农地适度规模经营。2013 年，李克强总理在回答记者提问时指出，对于那些留在农村的农民，"通过适度规模经营，都可以增收致富"。2014 年，中央印发的《关于引导农村土地经营权有序流转发展农业适度规模经营的意见》提出，适度规模经营"有利于优化土地资源配置和提高劳动生产率，有利于保障粮食安全和主要农产品供给，有利于促进农业技术推广应用"，是"发展现代农业的必由之路"。由此，引导和促进农地规模经营正式成为政府农业工作的重要部分，中央领导人在多次讲话中都进行了强调。例如，2014 年 12 月中央农村工作会议上，李克强指出，小规模经营越来越显示出局限性，而多种形式的适度规模经营有助于"劳动生产率和经济效益大幅度提高"③。习近平指示，土地流转和规模经营"是发展现代农业的必由之路，也是农村改革的基本方向"④。中央政策文件和领导人讲话对规模经营的必要性和意义的多次强调，实际上也为社会树立起了农地规模经营有效性的政策信念。

（二）强调权利的平等保护

国家农地产权的"市场中心"政策叙事中，另一个重要叙事信念就是对权利的平等保护。这里的权利，是指集体经济组织/农地承包人和经营者各自

---

① 张黎. 对农村土地隐形抛荒的调查与分析[N]. 学习时报，2008-09-15（4）.
② 叶剑平，蒋妍，丰雷. 中国农村土地流转市场的调查研究：基于 2005 年 17 省调查的分析和建议[J]. 中国农村观察，2006（4）：48-55.
③ 李克强. 以改革创新为动力 加快推进农业现代化[J]. 求是，2015（4）：3-10.
④ 人民网. 习近平就耕地保护和农村土地流转工作作出指示[EB/OL].（2015-05-26）.http://legal.people.com.cn/n/2015/0526/c188502-27060236.html.

第五章 从"家庭"到"市场":改革开放后国家农地产权的"市场中心"政策叙事

的权利,相应地,权利主体就是农地要素市场上的需求方和供给方。对农地承包人和农地经营者的平等保护,有助于市场交易主体平等地位的形成,也是农地要素市场能够得以运转顺畅的基础。

一方面,从理论层面来看,国家对农地市场不同主体权利的平等保护,是通过农地产权的不断细分和详细规范等一系列制度设计来实现的。在家庭联产承包责任制之初,实行了所有权和承包经营权的"两权"分离,国家也明确要求保护农民的承包经营权。1986年《中华人民共和国土地管理法》规定"集体所有的土地……可以由集体或者个人承包经营……土地的承包经营权受法律保护",首次通过法律形式明确了农民的土地承包权益。1997年,国家下发的《关于进一步稳定和完善农村土地承包关系的通知》要求,土地承包关系延长30年稳定不变,规定发展集体经济"不能在农民的承包地上打主意,更不能把农民的承包地收回来归大堆",这是对农民土地承包权的进一步巩固和维护。2001年12月,中共中央制定了《关于做好农户承包地使用权流转工作的通知》,规定"任何组织和个人不得强迫农户流转土地,也不得阻碍农户依法流转土地",而且,乡镇政府或村级组织必须停止"转租或发包的'反租倒包'",不得侵犯农民的承包经营权、损害农民的利益、与民争利。此后,《中华人民共和国农村土地承包法》对集体土地所有权和农民承包经营权做了进一步明晰界定,对双方权利予以平等保护。2014年,国家的农地三权分置改革在坚持集体所有权的基础上细分农户的承包经营权,对集体承包地的集体所有权、农户承包权、土地经营权进行了有效界分并给予了充分的权利保护。2014年11月,《关于引导农村土地经营权有序流转发展农业适度规模经营的意见》明确,应在发展土地流转和适度规模经营过程中,强化农民的土地承包经营权物权保护和依法保护流入方的土地经营权益。2016年10月,《意见》要求在推进三权分置改革过程中,应依法保护集体所有权和农户承包权,在此前提下,"平等保护经营主体依流转合同取得的土地经营权"。

另一方面,国家政策也积极倡导对农地市场不同主体权利的平等保护,以确保集体、农户和经营者等多方主体权益不会受损。国家和政府部门领导进行了多方面的阐释,例如,2014年12月,时任农业部部长韩长赋在接受人民日报记者采访时就提出,农地三权分置既可以保护农户的承包权益,又能够放活土地经营权、解决土地要素优化配置的问题,要"保护经营者权益,不随意毁约"①。2016年7月,农业部司长张红宇在对《农村土地经营权流转交易市场运行规范(试行)》进行说明时指出,国家建立健全的土地经营权流转交易市场,有助于维护广大农民群众和新型经营主体合法权益。②2017年11月,李克强在国务院常务会议指出"用更有效的产权保护制度,增强各类市场主体的恒心信心!",依法全面保护包括农地产权在内的各项产权,依法平等保护公有制和非公有制经济产权。2018年12月,韩长赋继续强调农村土地改革"既要保护进城务工者的土地权益,又要保护在乡务农者的土地权益"。深化农村土地制度改革的方向之一是产权保护平等化,平等保护多元化土地使用者的各项合法权利。③国家领导人和政府负责人不断强调平等保护农地市场主体权利,也将有效巩固社会对相关政策基本信念的接受和认可。

五、政策叙事中的策略运用:"民生"取向的市场叙事

国家农地产权的"市场中心"政策叙事策略,主要体现在国家将农地产权问题与哪些社会问题联系起来,并对其进行"成本-收益"的再计算,进而为发挥农地产权现有功能提供有效的话语支持。从图5-4可以看到,以脱贫致富和城镇化为主要导向的民生发展叙事,逐渐取代传统的家庭生产叙事,成为农地产权政策的主流叙事模式。

一方面,以粮食种植和土地开垦为内容的家庭生产叙事,是改革初期重要的农地产权政策叙事策略,它将农地产权与家庭农业经营积极联系起来。家庭联产承包责任制实现了集体土地的所有权与承包经营权分离,极大地调动了农民生产积极性,因此,改革初期的叙事策略将农地产权与粮食生产、荒地开垦和技术投入等结合起来,如"建立联产责任制后,把劳动者的积极性和土地、机械潜力都挖掘出来,粮食产量成倍增长,农副产品大大增多"(1981年11月10日),强调农地产权改革在确保家庭粮食生产和实现温饱方面的作用。但进入21世纪后,将农地产权界定为与生产相关的叙事策略逐渐弱化。从《人民日报》的报道数量来看,2000年之前处于高位水平,平均每年提及了20次以上,

---

① 韩长赋."三权分置"改革是重大制度创新[N].人民日报,2014-12-22(2).
② 农业农村部网站.农业部相关负责人就《农村土地经营权流转交易市场运行规范(试行)》答记者问[EB/OL].(2016-07-04).http://www.moa.gov.cn/xw/zwdt/201607/t20160704_5195074.htm.
③ 韩长赋.中国农村土地制度改革[J].农村工作通讯,2018(Z1):8-19.

1996年达到顶峰提及了59次。2000年之后，相关内容出现的次数有所减少。

另一方面，以脱贫和城镇化为内容的市场叙事，成为近年来农地产权的核心叙事策略，它将农地产权与脱贫和城镇化联系起来。从统计数据来看，发挥农地产权作用、助力农民脱贫致富的"脱贫叙事"，一直是国家农地产权政策叙事的重要内容。改革初期，官方媒体报道着重于家庭承包在提升农民生产积极性方面的作用，如"'双包'使劳动好坏同收入直接地联系起来，极大地调动了生产者的劳动积极性，很快解决了'温饱'问题，较快地改变着贫穷落后的面貌"（1981年9月1日）。相比之下，近年来农地产权在促进农民脱贫致富方面的作用增强，随着国家精准扶贫尤其是产业脱贫战略的提出，贫困人口手中的土地通过农地流转、规模经营后成为脱贫致富的重要资源。此外，随着国家城镇化进程加快、农村土地成为阻碍农民进城的重要因素，农地产权的政策叙事也积极将农民进城落户、保障进城农民承包地权益作为媒体报道的重要内容。从《人民日报》的报道数量来看，2006年之前提及次数均不多，尤其是城镇化的相关内容提及较少；2006年之后，脱贫和城镇化提及次数直线上升并于2016年达到顶峰，分别达到了86次和140次。

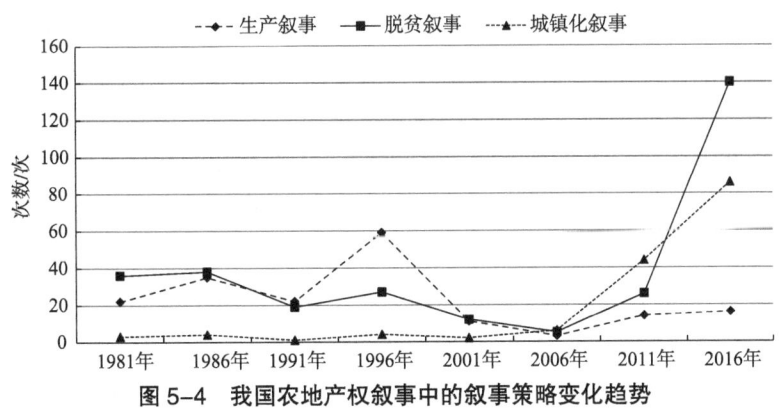

图5-4 我国农地产权叙事中的叙事策略变化趋势

（数据来源：笔者根据1979—2018年《人民日报》的报道内容自制。）

（一）逐渐弱化的家庭生产叙事

国家农地产权的"市场中心"政策叙事策略之一，是对改革开放之初以粮食种植和土地开垦为内容的家庭生产叙事的逐渐弱化。"市场中心"政策叙事对粮食种植和土地开垦的"成本-收益"再计算和问题再修饰，放大家庭生产叙事的问题与成本，并且不再强调家庭的粮食生产对国家发展的关键意义。

首先,对家庭生产叙事的"成本-收益"再计算。改革开放之初的家庭联产承包责任制能够成功,也得益于家庭生产的巨大效益能够被展现出来。1982年中央一号文件肯定了生产责任制的社会主义性质,让生产责任制的各种形式席卷全国,给很多地方包括江苏、广东等省,带来了意想不到的"增产效果"。[①]国家统计数据显示,1981年全国农民人均消费粮食相比1978年增长了41%,农民人均消费肉食比1978年增长了56%。可以看到,在国家的叙事当中,家庭联产承包责任制不仅提高了粮食产量,也改变了人们的生活。而且,家庭联产承包责任制让一部分人先富起来,在农村还形成了很多万元户,安徽凤阳县一个传统"讨饭村"在1982年就实现彻底翻身,出现了4位万元户,有11位6000元以上的家庭。[②]1982年1月15日,《人民日报》就连续报道了两则"万元户"节俭办婚事的故事和"万元户"借款扶贫的事迹。[③④]1982年12月,杜润生在中央政治局汇报指出,农村是跃进式的发展,实行包产到户和联产承包责任制后,农民收入3年增加的收入是过去20年的两倍多,缺粮区变成余粮区。[⑤]可见,改革开放初期,国家十分重视农民的家庭生产和劳动致富的理念。但随着20世纪90年代初期乡镇经济和地方城市开发日渐兴起,越来越多的农民开始不只务农,农村土地弃耕开始出现。对此,国家农地产权的"市场中心"政策叙事在此之后就不再只强调以每家每户为单位家庭生产,而是更加注重土地流转和规模经营效益的作用。2001年,《中共中央关于做好农户承包地使用权流转工作的通知》指出,"土地使用权合理流转,是农业发展的客观要求,也符合党的一贯政策",土地使用权流转多数反映了生产要素的合理流动和优化配置。在严格规范土地流转的法律法规要求后,国家对土地流转的正面效益,包括土地流转促进农业发展、农民致富的报道增多,例如,河北省通过土地流转搞规模化生产,让农民从土地流转中得到土地增值的收益;上海市的部分村集体将农民的承包土地流转给农场和农业企业,提高了土地产出率、转移了农村剩余劳动力、提高了农民收入等。[⑥⑦]2014年,

---

① 中共中央党史研究室第三研究部.中国改革开放20年史[M].沈阳:辽宁人民出版社,1998:130.
② 陆学艺.联产承包责任制研究[M].上海:上海人民出版社,1986:114-115.
③ "万元户"节俭办婚事[N].人民日报,1982-01-15(3).
④ 十二个万元户借款扶贫[N].人民日报,1982-01-15(1).
⑤ 杜润生.杜润生文集(下)[M].太原:山西经济出版社,1998:111.
⑥ 农业农村部网站."土里刨金"农民持续十年增收靠什么?[EB/OL].(2004-04-06).http://www.moa.gov.cn/ztzl/zjnmsr/gddt/200404/t20040406_189278.htm.
⑦ 农业农村部网站.推进规模化经营,增加农民收入:上海松江叶榭镇井凌桥村[EB/OL].(2006-09-15).http://www.moa.gov.cn/ztzl/jsshzyxnc/tgnyzhscnl/200609/t20060915_688013.htm.

第五章 从"家庭"到"市场":改革开放后国家农地产权的"市场中心"政策叙事

中央下发的《关于引导农村土地经营权有序流转发展农业适度规模经营的意见》指出,流转和规模化有利于"农业增效、农民增收",要求政府应引导并推动土地有序流转和规模经营。家庭生产的"收益"逐渐在国家政策叙事中弱化。

其次,对家庭生产叙事中实际矛盾的再修饰。改革开放前,人民公社制度导致的农业生产弱激励,使得在20世纪70年代人口激增背景下粮食出现短缺。改革开放初期,中央提出国家主要任务就是把"农业生产搞上去",由于包产到户在提升农业生产方面发挥了积极作用,因此,国家就十分强调农业的家庭生产对整个国家发展的意义,要求发挥农民积极性以完成国家粮食生产的任务。1978年,安徽省委为发动农民积极性提出了"鼓励社员开荒种麦,谁种谁收,国家不征公粮",并在山南区开展试点,第二年该区夏收增产256%。这一成就也得到了省委和国家的认可,不少地方实行联产承包制之后,集体荒地都得到了开垦。[①] 同时,家庭生产和农业丰收对国家的意义也被多次强调,例如,万里在1984年全国农村工作会议上指出,全国农业生产大丰收,创历史最高纪录,粮食总产量达8000亿斤,棉花达1.1亿担,8亿农民收入持续增长,已经成为国内工业品市场的重要支柱。[②] 但是,随着国家确立了农地产权的"市场中心"政策叙事,家庭的粮食生产对国家发展的意义也不再被强调,农业生产的矛盾由农民积极性不足的问题转为土地生产效率过低的问题。因此,2014年,中央下发的《关于引导农村土地经营权有序流转发展农业适度规模经营的意见》指出,农地使用权流转、适度规模经营就成了农业现代化的必然趋势,并且需要"引导土地经营权有序流转,积极培育新型经营主体,发展多种形式的适度规模经营"。相比之下,家庭的粮食生产活动对国家发展的意义被不断弱化。

(二)适度强化的脱贫和城镇化叙事

国家农地产权的"市场中心"政策叙事策略的另一特征是,不断强化脱贫和城镇化的作用。在"成本-收益"再计算方面,不断扩大脱贫和城镇化的收益;在实际矛盾的再修饰方面,强调脱贫和城镇化过程有助于维护与增进农民权益。

---

① 陆学艺.联产承包责任制研究[M].上海:上海人民出版社,1986:64-70,105.
② 农民日报社.农村政策讲话(1985)[M].北京:中国林业出版社,1985:37-38.

首先，对脱贫和城镇化叙事的"成本－收益"再计算。脱贫与城镇化在国家农村农业发展过程中具有重要意义，有助于推动农业现代化。国家"精准脱贫"战略主要是针对农村地区，脱贫任务的完成，将使得贫困地区农民收入增长更快、基本公共服务大幅提升；城镇化水平的提升，也为国家解决农业农村农民问题提供了重要途径。《国家新型城镇化规划（2014—2020年）》明确指出，国家城镇化水平提升有利于"集约节约利用土地，为发展现代农业腾出宝贵空间"，减少农村人口对土地压力、推动土地规模经营；有助于"增强以工促农、以城带乡能力，加快农村经济社会发展"；还有助于帮助农民"转移就业提高收入"，升级农民消费结构、释放农民消费潜力，让他们享受更好的公共服务。[①] 无论是国家实施的精准脱贫战略还是新型城镇化建设，对于农村和农民都有着正向收益，而农地流转和规模经营都在其中扮演了重要角色。

其次，对脱贫和城镇化叙事中实际矛盾的再修饰。国家在脱贫和城镇化叙事中，十分注重对农民权益的维护。近年来，随着国家开启脱贫和城镇化建设的新高潮，维护与增进农地产权流转中的农民权益日益成为核心叙事话语。虽然农地产权流转和适度规模经营的扩大、规范本身就具有增加农民收入的作用，但国家仍然需要把农地流转和规模经营与更广范围内农民的实际生活和未来国家战略联系起来，将农地产权权能的扩展和应用认定为能够推动农民脱贫致富和新型城镇化的实现，而不是将农地产权流转中的问题塑造为农民稳定工作的阻碍或进城过程中受到损害的根源。在脱贫致富方面，国家强调农村土地在激发贫困地区内生动力和提高贫困人口增收脱贫能力方面的作用。2016年11月，国务院"十三五"脱贫攻坚规划的治贫方略中首先就提出了产业发展脱贫。该规划明确支持不同类型的土地流转方式，包括土地托管、流转与经营权股份合作等，以便让贫困户从中直接受益。而且，对于易地搬迁者，也支持搬迁户通过土地流转等方式开展适度规模经营，发展特色产业。[②] 此后，2018年6月，中央下发了《关于打赢脱贫攻坚战三年行动的指导意见》，在产业扶贫方面，继续支持和推广股份合作、生产托管等做法。在城镇化方面，国家叙

---

① 中国政府网.国家新型城镇化规划（2014—2020年）[EB/OL].（2014-03-16）.http://www.gov.cn/gongbao/content/2014/content_2644805.htm.
② 中国政府网.国务院关于印发"十三五"脱贫攻坚规划的通知[EB/OL].（2016-11-23）.http://www.gov.cn/zhengce/content/2016-12/02/content_5142197.htm.

第五章 从"家庭"到"市场":改革开放后国家农地产权的"市场中心"政策叙事

事强调在农民进城过程中努力确保增加农民的土地收益。时任国务院总理李克强在党的十二届全国人大一次会议闭幕时指出,新型城镇化能够让农民"进城从事二三产业,而留在农村的,通过适度规模经营,都可以增收致富"[①]。为此,2016年7月,国务院下发《关于实施支持农业转移人口市民化若干财政政策的通知》,要求维护进城落户农民土地承包权,政府不得强制要求农民退出或转让承包地,通过积极引导和支持"有偿转让相关权益"来促进相关权益的实现和维护。[②]2019年,修正过的农村土地承包法指出"国家保护进城农户的土地承包经营权。不得以退出土地承包经营权作为农户进城落户的条件。"因此,国家通过相关政策,让农民的权益能够在脱贫和城镇化得到维护与增进。

---

① 李克强.新型城镇化的核心是人 必须保护农民利益[EB/OL].(2013-03-17).http://www.xinhuanet.com/2013lh/2013-03/17/c_115053973.htm.
② 中国政府网.国务院关于实施支持农业转移人口市民化若干财政政策的通知[EB/OL].(2016-07-27).http://www.gov.cn/zhengce/content/2016-08/05/content_5097845.htm.

第六章 中国农地产权政策变迁与国家政策叙事转换

本书前两章以改革开放为界,对新中国成立以来我国农地产权改革中的国家政策叙事体系进行剖析,指出在改革开放前后国家农地产权改革分别呈现出"集体中心"和"市场中心"的政策叙事体系。就每个阶段而言,我国农地产权改革中国家不同政策叙事体系,在话语对象的选择、政策议题的构建、政策信念的生产和政策叙事的运用等方面都有着不同的表现。这些由不同要素组成的叙事体系,为国家政策改革提供了有效且合法的社会认知基础。本章将超脱于对具体政策叙事结构的分析,转而讨论我国农地产权改革中国家不同的政策叙事是如何完成转型并促成政策共识的。具体而言,本章将探讨国家不同的农地产权政策叙事之间的过渡与衔接,以及政策共识在政策变迁中得以形成的政策叙事过程特征,并对当前我国农地三权分置改革的完善提出政策叙事方面的建议。

一、我国农地产权政策变迁:国家政策叙事的同步与衔接

(一)政策变迁下国家政策叙事表达的同步性

国家政策叙事的转换,往往源于国家改革或政策变迁本身带来的动力,并会依据不同的政策意图来组织叙事内容和传达意义。国家政策意图的改变,会导致国家政策叙事的同步转换。随着国家政策变迁或政策意图的频繁调整,国家政策叙事也需要与之保持同步,并进行不同层面的叙事结构和内容的改变。例如,有的政策叙事会扩大或者缩小话语对象的范围、有的政策叙事则重新挑选一些政策议题等。国家的政策叙事表达总是根植于特定的政策信念,因此会依据不同的政策变迁而同步变化。当然,这种同步体现在多个方面,并不仅限于政策信念,还包括话语宣称、话语对象、政策议题和叙事策略等。

首先,涉及基本价值观或政策信念改变的重大或根本性政策变迁,如制度或体制变迁等,往往带来国家政策叙事的"系统性"转换。由于生产和传递政策信念也是政策叙事的最终目的,政策叙事就需要完成"系统性"转换,在

具体的政策叙事内容和叙事形式方面都要体现出政策决策者的改革意图和要求,并对此前的政策信念进行舍弃或批判。例如,我国农业的社会主义改造初期,完成对土地私有制的彻底改革并建立起集体产权制的任务,就属于根本价值观和意识形态层面的变革。为此,这一时期国家政策叙事就转变了土地改革时期政策叙事的信念,对集体产权的正面效益进行了大量且充分的论证,并对私有制可能产生的"剥削"进行批判。包括重新选择话语对象中的"弱者"和"坏人"的角色、重新设定政策议题聚焦的主要社会矛盾等,并进行政策"成本－收益"重新计算和矛盾再修饰。此外,对于那些一般性或者局部性的政策调整,并不涉及基础或核心价值观或政策信念的根本变化,政策叙事则一般可以进行温和式的或渐进性调试,以此来强化已有政策信念。这种政策叙事的渐进调试,一般出现在国家政策改革的中期阶段。例如,在农业合作化时期,国家在土地私有制的社会主义改造的同时对那些"单干风"支持者的批判,就属于对国家集体产权政策叙事的局部调整。

其次,当决策层关于是否推动政策变迁的意见一致时,国家政策叙事将会与国家同步转换;但当政策决策者的意见存在分歧时,国家政策叙事的同步过程就会受到干扰,不同政策主张及其背后的政策信念会产生冲突,进而产生前章提到的"政策叙事竞争"。当政策信念出现分歧并发生冲突时,政策过程就进入"政策制定"的阶段,不同政策联盟彼此角逐直到意见得到统一。此时,国家政策变迁就会被迫中止,国家政策叙事的同步转换也会相应暂时中止,直到政策制定过程结束后,国家政策叙事的同步转换才会重新开始。

最后,在不同发展阶段和不同体制下,国家政策叙事同步转换的特征会有所差别而并非同质的,也即体制的特征印在了国家政策叙事转换上。新中国成立后直到整个计划经济时期,中国的体制被认为是"全能主义(totalism)"[1]的,它通过国家对社会的全方位渗透和动员来实现"非市场竞争化的发展战略",其特征就是高度组织化、意识形态化和强有力的整合与动员,具体到农村土地改革领域,则体现为将私有制完全排除在人民公社和计划经济之外。[2]这一时期,国家农地产权的"集体中心"政策叙事也因此呈现出了社会控制的色彩,在叙事风格方面,具有"统一命令"和"快速落实"的特点,也即农地产权的"集体中心"政策叙事基本上都是中央意见或官方意识形态的"翻版",

---

[1] 邹谠. 二十世纪中国政治[M]. 香港:牛津大学出版社,1994:70.
[2] 萧功秦. 中国的大转型:从发展政治学看中国变革[M]. 北京:新星出版社,2008:85-87.

很多政策具有"命令"特点的规范或要求,在官方媒体上,国家政策叙事则会批判那些不符合中央精神、不与中央保持一致以及缓慢执行者,鼓励那些积极并且快速落实国家政策的做法;在叙事内容方面,国家政策叙事内容也整齐划一,与中央文件保持高度一致,对于符合中央意见的地方尝试积极鼓励,而对那些与中央要求不同的地方自主探索多要求予以禁止。相比之下,改革开放后,我国开始了推进科学执政、民主执政、依法执政水平,努力构筑治理制度化、规范化、程序化的治理体系和治理能力现代化的过程。[①] 在此背景下,国家农地产权的"市场中心"政策叙事体系,在叙事风格方面呈现出对农地改革的地方实践"谨慎探索"和对农地产权政策的"反复讨论";在叙事内容方面则呈现出对地方多种农地产权形式和实践的包容和鼓励。

(二)国家不同政策叙事的相互衔接

国家政策叙事不仅能够与国家政策变迁保持同步,还可能会放大或弱化政策中的某些内容。因此,国家政策变迁顺畅与否,会受到国家不同政策叙事之间过渡和衔接的影响。政策叙事能够通过继承之前政策叙事的基本价值信念、并对之前政策叙事进行局部的微调,来确保当前政策的稳定性和政策改革进程的连贯性;也可以通过对之前政策叙事中一些根本价值信念的转变,来推动政策颠覆性变革甚至是革命。因此,不同政策叙事尤其是前后政策叙事之间的过渡和衔接,对于政策变迁而言尤为重要。其中,政策信念层次、前后政策叙事间的关系以及与现有法律制度的关系,会影响政策叙事作用的发挥,进而为政策变迁带来或正面或负面的影响。

首先,政策叙事转换中涉及的信念层次。政策叙事具有意向性,因此,政策叙事也会进行意义生产和传递。但是,政策叙事生产和传递的意义有着深浅程度之分,政策信念也有着不同层次,例如,有些政策信念是关于基本规范性原则的深层次核心价值体系,有些则是关于基本战略和方向性的,其他的信念只是工具性或操作性层面的。[②] 正如学者指出的,政策决策层的意识形态或价值观的转变是政策变迁最重要的解释因素之一[③]。国家政策叙事中不同层次

---

① 完善和发展中国特色社会主义制度 推进国家治理体系和治理能力现代化[N].人民日报,2014-02-18(1).
② 萨巴蒂尔,詹金斯-史密斯.政策变迁与学习:一种倡议联盟途径[M].北京:北京大学出版社,2011:31-32.
③ 赵德余.主流观念与政策变迁的政治经济学[M].上海:复旦大学出版社,2008:4.

的价值观和信念及其变化的程度,直接影响了实际政策的改革方向和变迁过程。当政策叙事中涉及根本性价值观或信念的变化,并且这种前后政策叙事的价值观或信念的变化在短时间内过大时,就会给社会民众带来较大的认知震荡。而且,这种政策叙事信念的"硬性转换",容易让新的政策不被人们所接受,进而给政策变迁带来阻力。建国初期,我国刚刚完成将土地分配给农民使用的土地改革,但1951年年底之后,国家又立马对土地所有制进行了一次"颠覆性革命"。在我国农业合作化过程中,这种政策叙事的短期硬性过渡,造成农民认知前后差异过大,使得他们不得不疲于适应频繁的农地产权安排调整,甚至会对国家农地产权新的政策产生抵触情绪。例如,在国家还未开始农业合作化时,东北地区的绝大多数农民就呈现出"单干情绪高""对单干对旧式富农感兴趣,对组织起来感苦恼",1952年,在农业合作化开始之后,地方又出现了强迫和命令农民入社的情况。[①]

其次,前后政策叙事之间的过渡衔接。政策叙事本身就具有历史承接性的特征,换言之,政策叙事生产和传递的意义可能并不完整,或者说不完全依赖于其本身的内容和意涵,还取决于它与之前政策叙事的衔接、融洽程度。某一政策叙事的"聆听者",总是之前政策叙事的"过来人"。因此,政策叙事为了确保自身能够被既有叙事"熏陶"下的人们更好地理解和接受,就需要与之前的政策叙事保持融洽,这样才能顺利完成政策变迁。前后连贯的政策叙事体系,有助于形成更广泛的社会认同,也能够提升政策叙事联盟内部的凝聚力;相反,前后政策叙事缺乏连贯性,会导致在此之后的社会认知出现断裂,给政策变迁过程带来阻碍。例如,我国改革开放后实行家庭联产承包责任制初期,前后政策叙事彼此间就由于缺乏融洽过渡引发了地方争论和实践失序。虽然党的十一届三中全会之后,国家逐渐肯定了生产队或组的自主权,关于生产责任制和"包产到组"等已形成了一定的认同,但是围绕"包产到户",政府内部仍然激烈争论、存在分歧,而且,1979年3月召开的七省三县负责人座谈会上,反对包产到户的意见仍然是主流[②]。对于当时地方的积极尝试未能予以肯定,例如,针对安徽包产到户实现"大旱大增产",国家报刊不仅未予以肯定而且直接忽略了。1982年之前,党的刊物《人民日报》上有关"包产到

---

① 中华人民共和国国家农业委员会办公厅.农业集体化重要文件汇编(1949—1957)[M].北京:中共中央党校出版社,1981:8,55.

② 迟福林.中国改革开放全纪录:1978—2012[M].北京:五洲传播出版社,2013:25.

户"的字样,都是对"包产到户"的批判。上下级政府之间以及不同国家部门之间关于"包产到户"的意见分歧,在社会引起巨大反响,给民众带来了诸多困扰,一度出现"工厂怕工人不安心生产、部队怕战士不安心当兵、教育部门怕学生不上学"等状况。①

最后,政策叙事与现有法律制度的衔接。政策相关主体其实是在一个充满各类事实、证据、法律和地理特征等构成的"舞台"上行动,这个"舞台"是展开政策叙事、寻求社会认同的重要基础。②由于不同语境下人们的认知和理解存在差异,那些基于恰当语境的叙事构建能够有效提升政策的可理解性,反之则导致政策难以被准确认识。政策叙事的重要语境之一就是现有法律制度,后者不仅能够直接激励和约束人们的行动,而且还在长时间的演进过程中"为社会生活提供了稳定性和意义"③。因此,现有法律制度就是社会认识和社会意义的稳定"情境"。当政策叙事与已有法律制度之间保持信念一致并且衔接有效时,政策叙事就会为人们所接受,政策变迁过程也将更加顺畅。但当政策叙事与现有法律制度不符或超出现有法律制度时,政策变迁就会面临困难。例如,2014年中央一号文件正式提出"落实农村土地集体所有权,稳定农户承包权、放活土地经营权",开启了农地三权分置改革,但国家农地三权分置的政策叙事在一定程度上超出了现有法律制度框架。部分改革内容被认为缺乏正当性,"不符合他物权设立的基本法理,无法在法律上得以表达"④。而且,根据"一物一权"原则,同一物上设置过多权利尤其是内容相近的用益物权,会导致"权利体系混乱和权利内容间的龃龉"。⑤从我国目前的物权法体系和物权派生角度来看,土地所有权在派生出承包经营权后,就无法再派生"土地经营权"。⑥正因为农地三权分置改革在推进之初与法律制度间缺乏有效衔接,中央文件提出农地三权分置改革与国家法律修改之间间隔了五年,一定程度上也延宕了地方农地三权分置实践的步伐和进度。

---

① 陆学艺.联产承包责任制研究[M].上海:上海人民出版社,1986:75.
② JONES M D, SHANAHAN E A, MCBETH M K. The Science of Stories: Applications of the Narrative Policy Framework in Public Policy Analysis [M]. New York: Palgrave Macmillan, 2014: 6.
③ 斯科特.制度与组织:思想观念与物质利益[M].北京:中国人民大学出版社,2010:56.
④ 高圣平.新型农业经营体系下农地产权结构的法律逻辑[J].法学研究,2014(4):76-91.
⑤ 陈小君.我国农村土地法律制度变革的思路与框架:十八届三中全会《决定》相关内容解读.法学研究,2014(4):4-25.
⑥ 单平基."三权分置"理论反思与土地承包经营权困境的解决路径[J].法学,2016(9):54-66.

二、国家农地产权多重叙事下的政策共识与行为选择

(一) 不同农地产权政策叙事下的政策认知和共识

前文已经指出，政策叙事是确保和维持政策得以顺畅而实施的一系列故事或阐述性行为。本质而言，政策叙事是为了在最大范围内确立起人们对政策的"正确"认知，并进而支持政策执行，即便这种认知并非是完全客观和绝对正确的。国家政策叙事在政策过程和国家治理过程中发挥了重要作用，包括建构集体记忆、助推社会动员、凝聚政策认同和提升政府合法性等，这些作用都指向了一个有效的政策信念及其背后共享的政策认知。新中国成立后，我国农地产权结构进行了多次调整，政策叙事也经历了多个阶段。在农业合作化运动时期，国家建构了农地产权的"集体中心"政策叙事，将农地产权集体化改革描绘成作为"弱者"角色的农民阶级与作为"坏人"角色的地主阶级之间的斗争，围绕对合作社的优越性和如何通过层级更高、规模更大农业合作社来释放效率等核心议题的阐释展开，建立了有关农地"集体产权"的信念。改革开放后尤其是国家农地三权分置改革阶段，国家农地产权的"市场中心"政策叙事已经逐渐形成，话语对象开始聚焦于新兴农地经营主体，主要围绕着农地产权的多元权能及其实践应用等政策议题展开，国家政策叙事信念开始注重"效率和权利"对于农地产权的价值和意义，叙事策略更加强调市场民生取向。在国家政策叙事的两个不同阶段，农民群体形成了迥然不同的政策认知。

农业合作化阶段，在国家农地产权"集体中心"政策叙事下，农民的土地产权认知整体上遵从着国家关于集体产权的政策设计。农业合作化初期，国家政策主张谨小慎微地引导农民加入互助组以促进农业生产发展，这一时期政策是有益且成功的，1952—1958年农业生产增长速度为27.8%，远高于人口增长。[1] 因此，农业合作化前期，互助组和初级社能够帮助落后农业生产恢复并发展。对此，广大农民较为认可和支持，参加互助组与合作社的热情也十分高涨。进入农业合作化中后期，虽然国家出现了"左倾"冒进的做法，但沉浸在农业合作化的政策叙事和情景下的广大农民，无法意识到这种过快过大可能带来的问题。国家的"集体中心"政策叙事延续并强化了集体产权的意义和作用，因此，农民在这一阶段继续认可并支持集体产权政策。例如，当时在全国

---

[1] 林毅夫.制度、技术与中国农业发展[M].上海：格致出版社·上海三联书店·上海人民出版社，2014：5-6.

都十分有名的"穷棒子社"西埔村通过集体共同努力,不断获得大丰收,很多农民都要求加入合作社,1955年组建大高级社后社员干劲大、农业生产红火,成为富裕村。① 在进入人民公社之后,全国掀起了"农业学大寨"的高潮,大寨公社农业生产众人热情很高,农民纷纷认可土地的集体产权和集体劳动生产,进入20世纪60年代后,全公社年用工量达"3万多个劳动日","全村男劳动力全年出工一般在300天以上",完成了全社的高产农田建设、保障了农业增产。② 从农民对于合作化时期的集体记忆来看,对于大寨公社的集体劳动生产也是十分认可和赞许的,认为大寨"改天换地"做法好、农业生产也更加"先进"。③

改革开放后的农地三权分置改革时期,在国家农地产权的"市场中心"政策叙事下,农民倾向于理解和支持土地产权多元权能与实践。这一时期,农民的土地产权认知是在家庭联产承包责任制完善的过程中逐渐形成的,农地产权政策叙事推动了农民认知水平和认知结构的演化。叶剑平等较早地对1998年全国人大修改后的《中华人民共和国土地管理法》的实施效果尤其是政策落实后农民土地使用权安全感进行调查,全国17个省的调研结果显示,92.2%的农民听说过农村土地使用权30年不变的政策。而且,农民普遍支持该政策,支持与反对比超过7∶1。在土地使用权流转方面,86.2%的农民相信他们有权将土地使用权转包或出租给其他村民,只有74.1%的农民表示仅限于转给非集体成员;在土地使用权安全感方面,只有12.7%的农民表示对30年土地使用权期间"肯定不再调整"很有信心;在土地使用权抵押方面,有87.3%的人认为无权抵押。④ 此后,有学者对1197户农户的调查也显示,农民更加关注集体土地的成员权也即"能否承包到土地",相比而言,较少关注农地产权能否抵押、进入市场交易和抛荒等方面。在土地所有权方面,只有48.7%的农户认为承包土地归集体所有;在土地流转方面,75.3%的被调查农户认为可以转让、转包与出租;在土地使用权抵押方面,70.5%的农户认为不可以抵押。⑤ 可见,改革开放后一段时间内,随着国家政策叙事强化,农民认知也逐渐趋向于认可土地流转与土地。此后,研究进一步显示,2013年在土地使用权安

---

① 马社香.中国农业合作化运动口述史[M].北京:中央文献出版社,2012:370-372.
② 宋连生.农业学大寨始末[M].北京:九州出版社,2011:47.
③ 孙丽萍.口述大寨史(上)[M].广州:广东南方日报出版社,2008:255-260.
④ 叶剑平,罗伊·普罗斯特曼,徐孝白,等.中国农村土地农户30年使用权调查研究:17省调查结果及政策建议[J].管理世界,2000(2):163-172.
⑤ 徐旭,蒋文华,应风其.农地产权:农民的认知与意愿——对浙江农户的调查[J].中国农村经济,2002(12):36-43.

全感方面,有 93.73% 的农民清晰知晓"农民的承包地 30 年不调整"的基本政策;在土地使用权流转方面,流转规范性越来越高,相比于 2008 年不足 20% 的正式合同签订率,2011 年有 32.76% 的土地流转签订了书面合同;而在征地赔偿方面,相较于 2011 年 80% 以上的不满意度,2016 年对征地不满的村民占比缩小了 30%。①②③ 当然,农民的土地产权认知不仅受到国家政策叙事的约束,农民关于土地产权实践的认知变化更加助推了农村产权政策的变迁。例如,"包产到户"这一产权所有制度安排形式,虽然农业合作化时期被国家禁止,但其实在建国后的各个时期都存在,农民为了摆脱生产危机而进行的自发试验经过反复博弈后坚定了农民信念,并最终推动了中央政府的决策结果和政策出台。④

(二)不同农地产权政策叙事下的行为选择

政策叙事的直接目的虽然是生产和传递意义并改变人们的认知、形成政策共识,但政策叙事最终还是需要通过影响人们的行为选择或实现社会动员来达到目标,也即能够在凝聚社会共识的基础上更进一步地促成行动。政策叙事不仅是一个争取让社会从思想层面接纳政策信念的过程,而且,也追求并促成人们更好地遵守和落实政策,会运用类似市场营销的策略将政策"营销"给民众。

在农业合作化时期,国家农地产权"集体中心"的政策叙事延续并强化了集体产权的意义和作用,这一阶段,农民对土地产权的认知基本形成并强化了对集体产权的认可。基于这种政策认知和共识,农村基层和广大农民也通过多种方式来践行"集体产权"的理念。首先,农业合作化初期,各地农民群体纷纷掀起了加入互助组和合作社风潮。1953 年,全国参加互助合作组织的农户占总农户的 43%,比 1952 年增加了 20%,而加入农业生产合作社的农户 1953 年仅占 0.57%;1955 年,加入合作社的农户达到 15%,1956 年 5 月初级和高级社入社率达到 91.2%。⑤ 农民不仅加入合作社的速度很快,而且还通

---

① 叶剑平,丰雷,蒋妍,等.2008 年中国农村土地使用权调查研究:17 省份调查结果及政策建议[J].管理世界,2010(1):64-73.
② 叶剑平,田晨光.中国农村土地权利状况:合约结构、制度变迁与政策优化——基于中国 17 省 1956 位农民的调查数据分析[J].华中师范大学学报(人文社会科学版),2013(1):38-46.
③ 叶剑平,丰雷,蒋妍,等.2016 年中国农村土地使用权调查研究:17 省份调查结果及政策建议[J].管理世界,2018(3):98-108.
④ 钱忠好.中国农村土地制度变迁和创新研究(4)[M].北京:中国农业出版社,2014:36.
⑤ 中华人民共和国国家农业委员会办公厅.农业集体化重要文件汇编(1949—1957)[M].北京:中共中央党校出版社,1981:228,449,554.

过各种形式广为传播合作社的优越性，不少农村都是群众自觉发动起来、挨家挨户动员村民甚至妇女加入合作社，孝义县有的村发动妇女加入互助组，宣扬"解放天变人也变，妇女能顶男子汉"，发动全村入社。[①]此外，不少地方如陕西、甘肃等省，还对地主、富农加入合作社进行批判，认为地主、富农会仇视和破坏互助组与合作社，应该在农民和互助组的监督下对他们进行改造。[②③]其次，农业合作社还不断加速向大社和人民公社"跃进"。即便是作为农业生产一面红旗的大寨合作社，也在发展过程中不断夸大粮食产量，如亩产14436斤的玉米丰产田、14124斤的谷子丰产田等，并积极响应党的号召扩大合作社范围并建立更大的"红旗人民公社"[④]。在农业合作化后期进入高级社阶段，那些摒弃了单干的农户成为高级社员，他们在各地纷纷"张灯结彩、锣鼓喧天、鞭炮不断"地庆祝进入高级社。[⑤]可见，农业合作化时期，农民群体不仅在认知层面理解并接受了农村土地集体产权的理念，而且，这些认知也转化为人们对农村土地集体产权的支持倾向。

改革开放后，国家农地产权的"市场中心"政策叙事强化了人们对于农地承包经营权多元权能与实践的认知和理解。"市场中心"的政策叙事除了推动农民认知水平和认知结构的转变、强化农民关于农地流转和农地产权安全等内容的认知，更促使农民在实践层面倾向于支持和尝试农村土地产权的市场化运用方式，如农地流转和规模经营等。改革初期，在地方政府围绕"包产到户"是否可行持续争论时，很多农村和农民已经积极采取"包产到户"的办法了，而且，农民对于部分"左倾"思想严重、不让包产到户的干部也进行抵制。[⑥]此后，农地产权流转出现了多种地方实践模式。早期的农地流转主体，主要是那些承包集体动地和荒地的种粮大户；20世纪80年代末和20世纪90年代初形成了"民工潮"，农民进城务工人数达到3000多万人，农民开始自发转包土地。[⑦]进入20世纪90年代，广东南海市最早出

[①] 孝义县农村合作制发展史编委会.孝义县农村合作制发展史[M].太原：山西古籍出版社，1994：45.
[②] 中国社会科学院，中央档案馆.中华人民共和国经济档案资料选编（1949—1952）（农村经济体制卷）[M].北京：社会科学文献出版社，1992：601-602.
[③] 甘肃省农业厅农业志编辑办公室.甘肃省农业大事记（1949—1987）[M].兰州：甘肃人民出版社，1992：25.
[④] 叶扬兵.当代农村变迁中的标兵与典型[M].镇江：江苏大学出版社，2010：82.
[⑤] 孝义县农村合作制发展史编委会.孝义县农村合作制发展史[M].太原：山西古籍出版社，1994：83.
[⑥] 陆学艺.联产承包责任制研究[M].上海：上海人民出版社，1986：83.
[⑦] 叶扬兵.当代农村变迁中的标兵与典型[M].镇江：江苏大学出版社，2010：190-194.

现了股份合作制,通过将已经均田分配的承包地和村集体其他资产集中到农业公司经营,开拓出了集体财产股份化、土地股份化、土地集中经营和人均分得股份的农地产权经营方式。[①] 近年来,各地农地流转和规模经营方式愈加多样化和成熟化,例如,黑龙江的"阿城模式",以"不动地、不调地、不收地"的方式登记承包地,在"一村一策"集体讨论的基础上退还非法机动地、收回开荒地,实现了精准确权、推动了规模经营;宁夏平罗县以二轮承包为基础,探索以承包地自愿有偿退出和农村老人以"三资"股权收益来获取收入、缴纳养老保险和置换养老服务的办法,有效地解决了村庄空心化和老龄化带来的问题。[②]

三、我国农地三权分置改革的现实困境与政策叙事建议

(一) 我国农地三权分置改革面临的现实困境

目前,我国正在推进自土地改革、农业集体化和家庭联产承包责任制以来的第四次农地产权制度改革——农地三权分置改革。农地三权分置是将集体土地产权的权利主体、标的物、权利内容在农村集体经济组织、承包农户和各类农业经营主体之间进行的划分和配置。从内容方面看,农地三权分置改革就是在坚持农村土地集体所有制的基础上进一步丰富集体所有制的实现形式,土地集体所有权人对集体土地依法享有占有、使用、收益和处分的权利,土地承包权人对承包土地依法享有占有、使用和收益的权利,土地经营权人对流转土地依法享有在一定期限内占有、耕作并取得相应收益的权利。农地三权分置的核心是要将土地承包经营权中"能够进行市场交易、具有使用价值和交换价值的权能"分离出来并创设新的土地经营权,以保障农户取得农村耕作地并开展耕作性经营活动的权利。农地三权分置扩展了农民合法的财产权和土地收益权,细化了农地产权结构并降低了农地要素市场中的交易成本,重构了现代化建设背景下农村治理的基础,具有丰富而深刻的理论内涵。与此同时,农地三权分置有助于维护农民财产权利,实现土地权益的多元共享;促进农地流转和规模经营,推进农业现代化建设;加快农村劳动力转移和新型城镇化建设步伐;优化社会权力关系,形成农村多主体合作治理局面。[③] 因此,农地三权分

---

① 张红宇.中国农村的土地制度变迁[M].北京:中国农业出版社,2002:113.
② 孙德超,曹志立.基于农地区域类型差异的农村土地确权模式研究:推进落实党的十九大"乡村振兴战略"之思考[J].商业研究,2017(12):1-10.
③ 孙德超,曹志立.农地三权分置改革的理论内涵与价值意蕴[J].经济问题,2018(1):1-7.

置在推进我国农业现代化、增进农民权益和收入等方面具有重要意义。

但目前，农地三权分置中还存在很多制度设计的模糊之处。例如，有关农户承包权与土地经营权的性质界定问题就引起了学术界的极大争议。这是因为按照《物权法》的规定，农地承包经营权确属用益物权，然而新创设出来的土地经营权性质不明，土地经营权究竟属于物权还是债权的回答模糊不清。部分法学研究者认为，物权性质的土地经营权有悖法理、不能重新创设，农地三权分置不符合他物权设立的基本法理和我国既有的法理支撑，无法在法律上得以表达；[①] 而且，根据最基本的"一物一权"原则，同一物上设置过多权利尤其是内容相近的用益物权，会导致"权利体系混乱和权利内容间的龃龉"；[②] 从目前的物权法体系和物权派生角度来看，土地所有权在派生出承包经营权后，就无法再派生"土地经营权"[③]。还有一部分法学研究者认为，土地经营权与农户承包权属于不同层次客体上存在的用益物权，可以同时成立而并不冲突；[④] 而且，设定经营权是土地承包经营权行使和实现的方式，农户承包权与土地经营权同为用益物权，可以通过登记实现物权化；[⑤] 高富平则认为土地经营权来源于集体所有权而不是土地承包经营权，因此，土地经营权是由集体设定的。[⑥] 通过法律将"经营权"物权化，被认为是一种建立稳妥可靠的"三权分置"体制的更好方式。[⑦]

此外，即便农户承包权这一被《物权法》明确予以界定的用益物权，在农地三权分置中的内涵和权能也呈现出认知分歧。例如，有学者认为，土地承包经营权"一经设立，即成为权利人独立的财产权利"，但"土地承包经营权"细分为"土地承包权"和"土地经营权"并没有国家相关法律依据；[⑧] 而且，依据法理，土地承包经营权只能体现为派生出土地经营权并设定权利负担，却"不应在法律上表达为土地承包权和土地经营权的分置"[⑨]。也有学者支

---

① 高圣平.新型农业经营体系下农地产权结构的法律逻辑 [J].法学研究，2014（4）：76-91.
② 单平基."三权分置"理论反思与土地承包经营权困境的解决路径 [J].法学，2016（9）：54-66.
③ 陈小君.我国农村土地法律制度变革的思路与框架：十八届三中全会《决定》相关内容解读.法学研究，2014（4）：4-25.
④ 蔡立东，姜楠.承包权与经营权分置的法构造 [J].法学研究，2015（3）：31-46.
⑤ 蔡立东，姜楠.农地三权分置的法实现 [J].中国社会科学，2017（5）：102-122.
⑥ 高富平.农地"三权分置"改革的法理解析及制度意义 [J].社会科学辑刊，2016（5）：73-78.
⑦ 孙宪忠.推进农地三权分置经营模式的立法研究 [J].中国社会科学，2016（7）：145-163.
⑧ 高圣平.新型农业经营体系下农地产权结构的法律逻辑 [J].法学研究，2014（4）：76-91.
⑨ 高圣平.论农村土地权利结构的重构：以《农村土地承包法》的修改为中心 [J].法学，2018（2）：12-24.

持农户承包权的有效性,认为农户承包权其实属于一种成员权,是集体成员权在土地承包制度上的具体表现。[1] 还有学者认为农户承包权是权利人行使土地承包经营权、在其上设立一种"权利用益物权",既不是成员权也不是物权。[2] 有学者坚持认为农户承包权是独立的权利类型,而且是一种具有财产性质的成员权,包括了承包请求权、承包收益权和承包监管权等权能。[3] 对于农户承包权的权能,一般认为其应该具有占有、使用、收益和抵押、担保等权能,但有学者认为农户承包权还应包括继承权,也即作为集体成员身份的农民应该具有继承权利,以实现对其财产的更大保护[4]。

当前,对于上述学术界的争论,国家相关政策文件并没有予以明确回应,而只对农户承包权和土地经营权各自的目的及可能的权能进行了说明。例如,有关农户承包权与土地承包经营权的问题,《关于完善农村土地所有权承包权经营权分置办法的意见》指出"农户享有土地承包权是农村基本经营制度的基础",应保持长久不变,这其实就将农户承包权和土地承包经营权等同起来,并未对两者进行细致区分。对于农户承包权的权能,该文件也以列举的方式作了界定,包括"占有、使用、收益、流转、抵押和退出承包地"等各项权能,其中并未包括继承权。对于土地经营权,文件中也规定了它是"一定期限内占有、耕作并取得相应收益"的权益,同时包括再流转和抵押权权能,但须经过承包农户书面同意、向农民集体书面备案才能生效。此外,经营主体的合法土地经营权受法律平等保护,不受农户承包权限制。

实际中,国家相关政策文件并未能够平息各类争论和分歧,地方的农地三权分置实践仍然出现了偏差。首先,农户承包权常会受到集体所有权和土地经营权的侵犯。国家相关法律虽然已经明确规定保护农户承包权和土地经营权,要求在土地流转过程中要按照自愿原则、不得强制流转,但实际中,分散的农户与规模经营主体、村集体和政府之间地位并不对等,前者大部分情况下处于弱势,在租金、流转期限和规模等方面往往失去自主选择权[5]。而且,农地三权分置制度规定和落实过程的不完善,还会给农地承包权带来潜在风险,

---

[1] 刘俊.土地承包经营权性质探讨[J].现代法学,2007(2):170-178.
[2] 朱继胜.论"三权分置"下的土地承包权[J].河北法学,2016(3):37-47.
[3] 丁文.论"三权分置"中的土地承包权[J].法商研究,2017(3):15-26.
[4] 潘俊.新型农地产权权能构造:基于农村土地所有权、承包权和经营权的权利体系[J].求实,2015(3):88-96.
[5] 诸培新,张建,张志林.农地流转对农户收入影响研究:对政府主导与农户主导型农地流转的比较分析[J].中国土地科学,2015(11):70-77.

突出地表现在抵押担保权能方面。由于农地经营权不是信用抵押物，大部分情况下"只能用预期经营收益或土地附着的固定资产做抵押"，而土地产品市场价格的滞后性使得到期收益不佳并形成"债务"，由此催生出来的市场投机行为可能会侵害农户权益。[①] 实践中还出现了经营主体刻意忽略相关要求，在土地流转合同取消保证农户和集体的知情权，导致承包地被抵押而集体和农户不知情的情况[②]，会侵害集体土地的承包人。不仅如此，农地三权分置还带来了认知层面的偏差问题，导致人们对农地三权分置形成了错误理解。例如，地方农地三权分置的推进过程中，让人们形成了"经营权流转实现规模经营，规模经营提高收益"的单向度思维逻辑[③]。实际过程中，由于相关配套制度不完善，农地规模不经济、部分流转土地的利用率不高，而且，工商资本通过流转进入农地经营领域导致的农地非粮化和非农化[④]。

（二）推动农地三权分置改革的政策叙事建议

鉴于农地三权分置过程中出现的上述各类认知偏差和实践误区，从政策叙事角度而言，需要国家进一步强化"市场中心"政策叙事，对各类偏差和误区予以纠正。

首先，选择并塑造特定的话语对象。政策叙事的话语对象会成为人们支持或者反对的人格"载体"。在农地三权分置过程中，弱者往往是农民，农户相比于集体、政府、规模经营主体处于弱势地位，容易受到来自后者的侵犯。而且，这些弱势群体权益被侵犯之后，家庭生计常难以维持。对这些弱势农民群体的现状描绘和刻画，将引发人们的关注和同情及社会对农民土地权益平等保护的诉求。与"弱者"角色相反，在农地三权分置过程中，还有一些不遵循国家政策要求、侵害土地相关权利主体的角色，他们就是政策叙事中的"坏人"，也是导致政策实践出现偏差的主要原因，是政策制定者和执行者需要予以制止和批评的对象。在三权分置的政策叙事过程中，国家已经进行了叙事对象的选择和塑造，例如，《人民日报》对某些街道办在没有与农户达成土地承包经营权流转意向的情况下强行占用了农户承包地的行为，以及强占行为违法

---

① 张衔，吴先强.农地"三权分置"改革中的潜在风险及对策［J］.社会科学战线，2019（1）：71-78.
② 吴一恒，徐砾，马贤磊.农地"三权分置"制度实施潜在风险与完善措施：基于产权配置与产权公共域视角［J］.中国农村经济，2018（8）：46-63.
③ 杨玉珍.农村三权分置政策执行偏差的成因及其矫正［J］.农业经济问题，2017（6）：23-30.
④ 崔腾飞.农村土地"三权分置"改革的难点在哪［J］.人民论坛，2018（36）：98-99.

而被判败诉进行的报道。①此外，还要求注意对农地流转过程中农户承包权的保护，"防止经营大户与地方政府合谋侵犯分散农户的土地承包经营权"②。在这些报道里，农民都处于弱势地位，需要进一步保护，对其角色的塑造仍然需要不断强化。

其次，构建广受关注的焦点性政策议题。政策叙事中的焦点事件与核心矛盾能够成功引起社会注意，并能够持续抓住民众注意力。政策叙事的议题构建，一方面能够给社会提供海量信息。民众所能看到和了解的事件内容很大程度上依赖于叙述内容的丰富程度，故事内容越丰富、民众接收到的信息越多；故事中某个方面的信息越多，民众对于此方面越了解也越熟悉。因此，对信息的取舍很大程度上影响读者的理解效果，即使那些"遗失了的信息"，同样构成了人们"对事件的阐释和再阐释"。③在农地三权分置的政策叙事中，如果社会媒体都集中报道农地流转和规模经营"致富"的故事、农地抵押解决了生产资金短缺问题，那么呈现给农民群体的就是有关农地三权分置的正面信息，这也将有助于提升民众实践的信心。相反，如果大量报道三权分置给农民权利带来的潜在风险，就会让人们认知上抵制这一改革。另一方面，政策叙事对政策议题的态度和立场更直接影响了社会认知。政策叙事议题并不简单是对社会现实或条件的客观呈现，它在面对相同的社会事实时，由于看待问题的视角差异，往往会给出完全不同的议题描述。因此，哪些社会问题是亟待解决的、哪些社会问题的解决已经呈现出良好态势，这些是不同的议题构建。农地三权分置改革需要社会具有充分的信心，同时，也需要对改革过程中出现的偏离现象进行有限而非系统化的呈现，以此为突破改革中某些重点难题打下基础。例如，农地三权分置虽然推动了整体规模经营，但在农地担保抵押方面存在着一定的风险，为此需要继续深化改革。

最后，确立以市场为中心的政策信念。此次国家农地产权改革的主要方向和目标，就是通过产权结构调整实现农地产权的市场化，以此来推动农地流转和规模经营，让农民土地财产权升值、增收。这也是国家农地三权分置的核心政策信念。这一政策信念决定了国家政策叙事需要围绕着推进农地产权市场化运作以及破除这一过程中存在的阻碍展开，只有当社会接受了这一政策信

---

① 何勇."官"输给了"民"怎么看？[N].人民日报，2015-09-09（18）.
② 高云才，常钦."定心丸"给农村带来新生机[N].人民日报，2017-11-19（9）.
③ 赫尔曼.新叙事学[M].马海良，译.北京：北京大学出版社，2002：5.

念,才真正能够实现政策变革。为此,国家政策叙事就需要通过对当前政策状况和问题的重新界定、给出清晰的原因解释或因果机制、问题解决方案,以便帮助人们理解"什么是好的"并建立起相应的价值观。这一过程在农地三权分置改革初期已经部分地予以解决,在进入政策落实和具体实践过程中时,还需要运用叙事策略来夯实政策信念。一方面,国家政策叙事需要平息有关农地三权分置的理论争论。因为这些占据公共舆论领域的争论会给社会带来负向引导,国家政策叙事需要忽略那些与"市场中心"政策信念相悖的观点和主张。例如,指向农地流转和规模化经营的三权分置改革,其实无需涉及承包权的"继承"问题,而且,土地承包经营权能否继承的问题也在之前的法律中明确予以了否定。相反,国家政策叙事需要更加关注那些在实际中解决农地抵押贷款困境的地方经验,例如,农地抵押的信用与价值评估、风险控制[①]。另一方面,国家政策叙事还需要尽快从法律制度方面"溯本清源"。虽然2018年国家对《农村土地承包法》进行了法律修订,补充了土地经营权的相关条款,但是,仍然还需要对有关三权的内涵和权能的系统化阐释,并将政策信念通过法律制度的形式稳定下来。只有如此,国家政策信念才能在最大程度上影响社会认知、实现政策认同。

---

① 赵翠萍,侯鹏,程传兴.产权细分背景下农地抵押贷款的基本经验与完善方向:基于福建明溪与宁夏同心两地试点的对比[J].农业经济问题,2015(12):50-57.

结　论

目前，国家推行农地三权分置改革的重要任务之一，就是让社会更快地理解和接受国家新的农地产权结构，并在实践中积极促成农地流转和规模经营。但现实中，国家农地三权分置改革推行过程中出现了很多争论与分歧，以及一些偏离政策要求和目标的地方实践，给政策落实和执行带来了负面影响。其实，这种悖论存在于国家改革的众多政策之中，也即在新的政策安排与政策对象充分的认知和理解之间，如何弥合新旧政策之间的"缝隙"、缩小新旧政策转换可能给人们带来的认知"断裂"。

对于上述问题，本书尝试通过引入政策叙事的概念来予以回应和解答本书的一个基本立场是，国家政策叙事能够在政策变迁过程中起到弥合由变革带来的"裂痕"与"不适"的作用。国家政策变迁过程中，尤其是类似于农地产权这类基本的社会经济制度变迁，政府政策的信念或者说政策背后所秉持的价值其实发生了变化。这种国家政策信念或价值变化，也一定需要社会民众认知水平和认知结构的同步变化和提升。但是，正如前文指出的，"个人在更新已有认知、接受新的信息和理念方面，存在着困难"[1]，所以，政策变迁自然会造成民众认知前后之间的差距和"裂痕"。不仅如此，社会民众并不一定能够领会到国家政策意图，即便国家有时会直接申明政策意图，仍然会存在不同的声音与主张。处于利益分化和信息爆炸的时代，人们的立场总是各不相同，对于政府政策的意义或者为什么要推行某项政策原因的理解也会各不相同。在此背景下，国家政策改革或变迁往往会难以及时适应社会、化解社会纷争，而且，民众认知的"裂痕"与政策"不适应"的现象在短时间内难以快速消除。对此，政策叙事可以通过特有的故事讲述的方式，有效地将政策信念传递给民众，促成社会共识。本书通过对改革开放前后国家农地产权政策叙事的分析，

---

[1] VESELKOVÁ M. Narrative Policy Framework: Narratives as Heuristics in the Policy Process [J]. Human Affairs, 2017（2）：178-191.

具体呈现了在不同政策信念下国家政策叙事的变迁及其特征。经过研究,我们得到以下几点结论:

第一,无论有意或者无意,国家的政策变迁过程或多或少都有政策叙事的"痕迹"。政策叙事是政策相关主体为了确保政策得以落实执行而进行的故事叙述行为。政策叙事通过挑选和组织特定的政策内容来界定政策问题、提出政策方案,并在这一过程中传递意义和价值,努力确保政策得以顺利落实。政策叙事有着多种载体形式,包括了政府官员讲话、政策文件出台、官方媒体评论、政策问题披露和政策评估等。这些叙事形式也承载着国家政策叙事的主要内容,表明在现代国家政治活动中,政策叙事其实具有一定的普遍性。实践中可以看到,农地产权政策变迁过程中的许多国家行动都有着叙事韵味,典型的如农业集体化时期的"大寨"故事和改革开放初期的"小岗村"故事,这些故事的意图明显、带有价值倾向性,都是国家为了在全社会范围内强化特定的政策信念而进行的故事讲述行为。当然,这些政策叙事是成体系化的,包括塑造一个正面的角色、这些角色经历了一番艰苦卓绝的斗争、解决了当前社会面临的重要问题并倡导社会向该角色学习。除此之外,还存在着非系统性的政策叙事,这些或者是叙事策略的调整,或者是叙事形式的变化,例如,领导人的某个讲话蕴含在政府日常行政过程中。

第二,政策叙事经验,是国家改革与发展经验的重要维度。改革开放以来,中国积累了丰富的改革与发展经验,例如,国家切实注重自身改革,包括政府管理体制改革、制度层面改革与法律建设、政府不断创新和学习等[1];在社会治理方面,国家完成了从总体支配向技术治理的转型,更加注重政府治理中的专业化和理性化因素,并在社会治理过程中不断对治理方式予以扬弃[2]。这些经验有效保障了改革开放后国家经济的腾飞和国家治理现代化水平的提升。但与此同时,国家叙事经验也应当得到关注,也即不仅重视国家改革经验的行动层面,还需要重视国家改革经验的话语层面。关于国家政策叙事研究,主要探讨国家改革中政策话语体系建设以及话语讲述的方式,也与党中央提出的加快中国特色哲学社会科学话语体系建设相契合。所谓"叙事经验",就是国家在推动改革过程中通过政策宣介和阐述等方式方法来影响并塑造社会的政

---

[1] 俞可平.改革开放30年政府创新的若干经验教训[J].国家行政学院学报,2008(3):19-21.
[2] 渠敬东,周飞舟,应星.从总体支配到技术治理:基于中国30年改革经验的社会学分析[J].中国社会科学,2009(6):104-127.

策认知和态度的经验。国家政策叙事作为一种隐蔽的意义生产与传递方式，能够帮助政府突破改革中的各类争论、让社会广为理解并接受新的制度安排。国家政策叙事有助于社会动员、凝聚政策认同和提升政府合法性，为政策制定效率和政令通行提供有效保障。

第三，政策变迁中的国家政策叙事行为，可以从4个方面予以解析。政策叙事通过对特定政策内容的挑选和组织来界定政策问题、提出政策方案，并且传递意义和价值。就内涵而言，政策叙事由一些基本叙事要素构成，包括故事背景、故事角色、故事情节、政策立场和评价（政策信念）等；就叙事过程而言，政策叙事需要经历叙事联盟的建立和话语宣称、政策叙事体系的构建和叙事竞争、主流政策叙事下政策共识的形成的过程。在政策变迁中，对政策叙事的分析可以从4个方面展开，也即话语对象的选择、政策议题的构建、政策信念的生产与叙事策略的运用。这一政策叙事结构框架，也适用于对国家政策叙事的分析。改革开放前的国家农地产权"集体中心"政策叙事中，国家选择以农民和地主两个群体作为话语对象，并分别赋予他们"弱者"和"坏人"的角色；政策议题集中在农业合作社的优越性及其效益"释放"方面；政策信念方面确立了关于农村土地的"集体产权"观念；叙事策略方面则对农地集体所有制和私有制进行了"成本－收益"计算与矛盾修饰。改革开放后的国家农地产权"市场中心"政策叙事中，话语对象聚焦于新兴农地经营主体；政策议题则呈现出农地产权权能多元化的特征；政策信念也开始更加注重"效率和权利"对于农地产权实践的重要意义；叙事策略也不再仅仅强调家庭生产，而更加注重市场和民生取向。在不同农地产权改革时期，国家政策叙事都为推动政策变迁、帮助并促进农民群体认知转变和稳定政策落实奠定了基础。

第四，政策叙事通过建构政策共识，推动政策变迁。政策相关主体是通过政策叙事来化解认知分歧并形成政策共识的，在此背景下，政策变迁中的核心信念得以更新并被社会接受。政策变迁背景下，国家政策叙事会发生同步演进，但是，这种演进并非整齐划一式的，而是受到了政策变迁程度和体制变革的影响。当然，更重要的是，政策叙事的自主转换反过来也会作用于政策变迁过程。当政策叙事中涉及的政策信念层次低、前后政策叙事承接关系融洽、与当前法律制度衔接较好时，就会减少政策变迁遇到的阻力。当不同农地产权叙事下人们认知发生转变并且形成了与国家政策叙事相符的政策共识时，国家政策叙事下人们的政策认知和共识，最终将转化为人们行为选择上的一致性和政策变迁的动力。

　　政策叙事在现代国家政策过程中具有普遍性，也是国家发展与改革经验中的重要组成部分。作为一种隐蔽的意义生产与传递方式，国家政策叙事有助于社会动员、凝聚政策认同和提升政府合法性，为政策制定效率和政令通行提供有效保障。农业集体化时代国家确立了"集体中心"的政策叙事，农地三权分置时期国家努力确立"市场中心"的政策叙事，这些国家政策叙事都围绕着各自时期的社会问题阐述矛盾成因和化解方案，并通过各种表达形式和叙述策略将政策信念传递给广大民众。国家农地产权的政策叙事为政策变迁铺平了道路。随着现代社会逐渐向后现代社会过渡，人们所理解的意义越来越多元化、所认知的事实也相对化，对作为社会治理重要主体的国家而言，从叙事的视角来重新看待和应对这些社会分歧十分重要。国家政策叙事将有助于化解政策争论、增进民众理解、提升制度安排的社会适应性，并能够在行动、规则与价值层面推动政策共识的形成。

参考文献

［1］ FISCHER F，FORESTER J. The Argumentative Turn in Policy Analysis and Planning［C］. Durham and London：Duke University Press，1993.

［2］ FISCHER F，GERALD J M. Handbook of Public Policy Analysis：Theory，Politics，and Methods［C］. London & New York：CRC Press，2006.

［3］ JONES M D，SHANAHAN E A，MCBETH M K. The Science of Stories：Applications of the Narrative Policy Framework in Public Policy Analysis［M］. New York：Palgrave Macmillan，2014.

［4］ MILLER H. Postmodern Public Policy［M］. Albany：State University of New York Press，2002.

［5］ ROE E. Narrative Policy Analysis Theory and Practice［M］. Durham：Duke University Press，1994.

［6］ SABATIER P A. Theories of the Policy Process［C］. Boulder：Westview Press，1999.

［7］ 白希. 开国大土改［M］. 北京：中共党史出版社，2009.

［8］ 查尔尼娅维斯卡. 社会科学研究中的叙事［M］. 鞠玉翠，等译. 北京：北京师范大学出版社，2010.

［9］ 陈玲. 制度、精英与共识：寻求中国政策过程的解释框架［M］. 北京：清华大学出版社，2011.

［10］ 戴伊. 理解公共政策［M］. 彭勃，等译. 北京：华夏出版社，2004.

［11］ 邓小平. 邓小平文选（第2卷）［M］. 北京：人民出版社，1994.

［12］ 杜润生. 中国的土地改革［M］. 北京：当代中国出版社，1996.

［13］ 法默尔. 公共行政的语言：官僚制、现代性和后现代性［M］. 吴琼，译. 北京：中国人民大学出版社，2005.

［14］ 黑尧. 现代国家的政策过程［M］. 赵成根，译. 北京：中国青年出版社，2004.

［15］ 怀特. 公共行政研究的叙事基础［M］. 胡辉华，译. 北京：中央编译出版社，2011.

［16］ 金登. 议程、备选方案与公共政策［M］. 丁煌，方兴，译. 2版. 北京：中国人民大学出版社，2017.

［17］ 克兰迪宁. 进行叙事探究［M］. 徐泉，李易，译. 重庆：重庆大学出版社，2015.

［18］ 林毅夫. 制度、技术与中国农业发展［M］. 上海：格致出版社·上海三联书店·上海人民出版社，2014.

［19］ 罗平汉. 农业合作化运动史［M］. 福州：福建人民出版社，2004.

［20］ 毛泽东. 建国以来毛泽东文稿（第5册）［M］. 北京：中央文献出版社，1991.

[21] 钱忠好.中国农村土地制度变迁和创新研究（4）[M].北京：中国农业出版社，2014.
[22] 萨巴蒂尔，詹金斯-史密斯.政策变迁与学习：一种倡议联盟途径[M].北京：北京大学出版社，2011.
[23] 申丹，王丽亚.西方叙事学：经典与后经典[M].北京：北京大学出版社，2010.
[24] 斯科特.制度与组织：思想观念与物质利益[M].3版.北京：中国人民大学出版社，2010.
[25] 斯通.政策悖论：政治决策中的艺术[M].顾建光，译.北京：中国人民大学出版社，2006.
[26] 王绍光，樊鹏.中国式共识型决策："开门"与"磨合"[M].北京：中国人民大学出版社，2013.
[27] 温铁军.中国农村基本经济制度研究[M].北京：中国经济出版社，2000.
[28] 叶扬兵.中国农业合作化运动研究[M].北京：知识产权出版社，2006.
[29] 于建嵘.中国农民问题研究资料汇编（第二卷）（1949—2007）（上册）[M].北京：中国农业出版社，2007.
[30] 张红宇.中国农村的土地制度变迁[M].北京：中国农业出版社，2002.
[31] 赵德余.主流观念与政策变迁的政治经济学[M].上海：复旦大学出版社，2008.
[32] 赵毅衡.符号学原理与推演[M].南京：南京大学出版社，2011.
[33] 中共中央文献研究室，中央档案馆.建党以来重要文献选编[M].北京：中央文献出版社，2011.
[34] 中国社会科学院，中央档案馆.中华人民共和国经济档案资料选编（农业卷）[M].北京：社会科学文献出版社，1991.
[35] 中华人民共和国国家农业委员会办公厅.农业集体化重要文件汇编（1958—1981）[M].北京：中共中央党校出版社，1981.

后　记

本书是在我个人的博士论文基础之上进行了重新校对、修改、增删之后出版的。博士毕业距今已经四年，回过头来再看当时的文字，感觉尤为亲切，不禁想起当时论文写作的心路历程及对论文写作助力颇多的师友们。但同时，在发现其中的不少纰漏之处后也深感忐忑，只觉当时匆忙之际也留下不少缺憾。

本书选择的政策叙事视角在国内仍属小众，并未有太多学者关注。但其实叙事在社会生活当中非常重要，英国著名政治哲学家麦金泰尔在其著作《德性之后》中曾经深刻指出"只有先搞清楚'我是哪个或哪些故事的一部分'，才能进一步回答'我要做什么'这个问题"。因此，我们其实生活在一个"叙事世界"当中，每个人都是在互动与叙事的过程中，认识社会结构、理解社会生活和建构社会关系。

之所以选择这一切入口，需要追溯到读硕士期间，当时硕士论文是对政策执行影响因素之一的"政策认知"的探究。那么，再往前一步追问，政策认知固然会影响政策执行，其本身又是如何形成、受何影响呢？于是，在经过长时间的苦思冥想和文献阅读的启发之后，隐约感觉公共政策研究中的叙事路径可能会有一些新的研究空间。

本书系统全面地对政策叙事的理论渊源、缘起发轫、概念内涵、学术前沿进行了梳理介绍，引介了西方最新学术研究议题和成果，希望能够促进国内外学术研究对话。同时，尝试着将政策叙事视角应用到中国农地产权政策变迁领域，以此揭示政策变迁中的国家政策叙事作用逻辑和优化路径，剖析改革发展过程中"中国故事"，例如，在国内可谓人尽皆知的"大寨故事""小岗村故事"等。不仅如此，还探讨了政策叙事在促进政策共识、进而推动政策变迁方面的内在机制结构。

本书能够顺利出版，得益于诸多师友台前幕后的帮助，一并表达谢意。

感谢科学技术文献出版社周国臻老师，不辞辛劳前后反复沟通、多次联系，提出了很多细致建议，认真的态度、负责的精神值得敬佩。

感谢东北大学文法学院提供的科研平台和大力支持，让此书得以在相对宽松的环境中出版。

曹志立
2023年暮春于浑南校区文管学馆